MARKETING

Herausgegeben von Prof. Dr. Heribert Gierl, Augsburg, Prof. Dr. Roland Helm, Jena, Prof. Dr. Frank Huber, Mainz, und Prof. Dr. Henrik Sattler, Hamburg

Band 29
Michael Deutschendorf
Erfolgreiches Marketing mit Marketingcontrolling – Eine empirische Untersuchung
Lohmar – Köln 2006 ♦ 270 S. ♦ € 48,- (D) ♦ ISBN 3-89936-446-5

Band 30
Jochen Panzer
Dynamische Kundenbewertung zur Steuerung von Kundenbeziehungen – Das Beispiel Kapitalanlagegesellschaft
Lohmar – Köln 2006 ♦ 324 S. ♦ € 52,- (D)
ISBN-13: 978-3-89936-498-9 ♦ ISBN-10: 3-89936-498-8

Band 31
Jens Tathoff
Markenführung im Spannungsfeld von Stabilität und Anpassung
Lohmar – Köln 2006 ♦ 366 S. ♦ € 54,- (D)
ISBN-13: 978-3-89936-536-8 ♦ ISBN-10: 3-89936-536-4

Band 32
Frank Kressmann
Consumer Subjective Well-Being as a Core Concept in Marketing – Theoretical Basis and Application to the Automotive Sector
Lohmar – Köln 2007 ♦ 428 S. ♦ € 57,- (D) ♦ ISBN 978-3-89936-581-8

Band 33
Michaela Ludl
Warenprobenwirkung – Verhaltenswissenschaftliche Erklärung unter Berücksichtigung einer Käufertypologisierung
Lohmar – Köln 2007 ♦ 236 S. ♦ € 46,- (D) ♦ ISBN 978-3-89936-597-9

Band 34
Johannes Vogel und Frank Huber
Co-Branding – Markenstrategie der Zukunft – Eine empirische Studie der Markeneffekte beim Co-Branding
Lohmar – Köln 2007 ♦ 192 S. ♦ € 44,- (D) ♦ ISBN 978-3-89936-634-1

JOSEF EUL VERLAG

Reihe: Marketing · Band 34

Herausgegeben von Prof. Dr. Heribert Gierl, Augsburg, Prof. Dr. Roland Helm, Jena, Prof. Dr. Frank Huber, Mainz, und Prof. Dr. Henrik Sattler, Hamburg

Dipl.-Kfm. Johannes Vogel
Prof. Dr. Frank Huber

Co-Branding

Markenstrategie der Zukunft

Eine empirische Studie
der Markeneffekte beim Co-Branding

Bibliographische Information der Deutschen Bibliothek

Die Deutsche Bibliothek verzeichnet diese Publikation in der Deutschen Nationalbibliographie; detaillierte bibliographische Daten sind im Internet über <**http://dnb.ddb.de**> abrufbar.

ISBN 978-3-89936-634-1
1. Auflage Oktober 2007

© JOSEF EUL VERLAG GmbH, Lohmar – Köln, 2007
Alle Rechte vorbehalten

Printed in Germany
Druck: RSP, Troisdorf

JOSEF EUL VERLAG GmbH
Brandsberg 6
53797 Lohmar
Tel.: 0 22 05 / 90 10 6-6
Fax: 0 22 05 / 90 10 6-88
http://www.eul-verlag.de
info@eul-verlag.de

Bei der Herstellung unserer Bücher möchten wir die Umwelt schonen. Dieses Buch ist daher auf säurefreiem, 100% chlorfrei gebleichtem, alterungsbeständigem Papier nach DIN 6738 gedruckt.

Vorwort

Eine starke Marke kann für jedes Unternehmen der Garant für durchschlagenden Erfolg sein, stellt sie doch für die Kunden einen unschätzbaren Wert dar. Konsumenten honorieren starke Marken – ja, nehmen sogar bereitwillig handfeste Einschränkungen in Kauf. Denkt man nur an das neue iPhone von Apple: Will ein Konsument ein solches Gerät erstehen, muss er einen Mobilfunkvertrag mit einem vorgeschrieben Anbieter abschließen, horrende Preise dafür bezahlen und ist sich dabei noch nicht einmal über den tatsächlichen Funktionsumfang des Telefons sicher – trotzdem übernachten die ersten Käufer schon Tage vor Verkaufstart vor den Geschäften. Welches enorme Potential darin steckt, wenn zwei starke Marken gemeinsame Sache machen und im Rahmen einer Markenallianz ein gemeinsames Produkt entstehen lassen, lässt sich leicht ausmalen. *Lindemann* (1999) bringt den Beitrag der involvierten Marken zu einem solchen Co-Branding folgendermaßen auf den Punkt: „In a Co-Branding arrangement each company involves one of its most valuable assets, its brands."

Eine solche Markenstrategie kann als Umsatz-Booster wirken, kann das Image der Marken nachhaltig positiv beeinflussen, sogar Kosten und Floprisiko bei Neuprodukteinführungen senken – für alle beteiligten Marken. Gemeinsam erfolgreich – dass dies nicht nur eine abgedroschene Plattitüde ist, beweisen ebenso zahlreiche wie namhafte Beispiele: die Liaison zwischen BMW und PUMA erinnert schon fast an eine Liebesbeziehung, dem erfolgreichen Langnese-Milka-Eis folgte die nicht minder erfolgversprechende Langnese-Milka-Schokolade, Braun und Oral B werden bei ihren elektrischen Zahnbürsten kaum noch als zwei eigenständige Marken wahrgenommen und die Kreditkarten von VISA mit den unterschiedlichsten Partnermarken sind beinahe klassisch. Eine Win-Win-Situation erscheint in dreierlei Hinsicht möglich: nicht nur die beiden beteiligten Marken profitieren, auch der Konsument erhält bei einem gut gemachten Co-Branding seine Extraportion Zusatznutzen. Und ein Ende der Erfolgsstory ist nicht in Sicht. Viele Unternehmen sehen im Co-Branding vor allem eines – die Markenstrategie der Zukunft.

Das gleichermaßen erfolgsrelevante wie faszinierende Thema Co-Branding haben die Autoren auf sehr anschauliche Weise von der Entwicklung dieses Marketing-Phänomens bis hin zur Zukunft von Co-Branding herausgearbeitet. Basierend auf eigenen empirischen Untersuchungen geben sie dem Leser konkrete Handlungsempfehlungen zur Gestaltung und Steuerung von Co-Branding-Aktionen durch die involvierten Marken. "Co-Branding – Markenstrategie der Zukunft" ist ein sehr aktuelles Buch, das sich ebenso an Marketingbeauftragte in der Praxis wie an Markenforscher wendet.

Mainz im Oktober 2007 Johannes Vogel
Frank Huber

INHALTSVERZEICHNIS

Abbildungsverzeichnis.. IX
Tabellenverzeichnis.. X

1 Die Marke als Weichensteller für Erfolg und Misserfolg beim Co-Branding?........ 1

2 Die Marke beim Co-Branding... 5
 2.1 Das Marketingkonzept Co-Branding... 5
  2.1.1 Definition des Begriffs Co-Branding... 5
  2.1.2 Typologie unterschiedlicher Erscheinungsformen des Co-Brandings........ 11
  2.1.3 Abgrenzung des Begriffs Co-Branding von artverwandten Begriffen........ 14
  2.1.4 Ziele und Gefahren des Co-Brandings.. 20
   2.1.4.1 Ziele des Co-Brandings... 20
   2.1.4.2 Gefahren durch das Co-Branding... 23
 2.2 Die Dimensionen der Markeneinstellung... 25
  2.2.1 Bildung von Einstellungen.. 25
  2.2.2 Markeneinstellungsdimensionen.. 31
   2.2.2.1 Zur Unterteilung der Markeneinstellung in Dimensionen........ 31
   2.2.2.2 Funktionaler Nutzen... 33
   2.2.2.3 Ästhetik.. 34
   2.2.2.4 Selbstkongruenz... 36
   2.2.2.5 Markenbeziehungsqualität.. 39
  2.2.3 Transfer von Einstellungen... 44
   2.2.3.1 Information Integration Theory... 44
   2.2.3.2 Einstellungstransfer durch Semantische Generalisierung...... 47
 2.3 Schema- und Kategorisierungstheorie.. 48
  2.3.1 Zur Speicherung von Wissen in Form von Schemata........................ 48
  2.3.2 Kategorisierungstheorie... 51

3 Ein Modell zur Erfassung der Wirkung der Marke auf das Co-Branding............. 55
 3.1 Determinanten der Co-Branding-Beurteilung.. 55
  3.1.1 Die Markeneinstellung und ihre Dimensionen.................................. 55
   3.1.1.1 Wirkung der Markeneinstellung auf die Einstellung
     zum Co-Brand.. 55
   3.1.1.2 Wirkungen des Funktionalen Nutzens................................... 56
   3.1.1.3 Wirkungen der Ästhetik.. 57
   3.1.1.4 Wirkungen der Selbstkongruenz... 59
   3.1.1.5 Wirkung der Markenbeziehungsqualität 61
  3.1.2 Der Markenfit und seine Dimensionen... 63
   3.1.2.1 Wirkung des Markenfits auf die Einstellung zum Co-Brand.... 63
   3.1.2.2 Wirkungen der Dimensionen des Markenfits........................ 64
  3.1.3 Der Produktkategoriefit.. 66
 3.2 Wirkung der Einstellung zum Co-Brand auf die Kaufabsicht...................... 68
 3.3 Markenwissen als moderierende Variable... 70
 3.4 Das Hypothesensystem im Überblick... 73

4 Das Co-Branding-Modell in der Praxis 77
   4.1 Zur gewählten Forschungsmethode 77
      4.1.1 Wahl eines problemadäquaten Schätzverfahrens 77
      4.1.2 Die Kausalanalyse und der PLS-Ansatz 80
      4.1.3 Unterschiede in der Operationalisierung latenter Variablen
           mittels reflektiver und formativer Messmodelle 83
      4.1.4 Gütekriterien zur Beurteilung von PLS-Modellen 86
   4.2 Erhebung der Untersuchungsdaten 89
      4.2.1 Design der Untersuchung 89
           4.2.1.1 Auswahl der Untersuchungsobjekte 89
           4.2.1.2 Online-Befragung 91
           4.2.1.3 Aufbau der Befragung 92
      4.2.2 Angaben zu den Auskunftspersonen 93
           4.2.2.1 Allgemeine Angaben zur Stichprobe 93
           4.2.2.2 Soziodemographische Auswertung 93
   4.3 Operationalisierung der Modellkonstrukte 94
      4.3.1 Einstellung zum Co-Brand 94
      4.3.2 Markeneinstellung 96
      4.3.3 Dimensionen der Markeneinstellung 97
           4.3.3.1 Funktionaler Nutzen 97
           4.3.3.2 Ästhetik 99
           4.3.3.3 Selbstkongruenz 102
           4.3.3.4 Markenbeziehungsqualität 105
      4.3.4 Globaler Markenfit 107
      4.3.5 Dimensionen des Markenfits 109
      4.3.6 Produktkategoriefit 110
      4.3.7 Kaufabsicht 112
      4.3.8 Markenwissen 113
   4.4 Darstellung der Ergebnisse der Strukturmodellschätzung 115
      4.4.1 Ergebnisse der Schätzung des Co-Branding-Modells am Beispiel
           von Nokia und Puma 115
      4.4.2 Ergebnisse der Schätzung des Co-Branding-Modells am Beispiel
           von Medion und Puma 122
      4.4.3 Ergebnisse der Schätzung des Co-Branding-Modells am Beispiel
           von Nokia und Medion 125
      4.4.4 Moderierende Wirkung des Markenwissens 128
      4.4.5 Vergleich der Markeneinstellungsdimensionen der Marken
           Nokia, Puma und Medion 131
   4.5 Interpretation der Ergebnisse 133
      4.5.1 Interpretation des Co-Branding-Modells 133
      4.5.2 Interpretation der moderierenden Wirkung des Markenwissens 138
      4.5.3 Interpretation der Unterschiede in den Markeneinstellungsdimensionen
           von Nokia, Puma und Medion 139
   4.6 Implikationen für Praxis und Wissenschaft 141

5 Ergebnisse im Überblick und Co-Branding in der Zukunft 149

Literaturverzeichnis 151

ABBILDUNGSVERZEICHNIS

Abb. 2.1: MP3-Player von Nike und Philips 15

Abb. 2.2: Elektr. Zahnbürste von Braun und Oral-B 15

Abb. 2.3: Co-Advertising von Siemens und Ariel 17

Abb. 2.4: Cause-Related Marketing von Krombacher und WWF 18

Abb. 2.5: Kausalmodell der Dreikomponenten-Theorie 27

Abb. 2.6: Die Nutzenleiter von Vershofen 34

Abb. 2.7: Mögliche Selbstkongruenzsituationen und zu erwartende Reaktionen 39

Abb. 2.8: Henkel – A Brand like a Friend 42

Abb. 2.9: Beispiel einer hierarchischen Struktur 49

Abb. 3.1: Die Beziehungen der Markeneinstellung und ihrer Dimensionen 62

Abb. 3.2: Markeneinstellungsdimensionen als Fitgründe beim Co-Branding 65

Abb. 3.3: Die Beziehungen des Markenfits und seiner Dimensionen 66

Abb. 3.4: Der Einfluss des Produktkategoriefits 68

Abb. 3.5: Kausalmodell der Dreikomponenten-Theorie 69

Abb. 3.6: Der Einfluss der Co-Brand-Beurteilung auf die Kaufabsicht 70

Abb. 3.7: Das Hypothesensystem im Überblick 75

Abb. 4.1: Kausalmodell 81

Abb. 4.2: Kausalmodell mit Struktur-/Messmodellunterscheidung und Fehlertermen 84

Abb. 4.3: Auswahl der Untersuchungsobjekte 90

Abb. 4.4: Problematik der Fit-Beurteilung 117

Abb. 4.5: Ergebnisse der Strukturmodellschätzung von Nokia-Puma 118

Abb. 4.6: Ergebnisse der Strukturmodellschätzung von Medion-Puma 123

Abb. 4.7: Ergebnisse der Strukturmodellschätzung von Nokia-Medion 126

Abb. 4.8: Importance-Performance-Matrix am Beispiel von Nokia und Puma 143

TABELLENVERZEICHNIS

Tab. 2.1: Ansätze des Markenverständnisses im Überblick 7

Tab. 2.2: Kooperationsmerkmale 9

Tab. 2.3: Definitionsschwerpunkte des Co-Brandings in der Literatur 10

Tab. 2.4: Typologisierungen des Co-Brandings 13

Tab. 2.5: Abgrenzung des Begriffs Co-Branding von artverwandten Begriffen 19

Tab. 2.6: Ziele des Co-Brandings 22

Tab. 2.7: Gefahren durch das Co-Branding 24

Tab. 2.8: Relevanz von Intrinsischen und Extrinsischen Merkmalen bei der Einstellungsbildung 29

Tab. 2.9: Dimensionen der Markeneinstellung 33

Tab. 2.10: Dimensionen der Markenpersönlichkeit 38

Tab. 2.11: Erkenntnisse aus der sozialpsychologischen Beziehungstheorie 41

Tab. 2.12: Dimensionen der Markenbeziehungsqualität 44

Tab. 2.13: Empirische Studien über den direkten Einstellungstransfer im Überblick 47

Tab. 2.14: Eigenschaften von Schemata 51

Tab. 2.15: Kategorisierungsansätze im Überblick 52

Tab. 3.1: Die Hypothesen im Überblick 74

Tab. 4.1: Kriterienkatalog für ein adäquates Schätzverfahren 78

Tab. 4.2: Vergleich zwischen LISREL und PLS 82

Tab. 4.3: Kriterienkatalog zur Spezifikation des Messmodells 85

Tab. 4.4: Gütekriterien für Messmodelle der PLS-Analyse 88

Tab. 4.5: Gütekriterien für Strukturmodelle der PLS-Analyse 89

Tab. 4.6: Soziodemographische Kenngrößen der Auskunftspersonen 94

Tab. 4.7: Operationalisierung der Einstellung zum Co-Brand 95

Tab. 4.8: Gütekriterien der Operationalisierung der Einstellung zum Co-Brand 96

Tab. 4.9: Operationalisierung der globalen Markeneinstellungen 97

Tab. 4.10: Gütekriterien der Operationalisierung der globalen Markeneinstellungen 97

Tab. 4.11: Operationalisierung des Funktionalen Nutzens 99

Tab. 4.12: Gütekriterien der Operationalisierung des Funktionalen Nutzens 99

Tab. 4.13: Dimensionen der Markenästhetik 100

Tab. 4.14: Operationalisierung der Ästhetik 101

Tab. 4.15: Gütekriterien der Operationalisierung der Ästhetik.................................. 102
Tab. 4.16: Operationalisierung der Selbstkongruenz.. 104
Tab. 4.17: Gütekriterien der Operationalisierung der Selbstkongruenz.................... 105
Tab. 4.18: Operationalisierung der Markenbeziehungsqualität................................. 106
Tab. 4.19: Gütekriterien der Operationalisierung der Markenbeziehungsqualität..... 107
Tab. 4.20: Operationalisierung des Globalen Markenfits.. 108
Tab. 4.21: Gütekriterien der Operationalisierung des Globalen Markenfits............. 109
Tab. 4.22: Operationalisierung der Dimensionen des Markenfits............................. 110
Tab. 4.23: Operationalisierung des Produktkategoriefits.. 111
Tab. 4.24: Gütekriterien der Operationalisierung des Produktkategoriefits.............. 112
Tab. 4.25: Operationalisierung der Kaufabsicht... 113
Tab. 4.26: Gütekriterien der Operationalisierung der Kaufabsicht........................... 113
Tab. 4.27: Operationalisierung des Markenwissens.. 114
Tab. 4.28: Ergebnisse der Überprüfung der Markenfit-Dimensionen....................... 116
Tab. 4.29: Ergebnisse der Hypothesen-Überprüfung von Nokia-Puma.................... 119
Tab. 4.30: Gütekriterien der Strukturmodellschätzung von Nokia-Puma................. 120
Tab. 4.31: Totaleffekte des Strukturmodells von Nokia-Puma................................. 121
Tab. 4.32: Ergebnisse der Hypothesen-Überprüfung von Medion-Puma................. 123
Tab. 4.33: Gütekriterien der Strukturmodellschätzung von Medion-Puma.............. 124
Tab. 4.34: Totaleffekte des Strukturmodells von Medion-Puma.............................. 125
Tab. 4.35: Ergebnisse der Hypothesen-Überprüfung von Nokia-Medion................. 126
Tab. 4.36: Gütekriterien der Strukturmodellschätzung von Nokia-Medion............. 127
Tab. 4.37: Totaleffekte des Strukturmodells von Nokia-Medion.............................. 128
Tab. 4.38: Ergebnisse der Hypothesen-Überprüfung der moderierenden Variablen......... 130
Tab. 4.39: Vergleich der Markeneinstellungsdimensionen für
Nokia, Puma und Medion.. 132
Tab. 4.40: Vergleich der Totaleffekte der Markeneinstellungsdimensionen auf
die Markeneinstellung von Nokia, Puma und Medion............................. 132
Tab. 4.41: Die Verifizierung der Hypothesen im Überblick..................................... 134

1 Die Marke als Weichensteller für Erfolg und Misserfolg beim Co-Branding?

Die Einführung neuer Marken und die Führung einer Vielzahl bestehender Marken sind mit enormen Kosten verbunden.[1] Deshalb konzentrieren sich viele Unternehmen auf wenige starke Marken und bearbeiten neue Marktsegmente unter deren Namen im Rahmen von Markentransfers. Dabei können neue Produkte von der Markenkompetenz der etablierten Stammmarke profitieren.[2] Es liegt nahe, für einen solchen Transfer nicht nur die Kompetenz einer einzelnen Marke zu nutzen, sondern eine Kooperation mit anderen Marken einzugehen und ein gemeinsames Produkt – ein so genanntes Co-Branding – zu erschaffen. *Lindemann* (1999) sieht den Beitrag der involvierten Marken zu einem Co-Branding folgendermaßen: „In a Co-Branding arrangement each company involves one of its most valuable assets, its brands."[3] Die Konsumenten verstehen die Markierung derartiger Produkte mit zwei verschiedenen Markennamen als Signal für eine höhere Qualität bezüglich nicht beobachtbarer Produkteigenschaften.[4] Auf diese Weise ist für die beteiligten Marken eine Win-Win-Situation möglich.[5] Immer mehr Unternehmen nutzen deshalb diese Option der Neuprodukteinführung, so dass sich der Konsument in den letzten Jahren mit einer stark wachsenden Zahl von Co-Brandings konfrontiert sieht: einfache Konsumgüter (beispielsweise Speiseeis von Langnese und Milka), Gebrauchsgüter (beispielsweise PCs von Toshiba und Intel oder sogar Autosondermodelle von Ford und Lufthansa) sowie Dienstleistungen (beispielsweise Kreditkarte von VISA und BMW) werden mittlerweile in Form von Co-Brandings angeboten. So ist es nicht verwunderlich, dass der Anteil der Manager, die der Co-Branding-Strategie bei der „Großen Planungsumfrage" der Zeitschrift Absatzwirtschaft sehr große Bedeutung zumessen, von 1997 bis 2003 um das fünffache gestiegen ist[6] und in einer Ad-hoc-Befragung 65 Prozent der befragten Manager führender Markenartikelhersteller Markenallianzen als zukünftig wichtiges Instrument der Markenführung ansehen.[7]

Das Eingehen einer Kooperation mit einer anderen Marke zur Einführung eines gemeinsamen Produktes ist allerdings, wie jede Neuprodukteinführung, nicht frei von Risiken. Zugleich ist eine derartige Zusammenarbeit mit Unsicherheiten über das Verhalten der Partnermarke be-

---

[1] Vgl. Aaker/Keller (1990), S. 27.
[2] Vgl. Esch (2002), S. 204.
[3] Lindemann (1999), S. 101.
[4] Vgl. Rao/Qu/Ruekert (1999), S. 258.
[5] Vgl. Washburn/Till/Priluck (2000), S. 591.
[6] Vgl. Baumgarth (2003), S. 2.
[7] Vgl. Decker/Schlifter (2001), S. 40 f.

haftet. Ein Misserfolg des neuen Produktes oder Verfehlungen des Kooperationspartners (z. B. Konkurs) können besonders gravierende Folgen haben, da in frühere Studien die Möglichkeit von Rückwirkungen auf die Ausgangsmarken – so genannten Spill-Over-Effekten – nachgewiesen haben.[8] Damit ist die Marke als das „wichtigste Kapital des Unternehmens"[9] gefährdet. Eine besonders sorgfältige Wahl der Partnermarke ist infolgedessen unerlässlich.

Um eine solche Wahl treffen zu können ist die genaue Kenntnis der Einflussfaktoren auf die Beurteilung eines Co-Brandings unabdingbar. Eine Co-Branding-Allianz steht und fällt mit den Marken, die das Co-Brand gemeinsam bilden. In diesem Zusammenhang liegen noch keinerlei Studien zum Einfluss der Markeneinstellungsdimensionen auf das Co-Branding vor. Die neuere Forschung auf dem Gebiet der Dimensionen der Markeneinstellung belegt jedoch die große Relevanz expressiver und relationaler Markenaspekte.[10] Daher erscheint eine globale Betrachtung der das Co-Brand konstituierenden Marken nicht mehr zeitgemäß. Eine realitätsnahe Analyse erfordert vielmehr die Einbeziehung der einzelnen Markeneinstellungsdimensionen der eingehenden Marken. Insbesondere die *Selbstkongruenz* und das auf *Fournier* (1998) zurückgehende Konstrukt der *Markenbeziehungsqualität* haben noch keine Berücksichtigung in der Co-Branding-Forschung gefunden. Gerade diesen Größen wird aber eine beträchtliche Wirkung auf die Einstellung zu den Ausgangsmarken, die zentraler Bestandteil des Co-Brandings sind, zugeschrieben.[11] Somit kann von ihnen auch ein Einfluss auf die Beurteilung des Co-Brands erwartet werden. Aus diesem Grund erfolgt in der vorliegenden Untersuchung erstmals die Einbindung der Markeneinstellungsdimensionen in das Konzept des Co-Brandings. In Erweiterung der existierenden Untergliederungen[12] soll hier die Ästhetik als eigenständige Dimension der Markeneinstellung etabliert werden.

Bestehende Untersuchungen identifizieren den Fit zwischen den beteiligten Marken als den bedeutendsten Erfolgsfaktor eines Co-Brandings.[13] Der Prognose dieser abstrakten Größe bei der Evaluierung potenzieller Kooperationspartner kommt dementsprechend eine große Bedeutung zu. Dabei ist es entscheidend zu wissen, auf welche Weise ein Konsument bei Kontakt mit dem Co-Brand sein Urteil über den Markenfit bildet – der Markenfit sollte nicht weiter als *Blackbox* angesehen werden. Bisher haben sich jedoch erst wenige Forscher mit den Einfluss-

---

[8] Vgl. z. B. Simonin/Ruth (1998), S. 39; Lafferty/Goldsmith/Hult (2004), S. 522.
[9] Kapferer (1992), S. 9.
[10] Vgl. Kressmann/Herrmann/Huber/Magin (2003), S. 401 ff.
[11] Vgl. Kressmann/Herrmann/Huber/Magin (2003), S. 411.
[12] Vgl. z. B. Mittal/Ratchford/Prabhakar (1990), S. 137 f. ; Kressmann/Herrmann/Huber/Magin (2003), S. 402 f.
[13] Vgl. z. B. Lafferty/Goldsmith/Hult (2004), S. 522; Simonin/Ruth (1998), S. 36.

größen hinter diesem Konstrukt befasst.[14] Eine weitere Aufgabe dieser Arbeit besteht daher in der Untersuchung, ob die Konsumenten ihre Fit-Bewertung auf der Basis eines Vergleichs der einzelnen Markeneinstellungsdimensionen der beteiligten Marken vornehmen.

Zur Beantwortung der Frage, welchen Einfluss die Markeneinstellungsdimensionen auf die Beurteilung des Co-Brandings und des Markenfits ausüben, ist es hilfreich, zuerst die begrifflichen und theoretischen Grundlagen des Konzepts ‚Co-Branding' und der Einstellungsdimensionen zu skizzieren. Infolgedessen finden im zweiten Kapitel die Darstellung des Marketingkonzepts Co-Branding sowie die Herleitung der vier Dimensionen der Markeneinstellung statt. Die Bildung von Einstellungen und die Theorien zum Transfer von Einstellungen sind weiterer Bestandteil des Kapitels. Schließlich erfahren die zum Verständnis der Fit-Bewertung relevanten Schema- und Kategorisierungstheorien eine Erläuterung.

Auf der Grundlage dieses Wissens streben die Autoren im dritten Kapitel die Erklärung der Urteilsbildung bezüglich eines Co-Brands und der daraus resultierenden Kaufabsicht des Produktes an. Hierzu erfolgt die Formulierung von Hypothesen über die Wirkungszusammenhänge in einem Modell, welches als Determinanten die Markeneinstellungsdimensionen (mediiert über die globale Markeneinstellung), die Markenfit-Dimensionen (mediiert über den globalen Markenfit) und den Produktkategoriefit mit der Einstellung zum Co-Branding in Verbindung setzt. Zudem findet als moderierende Personenvariable das Markenwissen Berücksichtigung in der Modellbetrachtung.

Die Überprüfung der postulierten Zusammenhänge anhand empirischer Daten gibt Aufschluss über die Gültigkeit des Erklärungsmodells. Dazu gehen im vierten Kapitel methodische Überlegungen zur Wahl einer geeigneten Forschungsmethode der notwendigen Operationalisierung der latenten Modellkonstrukte voran. Der Beurteilung der Güte der kausalanalytischen Schätzung folgen die Darstellung und Interpretation der Ergebnisse. Die gewonnenen Erkenntnisse können zur Ableitung von Handlungsempfehlungen für die Marketingpraxis und als Beitrag zum Forschungsfortschritt genutzt werden.

Den Abschluss der Arbeit bildet eine Zusammenfassung und Schlussbetrachtung der zentralen Erkenntnisse dieser Untersuchung.

---

[14] Vgl. z. B. Baumgarth (2003), S. 375 ff.

2 Die Marke beim Co-Branding

2.1 Das Marketingkonzept Co-Branding

2.1.1 Definition des Begriffs Co-Branding

Zum besseren Verständnis und als Grundlage zur Definition des Begriffs Co-Branding soll im Folgenden zuerst seinen beiden Wortbestandteilen Beachtung geschenkt werden. Der Terminus Co-Branding leitet sich aus den Begriffen Kooperation (Co) und Marke (Branding) ab.[15]

Das *Markenverständnis* blieb im Laufe der Zeit nicht unverändert; vielmehr unterliegt es einem Entwicklungsprozess, der von den äußeren Gegebenheiten, wie den jeweils vorherrschenden Marktcharakteristika, geprägt ist.[16] Infolgedessen existiert in der Literatur keine allgemeingültige Definition, sondern es haben sich in fünf Entwicklungsphasen unterschiedliche Ansätze zur Beschreibung des Wesens einer Marke herausgebildet. Der erste Versuch der Eingrenzung des Markenbegriffes entstand Anfang des 20. Jahrhunderts durch das *Klassische Markenartikelkonzept*.[17] Dieses beschränkt sich weitestgehend auf die Kennzeichnung und Markierung von Produkten und findet in den von *Domizlaff* formulierten Leitsätzen, wie z. B. in hoher Qualität der Produkte, gleichen Aufmachungen und Preisen, beträchtlicher Bekanntheit sowie der Verfügbarkeit in den wichtigsten Handelsgeschäften, Ausdruck.[18]

Im nächsten Schritt wurden Merkmalskataloge zur Beschreibung einer Marke entwickelt; allein die Markierung eines Produktes reichte fortan nicht mehr aus, um als Marke zu gelten. Diesem *Merkmalsbezogenen Ansatz*[19] folgend gilt: „Markenartikel sind für den privaten Bedarf geschaffene Fertigwaren, die in einem größeren Absatzraum unter einem besonderen, die Herkunft kennzeichnenden Merkmal (Marke) in einheitlicher Aufmachung, gleicher Menge bei gleich bleibender oder verbesserter Güte erhältlich sind und sich durch die für sie betriebene Werbung Anerkennung der beteiligten Wirtschaftskreise (Verbraucher, Händler und Hersteller) erworben haben (Verkehrsgeltung)."[20] Durch die Fokussierung auf Fertigwaren für

---

[15] Vgl. Baumgarth (2003), S. 25.
[16] Vgl. Meffert/Burmann (1996a), S. 373.
[17] Vgl. Domizlaff (1951), S. 31 f.
[18] Vgl. Domizlaff (1951), S. 31 f.
[19] Synonym zum Begriff Merkmalsbezogener Ansatz finden sich auch die Terme Objektbezogener bzw. Instrumenteller Ansatz.
[20] Mellerowicz (1963), S. 39.

den privaten Konsum[21] schließt diese Definition explizit Dienstleistungen, Investitionsgüter oder Personen vom Markenbegriff aus.[22]

Um die immanente Schwäche der ausschließlichen Konzentration auf Produktmerkmale durch die bisherigen Ansätze zu überwinden, ging man zu einem *Funktions- bzw. Anbieterorientierten Ansatz* über; er zeichnet Marken als Bündel typischer Marketinginstrumente (geschlossenes Absatzsystem) aus.[23]

Auch die funktionsorientierten Sichtweise vermochte das Problem des Auftauchens von Produkten, die laut Definition nicht zu den Markenartikeln zu zählen sind, subjektiv jedoch eindeutig als Marke wahrgenommen werden, nicht zu überwinden.[24] Dies gelingt erst durch die Abkehr von den objektiven Produkteigenschaften und Absatzsystemen[25] sowie der Hinwendung zur subjektiven Wirkung, die ein Produkt bzw. eine Dienstleistung beim Nachfrager erzielen, also durch den *Wirkungs- bzw. Nachfragerorientierten Ansatz*.[26] Nach *Berekoven* (1978) ist „...alles, was die Konsumenten als einen Markenartikel bezeichnen oder – besser – empfinden, tatsächlich ein solcher..."[27] Die Marke existiert demzufolge als Idee des Nachfragers über das Produkt.[28]

Die letzte Stufe in der Entwicklung des Markenverständnisses stellen der *Fraktale* sowie der *Identitätsorientierte Ansatz* dar. Beim fraktalen Markenverständnis wird ein Mythos zum Kern der Marke, die Grundprinzipien der Markenführung verlieren hingegen an Gewicht.[29] Der Identitätsorientierte Ansatz befasst sich mit den sozial-psychologischen Gesichtspunkten des Markenbegriffes.[30] Er trägt der zunehmenden Bedeutung der Identifikation des Nachfragers mit einer Marke Rechnung.[31] Tabelle 2.1 zeigt die unterschiedlichen Ansätze zur Markendefinition im Überblick.

Es bleibt zu klären, welches Markenverständnis dieser Arbeit zugrunde gelegt werden soll. Dazu ist von der „eigentlichen" Marke die Auffassung der Marke als gewerbliches Schutz-

---

[21] Vgl. Bauer/Huber (1998), S. 37.
[22] Vgl. Meffert/Burmann (1996a), S. 373.
[23] Vgl. Bruhn (1994), S. 8.
[24] Vgl. Bauer/Huber (1998), S. 37.
[25] Vgl. Meffert/Burmann (1996a), S. 377.
[26] Vgl. Sander (1994), S. 39.
[27] Berekoven (1978), S 43.
[28] Vgl. Disch (1991), S. 91.
[29] Vgl. Huber (2004), S. 49.
[30] Vgl. Huber (2004), S. 49.
[31] Vgl. Meffert/Burmann (1996a), S. 378.

recht und als markiertes Produkt zu trennen;[32] diese Sichtweisen sind für die weitere Untersuchung nicht relevant und werden demzufolge nicht zum Gegenstand dieser Studie gemacht. Ausgehend vom Verständnis des Wesens einer Marke als immaterielles Vorstellungsbild im Kopf des Konsumenten,[33] trägt der hier verwendete Markenbegriff die wesentlichen Elemente des *subjektiven, wirkungsorientierten Ansatzes* sowie Teile der neueren – *fraktalen* und *identitätsorientierten* – Sichtweise. Die Marke stellt sich „...als ein in der Psyche des Konsumenten verankertes, unverwechselbares Vorstellungsbild von einem Produkt oder einer Dienstleistung..."[34] dar. Dieses Vorstellungsbild entspricht dem Mythos, der in der Gedankenwelt des Fraktalen Ansatzes den Kern der Marke repräsentiert. Es spiegelt zudem die kognitiven, affektiven und konativen Einstellungen des Nachfragers gegenüber der Marke wider.[35]

Ansatz	Entstehungszeit	Bezugspunkt	Markenverständnis	Quelle
I. Klassisches Markenartikelkonzept	Mitte 19. bis Anf. 20. Jh.	Produkt	Marke als gekennzeichnetes und markiertes Produkt	Domizlaff (1939)
II. Merkmals- bzw. Objektorientierter Ansatz	Bis Mitte der 60er Jahre	Produkt	Marke als physisch fassbares Konsumgut, das alle Punkte eines Merkmalkatalogs erfüllt	Mellerowicz (1963)
III. Funktions- bzw. Anbieterorientierter Ansatz	Bis Mitte der 70er Jahre	Anbieter	Marke als geschlossenes Absatzsystem bzw. Bündel typischer Marketinginstrumente	Hansen (1970)
IV. Wirkungs- bzw. Nachfragerorientierter Ansatz	Bis Ende der 80er Jahre	Nachfrager	Marke ist alles, was der Konsument als solche wahrnimmt; Idee des Nachfragers über das Produkt/die Dienstl.	Berekoven (1978)
V. Neuere Ansätze V.1 Fraktaler Ansatz	Heute	Beziehung zw. Nachfrager und Marke	Mythos als Kern der Marke; Untergeordnete Rolle für Prinzipien der Markenführung	Gerken (1994)
V.2 Identitätsorientierter Ansatz	Heute		Betrachtung der Marke v.a. unter sozial-psychologischen Aspekten	Aaker (1996) Kapferer (1992) Meffert/Burmann (1996b)

Tab. 2.1: Ansätze des Markenverständnisses im Überblick, in Anlehnung an Huber (2004), S. 49.

---

[32] Vgl. Meffert/Burmann (2002), S. 169.
[33] Vgl. Esch (2001), S. 43.
[34] Meffert/Burmann (2002), S. 169.
[35] Vgl. Meffert/Burmann (2002), S. 169.

Der zweite Wortbestandteil des Terminus Co-Branding – die Kooperation – lässt sich anhand der folgenden Kooperationsmerkmale charakterisieren.[36] Grundvoraussetzung für das Zustandekommen einer Kooperation ist die *Mehrzahl von Einheiten*.[37] Nur wenn mindestens zwei Einheiten – beim Co-Branding sind dies die Marken – zusammentreffen, kann eine Kooperation eingegangen werden. Ein zweites Merkmal wird in der *Freiwilligkeit der Zusammenarbeit* gesehen, das heißt, Beitritt zu und Austritt aus einer Kooperation müssen jederzeit aus freiem Willen geschehen können und dürfen nicht von Dritten auferlegt werden.[38] Übertragen auf das Co-Branding bedeutet dies, dass alle beteiligten Marken die Möglichkeit haben, freiwillig und ohne Zwang über eine Zusammenarbeit entscheiden zu können.[39] Um von einer Kooperation sprechen zu können, muss zudem die *Selbständigkeit der Einheiten* gewahrt bleiben.[40] Zumeist wird die Selbständigkeit dabei unter rechtlichen oder wirtschaftlichen Aspekten beurteilt.[41] Im Rahmen des Co-Branding erscheint jedoch weniger die rechtliche und wirtschaftliche Selbständigkeit als vielmehr die Selbständigkeit der Marken aus Abnehmersicht relevant.[42] Das vierte Kooperationsmerkmal liegt in der *Zielorientierung der Zusammenarbeit*[43]; durch das gemeinsame Vorgehen müssen die beteiligten Einheiten eine bessere Zielerreichung anstreben als bei isoliertem Vorgehen.[44] Aus der Sichtweise des Co-Brandings heraus ergibt sich die Forderung, dass die involvierten Marken in der kooperativen Marktbearbeitung ein geeigneteres Mittel zur Zielerreichung sehen müssen als bei isolierter Markenpolitik. Tabelle 2.2 beinhaltet eine Zusammenfassung der vier Kooperationsmerkmale.

In der Literatur finden sich sehr unterschiedliche Versuche, das Wesen des Co-Brandings in einer Definition hinreichend zu beschreiben. Die jeweiligen Ansätze gehen dieses Unterfangen auf der Basis verschiedener Schwerpunkte an. Die wichtigsten Studien der Co-Branding-Forschung zugrundelegend, offenbaren sich vier Ansätze mit unterschiedlichen Schwerpunkten, die für die weitere Arbeit von Relevanz sind.[45] Die weiteste der betrachteten Eingrenzungen fasst unter dem Term Co-Branding *alle Kooperationen von Marken* zusammen. Diese Sichtweise kommt beispielsweise in den Studien von *Simonin/Ruth* (1998), *Rao/Ruekert*

---

[36] Vgl. Fontanari (1996), S. 34 ff.
[37] Vgl. Bidlingmaier (1967), S. 355.
[38] Vgl. Bidlingmaier (1967), S. 357.
[39] Vgl. Baumgarth (2003), S. 29.
[40] Vgl. Linn (1989), S. 24.
[41] Vgl. z. B. Altmeyer (1997), S. 6 oder Fontanari (1996), S. 34 f.
[42] Vgl. Baumgarth (2003), S. 29.
[43] Vgl. Schneider (1973), S. 37.
[44] Vgl. Bidlingmaier (1967), S. 358.
[45] Es lassen sich auch sieben unterschiedliche Schwerpunkte identifizieren, die jedoch teilweise auf Basis weniger wichtiger Studien beruhen oder für den Fortgang der Arbeit von untergeordnetem Interesse sind; zur Klassifizierung anhand von sieben Schwerpunkten vgl. Baumgarth (2003), S. 22.

(1994), *Rao/Qu/Ruekert* (1999), *Walchi* (1996) und *Keller* (1998) zum Ausdruck.[46] *Keller* schlägt folgende Definition vor: „Co-Branding – also called brand bundling or brand alliances – occurs when two or more existing brands are combined into a joint product and/or marketed together in some fashion."[47] Esch/Redler (2004) differenzieren zwischen einfachen (zwei Marken beteiligt) und komplexen Markenkombinationen (mehr als zwei Marken involviert).[48] Ein Beispiel für ein komplexes Co-Branding stellt ein Notebook von Toshiba dar, auf dem die Markennamen Toshiba Satellite, Intel Inside, Microsoft Windows, Harman/Kardon und NVidia Graphics zu finden sind.

Kooperations-merkmale	Beschreibung des Merkmals	Übertragen auf das Co-Branding
I. Mehrzahl von Einheiten	Mindestens zwei Einheiten für eine Kooperation notwendig	Mindestens zwei Marken für eine Kooperation notwendig
II. Freiwilligkeit der Zusammenarbeit	Beitritt zu und Austritt aus einer Kooperation jederzeit aus freiem Willen möglich	Beteiligte Marken können freiwillig über Zusammenarbeit entscheiden
III. Selbständigkeit der Einheiten	Selbständigkeit der Einheiten aus rechtlicher und wirtschaftlicher Sicht	Selbständigkeit der Marken aus Abnehmersicht
IV. Zielorientierung der Zusammenarbeit	Bessere Zielerreichung der Einheiten durch gemeinsames Vorgehen	Bessere Zielerreichung der involvierten Marken durch kooperative Markenpolitik

Tab. 2.2: Kooperationsmerkmale

Um jenes weitgefasste Kriterium einzuschränken, muss über die reine Markenzusammenarbeit hinaus auch die *Sichtbarkeit* genau dieser Kooperation durch den Konsumenten gewährleistet sein. Exemplarisch für Autoren wie *Blackett/Russel* (1999), *Rao* (1997) oder *Rao/Ruekert* (1994) beschreibt die *Interbrand Definition* dies folgendermaßen: „Co-branding is a form of co-operation between two or more brands with significant customer recognition, in which all the participants' brand names are retained."[49]

Häufig wird die *Markierung einer Leistung durch mindestens zwei Marken* als hinreichendes Merkmal des Co-Brandings identifiziert. Damit wird eine engere Abgrenzung des Begriffes im Vergleich zu den beiden erstgenannten Definitionsansätzen erreicht. *Hillyer/Tikoo* (1995),

---

[46] Vgl. Simonin/Ruth (1998), S. 30; Rao/Ruekert (1994), S. 87; Rao/Qu/Ruekert (1999), S. 259; Walchi (1996), S. 2; Keller (1998), S. 283.
[47] Keller (1998), S. 283.
[48] Vgl. Esch/Redler (2004), S. 171.
[49] Blackett/Russel (1999), S. 7; vgl. auch Blackett/Russel (1999), S. 6 f.; Rao (1997), S. 111; Rao/Ruekert (1994), S. 87.

Leuthesser/Kohli/Suri (2003), *Levin/Davis/Levin* (1996), *Cegarra/Michel* (2001) oder *Janiszewski/Van Osselaer* (2000) präferieren diese Vorgehensweise.[50] *Park/Jun/ Shocker* (1996) zu Folge gilt: Co-Branding[51] „...involves combining two existing brand names to create a composite brand name for a new product."[52] Über die mehrfache Leistungsmarkierung hinaus kann eine gemeinsame Leistungserbringung der involvierten Marken nicht als Voraussetzung für Co-Branding herangezogen werden. Zwar existieren Unterformen des Co-Brandings, wie Ingredient Branding[53] oder Complementary Competence Co-Branding,[54] bei denen die Partnermarken die Wertschöpfung zwangsläufig anteilig verrichten, es wird aber in der Literatur explizit darauf hingewiesen, dass dies nicht notwendig ist und schon die bloße Nennung des Partnernamens ausreichend ist.[55] Beispielsweise ‚leiht' die Zeitschrift FIT FOR FUN verschiedenen Lebensmittelherstellern (z. B. Homann Feinkostsalate) ihren Namen für ein gemeinsames Produkt, ohne am eigentlichen Prozess der Leistungserstellung beteiligt zu sein.[56]

Definitionsschwerpunkt	Beispielhafte Definition	Vertreter dieser Definitionsrichtung
I. Alle Kooperationen von Marken	"Co-Branding (...) occurs when two or more existing brands are combined into a joint product and/or marketed together in some fashion." Keller (1998), S. 283.	Simonin/Ruth (1998); Rao/ Ruekert (1994); Rao/Qu/Ruekert (1999); Walchi (1996); Keller (1998)
II. Sichtbarkeit der Kooperation	„Co-branding is a form of co-operation (...) with significant customer recognition, in which all the participants' brand names are retained." Blackett/Russel (1999), S. 7.	Blackett/Russel (1999); Rao (1997); Rao/Ruekert (1994)
III. Markierung durch mind. zwei Marken	Co-Branding „...involves combining two existing brand names to create a composite brand name for a new product." Park/Jun/ Shocker (1996), S. 453.	Hillyer/Tikoo (1995); Leuthesser /Kohli/Suri (2003); Levin/Davis/ Levin (1996); Janiszewski/Van Osselaer (2000); Cegarra/ Michel (2001); Park/Jun/Shocker (1996)
IV. Unterschiedliche Markeninhaber	„Co-Branding zeichnet sich dadurch aus, dass ein Anbieter ein Produkt (...) zusätzlich mit einer Markierung versieht, deren Rechte ein anderes Unternehmen besitzt." Freter/Baumgarth (2001), S. 325.	Freter/Baumgarth (2001); Ohlwein/Schiele (1994)

Tab. 2.3: Definitionsschwerpunkte des Co-Brandings in der Literatur

---

[50] Vgl. Hillyer/Tikoo (1995), S. 123; Leuthesser/Kohli/Suri (2003), S. 36; Levin/Davis/Levin (1996), S. 296; Cegarra/Michel (2001), S. 59; Janiszewski/Van Osselaer (2000), S. 331.
[51] Die Autoren verwenden synonym zum Begriff des Co-Brandings den Terminus Composite Brand Extension (CBE).
[52] Park/Jun/Shocker (1996), S. 453.
[53] Vgl. Smit (1999), S. 66 ff.; McCarthy/Norris (1999), S. 267 ff.
[54] Vgl. Blackett/Russel (1999), S. 14.
[55] Vgl. Decker/Schlifter (2003), S. 2; zum Reach-Awareness Co-Branding vgl. Blackett/Russel (1999), S. 9.
[56] Vgl. Baumgarth (2003), S. 93. ff.

Der vierte Ansatz beruht auf der Forderung nach *unterschiedlichen Markeninhabern*. Die involvierten Marken dürfen nicht dem gleichen Markeninhaber angehören, andernfalls wäre das Kriterium für ein Co-Branding nicht erfüllt. *Freter/Baumgarth* (2001) bzw. *Ohlwein/Schiele* (1994)[57] konzentrieren sich bei der Definition auf diesen Schwerpunkt: „Das Co-Branding zeichnet sich dadurch aus, dass ein Anbieter ein Produkt, welches bereits isoliert einen Markenartikel darstellt, zusätzlich mit einer Markierung versieht, deren Rechte ein anderes Unternehmen besitzt."[58] Tabelle 2.3 zeigt die vier Definitionsschwerpunkte im Überblick.

Die dieser Arbeit zugrunde liegende Definition des Terminus Co-Branding setzt die nachfragerorientierte Wesensdefinition einer Marke, die Merkmale einer Kooperation (Mehrzahl von Marken; Freiwilligkeit; Selbständigkeit; Zielorientierung) und die Definitionsschwerpunkte der Co-Branding-Forschung (Kooperation von Marken; Sichtbarkeit; Leistungsmarkierung; Unabhängigkeit der Markeninhaber) in Beziehung. Da sich diese Studie im Weltbild des wirkungsorientierten Markenverständnisses bewegt, ist nicht die rechtliche Unabhängigkeit der Marken relevant, sondern die Wahrnehmung der Souveränität durch den Konsumenten – also die erzielte Wirkung beim Nachfrager. Demnach ergibt sich folgende Definition:

Co-Branding beschreibt die Markierung einer Leistung mit mindestens zwei Markennamen im Rahmen einer kooperativen Markenpolitik, zu der sich alle involvierten Marken freiwillig und zielorientiert entschieden haben, wobei die Zusammenarbeit für den Konsumenten wahrnehmbar ist und die Marken ihre Souveränität aus Konsumentensicht behalten.

Damit ist die Definition konsistent zu den identifizierten Schwerpunkten in der Literatur (siehe Tabelle 2.3), die alle vier Berücksichtigung finden; auch die vier Kooperationsmerkmale (siehe Tabelle 2.2) sind in der Definition enthalten.

2.1.2 Typologie unterschiedlicher Erscheinungsformen des Co-Brandings

Mehrere Autoren haben mit verschiedenen Ansätzen versucht, den Oberbegriff Co-Branding zu untergliedern und seine unterschiedlichen Erscheinungsformen zu identifizieren.[59] Drei solcher Typologien sollen hier vorgestellt werden.

---

[57] Vgl. Freter/Baumgarth (2001), S. 325; Ohlwein/Schiele (1994), S. 577.
[58] Freter/Baumgarth (2001), S. 325.
[59] Vgl. Blackett/Russell (1999), S. 8 ff.; Venkatesh/Mahajan/Muller (2000), S. 6 f.; Decker/Schlifter (2001), S. 40 f.; Cegarra/Michel (2001), S. 59 ff.; Baumgarth (2003); S. 56 ff.

Blackett und *Russell* (1999) nehmen die Unterteilung anhand eines einzelnen Kriteriums vor; entscheidend ist ihrer Meinung nach die Höhe der durch die Kooperation geschaffenen Wertschöpfung.[60] Die geringste gemeinsame Wertschöpfung liegt beim *Reach-Awareness Co-Branding* vor; die Zusammenarbeit beschränkt sich hierbei auf gemeinsame Marketing- und Promotion-Tätigkeiten mit dem Ziel, die eigene Bekanntheit zu steigern oder Lizenzeinnahmen zu erzielen.[61] Die Feinkostsalate von FIT FOR FUN und Homann sind ein Beispiel dafür. Das *Value Endorsement Co-Branding* ermöglicht bei etwas höherer gemeinsamer Wertschöpfung den Transfer von Werten und Markenpositionierungen.[62] Cause-Brand Alliances lassen sich in diese Kategorie einordnen.[63] Den zweithöchsten Grad an gemeinschaftlich erzielten Werten besitzt das *Ingredient Branding*.[64] Die Produkte von Marken wie Tetra Pak gehen dabei als investive Güter in die Produktion des Hauptproduktes ein. Die größte gemeinsame Wertschöpfung ergibt sich beim *Complementary Competence Co-Branding*;[65] zwei starke und komplementäre Marken schließen sich zusammen, um gemeinsam ein Produkt zu erschaffen, wobei jede Marke ihre speziellen Fähigkeiten und Kernkompetenzen einbringt (z. B. der Philishave Cool Skin von Philips und Nivea).

Cegarra und *Michel* (2001) verwenden zwei Merkmale für ihre Typologisierung – die *Art der Verbindung* und den *Grad der Exklusivität*.[66] Die Verbindung zwischen zwei Marken eines Co-Brands kann funktionaler oder symbolischer Art sein. Ein exklusives Co-Branding besteht, wenn die betreffende Marke in der relevanten Kategorie mit keiner anderen Marke als der Partnermarke eine derartige Beziehung eingeht. Bestehen solche Relationen, so handelt es sich um ein offenes bzw. nicht-exklusives Co-Branding. Übertragen auf eine Vierfeldermatrix, werden die folgenden vier Erscheinungsformen des Co-Brandings ersichtlich[67]: Das *symbolische, exklusive Co-Branding* (z. B. Ford Ka ‚Lufthansa Edition') strebt einen Imagetransfer unter den Marken an. Das *symbolische, nicht exklusive Co-Branding* (z. B. Intel Prozessoren mit IBM, Compaq, Toshiba etc.) hat aufgrund der fehlenden Exklusivität einen geringeren Imagetransfer als die erste Form zur Folge. Beim *funktionalen, exklusiven Co-Branding* (z. B. der Philishave Cool Skin von Philips und Nivea) steht die Verbindung des Know-Hows der beiden Marken im Vordergrund. Im Fall des *funktionalen, nicht exklusiven* Co-Brandings (z.

---

[60] Das Kriterium lautet im Original ‚Shared Value Creation'; vgl. Blackett/Russell (1999), S. 8 f.
[61] Vgl. Blackett/Russell (1999), S. 9 f.
[62] Vgl. Blackett/Russell (1999), S. 10 ff.
[63] Zu Cause-Brand Alliances siehe Kapitel 2.1.3.
[64] Vgl. Blackett/Russell (1999), S. 12 ff.
[65] Vgl. Blackett/Russell (1999), S. 14 f.
[66] Vgl. Cegarra/Michel (2001), S. 59 f.; Cegarra/Michel (2000), S. 4; Cegarra/Michel (2003), S. 2.
[67] Vgl. Cegarra/Michel (2001), S. 60 f.

B. Tetra-Pak) wird die eingehende Marke oftmals als Charakteristikum der betreffenden Produktkategorie angesehen, so dass kaum ein positiver Effekt durch die Partnerschaft erzielt wird – jedoch ein Fehlen der eingehenden Marke zu negativen Beurteilungen beim Konsumenten führen würde.

Studie	Merkmale zur Typologisierung	Identifizierte Erscheinungsformen
1. Blackett/ Russell (1999)	Ein Merkmal: Durch die Kooperation geschaffene Wertschöpfung (Shared Value Creation)	1. Reach-Awareness Co-Branding 2. Values Endorsement Co-Brand. 3. Ingredient Co-Branding 4. Complementary Competence Co-Br.
2. Cegarra/ Michel (2001)	1. Art der Verbindung (Funktional oder Symbolisch) 2. Grad der Exklusivität (Exklusiv oder Offen/Nicht Exklusiv)	1. Symbolisches, exklusives Co-Brand. 2. Symbolisches, nicht exkl. Co-Brand. 3. Funktionales, exklusives Co-Brand. 4. Funktionales, nicht exkl. Co-Brand.
3. Baumgarth (2003)	10 Merkmale mit Clusteranalyse: 1. Anzahl der Marken 2. Markenstärke 3. Richtung d. Koop. 4. Hauptlink 5. Verhältnis nach außen 6. Innovationshöhe 7. Leistungsintegration 8. Zeitdauer 9. Anzahl Co-Brands 10. Transferart	1. Innovations-Co-Brand 2. Promotion-Co-Brand 3. Ingredient Brand 4. Multi-Co-Brand

Tab. 2.4: Typologisierungen des Co-Brandings

Im Gegensatz zu den rein deskriptiven Typologisierungen der ersten beiden Ansätze, stützt *Baumgarth* (2003) seine Unterteilung auf eine hierarchisch-agglomerative Clusteranalyse, in der zehn Merkmale Berücksichtigung finden.[68] Die Anzahl der Marken, die Markenstärke, die Richtung der Zusammenarbeit, der Hauptlink der Markenverbindung, das Verhältnis der Marken nach außen, die Innovationshöhe der Leistung, die Leistungsintegration, die Zeitdauer, die Anzahl Co-Brands sowie die Transferart werden demnach zur Typeinteilung verwendet.[69] Die erste identifizierte Form ist das *Innovations-Co-Brand* (z. B. der Philishave Cool Skin von Philips und Nivea); sie zeichnet sich durch eine große Innovationshöhe, Unbefristetheit der Zusammenarbeit, technisch-funktionale Verbindung der Marken und einen für alle involvierten Marken entfernten Transfer darstellende Co-Brand-Leistung aus.[70] Der zweite Typ – *Promotion-Co-Brand* (z. B. Ford Ka ‚Lufthansa Edition') – vereint befristete Kooperationen, die häufig auf lateralen Verbindungen beruhen und nur schwach innovative Co-Brand-Leistungen hervorbringen.[71] Wiederum wird der Typus *Ingredient Brand* (z. B. Gore-Tex und

---
[68] Vgl. Baumgarth (2003), S. 63.
[69] Vgl. Baumgarth (2003), S. 56 ff.
[70] Vgl. Baumgarth (2003), S. 65.
[71] Vgl. Baumgarth (2003), S. 65.

Schöffel) erfasst; in diesem Fall ist aber auch die horizontale Verknüpfung der Marken inbegriffen – entscheidend ist, dass eine Marke zum Bestandteil der anderen wird. Außerdem ist die Zusammenarbeit unbefristet und auf technisch-funktionaler Basis.[72] Die Erscheinungsform *Multi-Co-Brand* (Feinkostprodukte von FIT FOR FUN und Homann) zeichnet sich durch mehrere, gleichzeitig am Markt präsente Co-Brands und eine unbefristete Kooperation auf emotional-symbolischer Ebene aus.[73] In Tabelle 2.4 werden die unterschiedlichen Typologisierungsansätze gegenübergestellt.

2.1.3 Abgrenzung des Begriffs Co-Branding von artverwandten Begriffen

In Zusammenhang mit Kooperationen zwischen Marken hat sich in der Literatur eine Vielzahl an Termini herausgebildet, die teils unterschiedliche Konzepte beschreiben, teils als Synonyme Verwendung finden. Daher sollen in diesem Kapitel der Begriff Co-Branding zu seinen artverwandten Begriffen (Markenallianz, Co-Marketing, Markentransfer, Co-Advertising, Ingredient Branding, Cause-Brand Alliance) abgegrenzt sowie die Gemeinsamkeiten und vor allem die Unterschiede herausgestellt werden.[74] Als Grundlage der Abgrenzung dienen die Merkmale der Co-Branding-Definition des vorherigen Abschnittes und die betreffende Begriffsauffassung in der Literatur. Dabei zeichnen folgende Kriterien das Marketingkonzept Co-Branding aus:

- mindestens zwei Marken sind in die Kooperation involviert;
- es wird eine gemeinsame Leistung angeboten, die eine Markierung aller beteiligten Marken enthält;
- die Zusammenarbeit ist für den Konsumenten wahrnehmbar;
- die Marken behalten aus Konsumentensicht ihre Souveränität;
- die Zusammenarbeit erfolgt freiwillig und zielorientiert.

---

[72] Vgl. Baumgarth (2003), S. 66.
[73] Vgl. Baumgarth (2003), S. 66.
[74] Überschneidungen mit dem Co-Branding weisen auch folgende Phänomene auf (da die Leistung mit mehreren Namen markiert ist oder eine anderweitige Zusammenarbeit vorliegt), die aber hier nicht weiter erläutert werden sollen: Gütezeichen (z. B. Stiftung Warentest); Herkunftsbezeichnung/Country-of-Origin; Dachmarkenstrategie/Corporate Branding; Bartering; Sponsoring; Unternehmenszusammenschlüsse/Fusion/Joint Venture (z. B. DaimlerChrysler).

Das Kriterium der Freiwilligkeit und Zielorientierung ist bei allen betrachteten Termini erfüllt und eignet sich deshalb nicht zur Unterscheidung der Konzepte. Zusätzlich wird die Dauer der geplanten Zusammenarbeit als Unterscheidungsmerkmal herangezogen; die Dauer des Co-Brandings ist laut Huber (2004) auf mittlere Frist angelegt.[75] Synonym zu Co-Branding finden sich auch die Begriffe Composite Brand Extension bzw. Composite Brand Alliance[76] sowie Brand Alliance;[77] der zuletzt genannte Term wird dabei nicht im Sinne einer Markenallianz, wie sie weiter unten definiert wird, gebraucht, sondern beschreibt in den zitierten Studien das Phänomen ‚Co-Branding'. Beispiele für Co-Brands sind die Kreditkarte von BMW und VISA, der MP3-Player von Nike und Philips (siehe Abbildung 2.1), die Fruchtgummis von Haribo und Smarties oder die elektrische Zahnbürste von Braun und Oral-B (siehe Abbildung 2.2).

Die *Markenallianz* (auch: Brand Alliance) beschreibt eine wahrnehmbare Kooperation zwischen mindestens zwei unabhängigen Marken; die Zusammenarbeit des Waren- und Versandhändlers Quelle-Karstadt und des Kaffee-Unternehmens Starbucks steht beispielhaft für eine Markenallianz. Im Gegensatz zum Co-Branding wird das Anbieten einer gemeinsam markierten Leistung an den Konsumenten nicht vorausgesetzt; die Zusammenarbeit kann auch in anderer Form (z. B. Co-Advertising) geschehen.[78] Die Markenallianz beinhaltet somit das Co-Branding als Spezialfall und fungiert als Oberbegriff. Die Allianz wird zudem eher im Hinblick auf eine längerfristige Beziehung eingegangen.[79]

Abb. 2.1: MP3-Player von Nike und Philips
Vgl. http://nike-philips.com

Abb. 2.2: Elektr. Zahnbürste von Braun und Oral-B
Vgl. http://oral.com

---

[75] Vgl. Huber (2004), S. 59.
[76] Vgl. Park/Jun/Shocker (1996), S. 453.
[77] Vgl. Simonin/Ruth (1998); Levin/Davis/Levin (1996), S. 297.
[78] Vgl. Simonin/Ruth (1998), S. 30 f.
[79] Vgl. Sheth/Parvatiyar (1992), S. 72.

Bucklin/Sengupta (1993) beschreiben *Co-Marketing* (ebenso: Co-Marketing Alliance) folgendermaßen: „They (Co-Marketing Alliances, Anm. d. V.) involve coordination among the partners in one or more aspects of marketing and may extend into research, product development, and even production."[80] Daraus wird deutlich, dass eine gemeinsame Leistung nicht zwingend erbracht werden muss; beschränkt sich die Zusammenarbeit beispielsweise auf eine kooperative Marktforschung (Research), dann entsteht keine mehrfach markierte Leistung für den Konsumenten. Außerdem wird in diesem Fall die Kooperation zumeist nicht vom Nachfrager wahrgenommen. Grundvoraussetzung für das Co-Branding ist das Zusammentreffen von Marken; beim Co-Marketing können neben Marken jedoch auch Produkte, Hersteller oder Händler involviert sein.[81] Demzufolge befindet sich der Begriff Co-Marketing auf einer höheren Extensionsstufe und umfasst als Oberbegriff die Spielarten Co-Branding und Co-Advertising. Die Dauer kann je nach Art der Zusammenarbeit zwischen kurz- und mittelfristig variieren.

Von einem *Markentransfer* kann nach *Esch* (2002) dann ausgegangen werden, „...wenn eine vorhandene Marke in einer vorhandenen Produktkategorie zu einer so genannten Produktlinienerweiterung oder in einer neuen Produktkategorie zu einer Markenerweiterung genutzt wird...".[82] Als Exempel für eine Markenerweiterung seien hier die Körperpflegeprodukte des Sportartikelherstellers Adidas angeführt. *Aaker/Keller* (1990) schlugen in ihrer richtungsweisenden Studie ebenfalls die Zweiteilung in Produktlinienerweiterung (Line Extension) und Markenerweiterung (Brand Extension; Markentransfer im engeren Sinne) vor,[83] die somit als Ausprägungen des Markentransfers angesehen werden können. In diesen Definitionen kommt der fundamentale Unterschied zum Co-Branding zum Ausdruck: beim Markentransfer ist nur eine einzelne Marke beteiligt, eine Kooperation mit einer Partnermarke findet nicht statt. Infolgedessen kann auch das Kriterium der gemeinsam angebotenen Leistung nicht eingehalten werden. Um die Muttermarke nicht durch kurzfristige ‚Ausflüge' in andere Produktkategorien zu verwässern, wird ein Markentransfer normalerweise auf lange Sicht eingegangen. Hingegen werden die Merkmale der Souveränität und der Sichtbarkeit nicht verletzt. *Esch* (2002) bewertet das Co-Branding als Spezialfall des Markentransfers; im Rahmen dieser indirekten, horizontalen Markenerweiterung erfolgt der Transfer mit Hilfe einer zweiten Marke.[84] Das

---

[80] Bucklin/Sengupta (1993), S. 32.
[81] Vgl. Huber (2004), S. 56.
[82] Esch (2002), S. 202.
[83] Vgl. Aaker/Keller (1990), S. 27.
[84] Vgl. Esch (2002), S. 204.

Co-Branding des MP3-Players von Nike und Philips stellt demzufolge für Nike eine Brand Extension und für Philips eine Line Extension dar.

Überschneidungen gibt es zwischen den Termini *Co-Advertising* (synonym: Advertising Alliance, Co-Promotion) und Co-Branding. Co-Advertising steht für gemeinsame Werbung und Kommunikationsmaßnahmen, deren Kosten unter den beteiligten Partner aufgeteilt werden.[85] Ein für den deutschen Markt markantes Beispiel für Co-Advertising ist die Kooperation von Siemens und Ariel, deren gemeinschaftliches Engagement mittlerweile über das Schalten von Werbung hinausgeht und auch weitergehende, imagefördernde Maßnahmen beinhaltet (z. B. den Fashion-Design-Wettbewerb ‚WashCouture', siehe Abbildung 2.3). Bei beiden Marketing-Kooperationen werden Marken, die ihre Eigenständigkeit behalten und vom Konsumenten wahrgenommen werden, in Verbindung gesetzt. Der elementare Unterschied besteht in der fehlenden gemeinsamen Leistung (z. B. ein markiertes Produkt) der Werbe-Allianz; sie geht über gebündelte Kommunikationsaktivitäten nicht hinaus. Im Vergleich zum Co-Branding ist sie meist auf kürzere Dauer angelegt.

Abb. 2.3: Co-Advertising von Siemens und Ariel
Vgl. http://www.washcouture.de/home.html

Im weiteren Sinne kann *Ingredient Branding* als Markenpolitik von investiven Verbrauchsgütern, welche aus Konsumentensicht eine Marke darstellen (z. B. Gore-Tex-Stoffe oder Intel-Prozessoren), definiert werden.[86] Eine engere Begriffsauffassung sieht ein Ingredient Branding nur dann gegeben, wenn dem Kunden ein Endprodukt angeboten wird, das die Marke des investiven Verbrauchsguts als Komponente beinhaltet.[87] Diese Definition zugrunde le-

---

[85] Vgl. Young/Greyser (1983), S. 3; Huber (2005), S. 28; Esch (2004), S. 354.
[86] Vgl. Freter/Baumgarth (2001), S. 324.
[87] Vgl. Smit (1999), S. 66.

gend, sind die Kriterien der Mehrzahl an Marken, der gemeinsamen Leistung und deren Markierung, der Souveränität der Marken und der Sichtbarkeit der Zusammenarbeit erfüllt. Im Unterschied zum Co-Branding, welches horizontale, vertikale und laterale Formen zulässt, bleibt das Ingredient Branding definitionsgemäß auf die vertikale Ausrichtung beschränkt. Es bildet folglich einen Spezialfall[88] des Co-Branding („Ingredient Branding is a specific category of co-branding"[89]). Es wird der Praxis eher als längerfristige Strategie verfolgt.[90]

Abb. 2.4: Cause-Related Marketing von Krombacher und WWF
Vgl. http://www.krombacher.de/infospresse/regenwaldprojekt/index.php

Eine weitere Spielart des Co-Brandings ist die *Cause-Brand Alliance* (allgemeiner: Cause Related Marketing).[91] Diese Art der Kooperation ist eine Ausprägung der Corporate Social Responsibility (CSR).[92] In der weiteren Definition versteht man darunter eine längerfristige Partnerschaft einer Marke mit einer Wohltätigkeitsorganisation bzw. einem wohltätigen Zweck mit dem Ziel, den Markennamen mit der Wohltätigkeitsorganisation im Gedächtnis des Konsumenten zu verknüpfen.[93] Dabei erfolgt die Zusammenarbeit aus Sicht des Markeninhabers auch aus wirtschaftlichen Interessen, also in Einklang mit den Unternehmenszielen.[94] Das ‚Cause' verfolgt zumeist monetäre Ziele (Zahlungen von der Marke) und beabsichtigt eine Steigerung seiner Bekanntheit beim Konsumenten. Folglich erfüllt auch diese Kooperation das Kriterium der Zielorientierung und Freiwilligkeit. Betrachtet man die Vielzahl an Produkten, die neben dem Markennamen auch den Namen oder das Symbol einer wohltätigen Organisation tragen, ergibt sich eine engere Begriffsabgrenzung: Cause-Brand Alliances stellen Leistungen dar, die mit dem Markennamen und dem Namen einer eigenständigen Wohltätigkeitsorganisation bzw. eines wohltätigen Zweckes markiert sind.[95] Beispielhaft für diese

---

[88] Zur ausführlichen Diskussion der unterschiedlichen Erscheinungsformen des Co-Branding siehe Kapitel 2.1.2.
[89] Smit (1999), S. 66.
[90] Vgl. Huber (2004), S. 59.
[91] Der englische Begriff 'Cause' bedeutet Wohltätigkeitsorganisation/wohltätiger Zweck.
[92] Vgl. Sen/Bhattacharya (2001), S. 225.
[93] Vgl. Lafferty/Goldsmith/Hult (2004), S. 510.
[94] Vgl. Lafferty/Goldsmith/Hult (2004), S. 511.
[95] Diese Möglichkeit des Cause-Related Marketing beschreiben auch Swaminathan/Reddy (2000), S. 387.

Begriffsauffassung sind ein Kfz-Verbandkasten von Kalff als ‚Deutsches Rotes Kreuz-Edition', Nüsse und Trockenfrüchte von Seeberger, auf deren Verpackung das Logo des Deutschen Sportbunds abgebildet ist, sowie die Bierprodukte von Krombacher, die im Rahmen des Krombacher-Regenwald-Projektes auch den Schriftzug des WWF enthalten (siehe Abbildung 2.4).

Begriff	Synonyme	Merkmale des Co-Branding	Beispiele
Co-Branding	Composite Brand Extension; Brand Alliance	1. Mindestens zwei Marken 2. Leistungsmarkierung 3. Wahrnehmbarkeit 4. Souveränität 5. Freiwilligkeit 6. Zielorientierung: 7. Mittelfristige Dauer der Zusammenarbeit	1. BMW/VISA-Kreditkarte 2. Nike/Philips-MP3-Player 3. Haribo/Smarties-Fruchtgummis 4. Braun/Oral-B-Zahnbürste

Begriff	Synonyme	Gemeinsamkeiten mit Co-Branding	Unterschiede zu Co-Branding	Einstufung	Beispiel
1. Markenallianz	Brand-Alliance; Brand Ally	Kooperation zwischen mindestens zwei Marken; Unabhängigkeit; Wahrnehmbarkeit	Anbieten einer (gemeinsam markierten) Leistung an Konsumenten nicht vorausgesetzt; langfristig	Oberbegriff	Karstadt-Quelle und Starbucks
2. Co-Marketing	Co-Marketing Alliance	Souveränität der Partner	Keine Marken vorausgesetzt; gemeins. Leistung, Wahrnehmbarkeit und Mittelfrist. nicht erforderl.	Oberbegriff	Siehe Co-Br. & Co-Adv.
3. Markentransfer	Brand-& Line-Extension	Unabhängigkeit; Wahrnehmbarkeit	Nur eine Marke beteiligt; keine gemeinsame Leistung; langfristig	Oberbegriff	Adidas Körper-Pflege
4. Co-Advertising	Advertising Alliance	Kooperation zwischen mindestens zwei Marken; Unabhängigkeit; Wahrnehmbarkeit	Kein Anbieten einer (gemeinsam markierten) Leistung; kurzfristig	Überschneidungen	Siemens und Ariel
5. Ingredient Branding		Koop. zwischen mind. zwei Marken; gemeins. Leistung; Unabhängigkeit; Wahrnehmbarkeit	Nur vertikale Form; eher längerfristig	Spezialfall	Intel-Prozessoren
6. Cause-Brand Alliance	Cause-Related Marketing	gemeinsame Leistung; Unabhängigkeit; Wahrnehmbarkeit	Partner ist keine herkömmliche Marke, sondern eine Wohltätigkeitsorganisation; längerfristig	Spezialfall	Krombacher & WWF: Regenwald

Tab. 2.5: Abgrenzung des Begriffs Co-Branding von artverwandten Begriffen

In dieser Sichtweise sind die gemeinsame Leistungsmarkierung, die Unabhängigkeit der Partner und die Wahrnehmbarkeit der Zusammenarbeit gewährleistet. Da sich nicht zwei herkömmliche Marken zusammenschließen, sondern der zweite Partner eine spezielle Form einer Marke – nämlich eine gemeinnützige Organisation – darstellt, ist die Cause-Brand Alliance eine Spielart des Co-Branding. Blackett und Russell (1999) bezeichnen diese Form als einen Teil des ‚Values Endorsement Co-Branding', bei dem die Wohltätigkeitsorganisation ihre hehren Werte auf das gemeinsame Produkt überträgt.[96] Die Dauer der Partnerschaft ist tendenziell länger als bei herkömmlichen Co-Brands. Tabelle 2.5 listet die sechs behandelten Begriffe und das Co-Branding als Vergleichsmaßstab auf.

2.1.4 Ziele und Gefahren des Co-Brandings

2.1.4.1 Ziele des Co-Brandings

Die Vielzahl unterschiedlicher Formen und Ausprägungen des Co-Brandings[97] führt dazu, dass eine derartige Kooperation auch mit sehr unterschiedlichen Zielsetzungen eingegangen wird. Die Markenverantwortlichen verfolgen je nach Art der Zusammenarbeit sehr mannigfaltige Ziele. Zur besseren Übersichtlichkeit erscheint deshalb eine Untergliederung der angestrebten Ziele in Co-Brand-Effekte und Spill-Over-Effekte sinnvoll.[98]

Co-Brand-Effekte sind die Auswirkungen der Markenzusammenarbeit auf die gemeinsam angebotene Leistung; sie betreffen unmittelbar die Co-Brand-Leistung und können insofern auch als *direkte Effekte* bezeichnet werden. Darunter fallen die isolierte Beurteilung der gemeinsamen Leistung und das Kaufverhalten der Nachfrager bezüglich des Co-Brands (im Vergleich zu einer Leistung, die von einer einzelnen Marke angeboten wird).[99] Die zweite Dimension dieser Dichotomie bilden die *Spill-Over-Effekte*. Sie stellen sich als Folge des Co-Brandings durch Ausstrahlungseffekte bei den beteiligten Individualmarken ein.[100] Es ist nicht das Co-Brand selbst betroffen, sondern indirekt die Ausgangsmarken (*Indirekte Effekte*).

Im Rahmen der Co-Brand-Effekte stellt die Absicht, für das gemeinsame Produkt einen möglichst großes Marktpotenzial anzusprechen und Marktsegmente bedienen zu können, die der

---

[96] Vgl. Blackett/Russell (1999), S. 10 f.
[97] Vgl. Kapitel 2.1.2.
[98] Diese Dichotomie schlägt Baumgarth vor, vgl. Baumgarth (2001), S. 24 und Baumgarth (2003), S. 123; vgl. auch Huber (2004), S. 29.
[99] Vgl. Baumgarth (2003), S. 124.
[100] Vgl. Baumgarth (2003), S. 129.

Individualmarke bis dahin verschlossen waren,[101] eines der wichtigsten Ziele dar; in einer Adhoc-Befragung nannte ungefähr die Hälfte der befragten Manager führender Markenartikelhersteller den Zugang zu neuen Marktsegmenten und die Generierung neuer Verwendungsmöglichkeiten als relevantes Ziel.[102] Häufig spielt die Möglichkeit, Synergien (z. B. in F&E oder im Vertrieb)[103] bzw. eine Reduzierung der Kommunikationskosten[104] zu erreichen, eine wichtige Rolle bei der Entscheidung für das Co-Branding. In einer Expertenbefragung wurde dies als zweitwichtigstes Ziel eingestuft,[105] in einer weiteren Studie sogar als das wichtigste.[106] Durch die Markenzusammenarbeit kann oftmals die Beurteilung der Leistung durch den Kunden im Vergleich zur Leistung einer einzelnen Marke verbessert werden. Dies wird einerseits durch die Steigerung der wahrgenommenen Qualität möglich; die zusätzliche Marke fungiert hierbei durch die Bereitstellung ihrer Reputation als Qualitätssignal für Vertrauens- und Erfahrungseigenschaften des gemeinsamen Produktes.[107] Andererseits können auch die tatsächliche Qualität gesteigert und durch die Ergänzung der Kompetenzen der Kooperationspartner ein höherer Kundennutzen geschaffen werden.[108] Als Mittel zur Neuprodukteinführung verringert die Co-Branding-Strategie das Floprisiko des neuen Produktes[109]; dieser Effekt wird unter anderem durch eine verbesserte Wahrnehmung der Leistung und eine breitere geographische Streuung hervorgerufen.[110] Eine weitere Zielsetzung liegt in der Steigerung der Preisbereitschaft für die angebotene Leistung; beispielsweise lassen sich Computer mit Intel-Prozessoren zu einem deutlich höheren Preis verkaufen als solche mit Prozessoren der Konkurrenz.[111] In bestimmten Erscheinungsformen des Co-Brandings, bei denen eine Marke ihren Namen für ein fremdes Produkt lizenziert, beschränken sich die Ziele für jene Marke auf die Lizenzgebühren (Royality Fees) als zusätzliche Einnahmequelle.[112]

Neben den Co-Brand-Effekten nehmen die Spill-Over-Effekte eine wichtige Position in der Entscheidungsfindung für ein Co-Branding ein. Aus strategischer Sicht fungieren Co-

---

[101] Vgl. Rao/Qu/Ruekert (1999), S. 259.
[102] Vgl. Decker/Schlifter (2001), S. 43.
[103] Vgl. Baumgarth (2001), S. 24.
[104] Vgl. Lindemann (1999), S. 100.
[105] Die Expertenbefragung wurde im Jahr 2000 durchgeführt; daran nahmen u.a. Prof. Dr. Dr. h.c. mult. H. Meffert, Prof. Dr. A. Herrmann, Prof. Dr. F.-R. Esch und Prof. Dr. H. Sattler teil; vgl. Baumgarth (2003), S. 105 ff.
[106] Die Studie VKF Trends Deutschland 1996; vgl. Frey (1996), S. 119.
[107] Vgl. Rao/Qu/Ruekert (1999), S. 258.
[108] Vgl. Boad (1999a), S. 25.
[109] Vgl. Esch/Redler (2004), S. 172.
[110] Vgl. Lindemann (1999), S. 100.
[111] Vgl. Boad (1999a), S. 28; Lindemann (1999), S. 99 f.
[112] Vgl. Park/Jun/Shocker (1996), S. 454.

Brandings in bestehenden Märkten vor allem als „strategische Endorser".[113] Das Co-Branding bietet hierbei die Chance, die Bekanntheit und das Image einer nicht zum Portfolio gehörenden Marke auf die eigene zu übertragen. Diese reziproke Imagestärkung ist ein zentrales Ziel des Co-Brandings.[114] Im Zentrum steht dabei die Zielsetzung des Imagetransfers vom Co-Brand bzw. indirekt von der Partnermarke auf die jeweilige Marke; diese Effekte können zur Änderung des Markenimages und zur Umpositionierung der Marke genutzt werden.[115] Durch die bewusste Auswahl eines Kooperationspartners mit einer jüngeren Zielgruppe lässt sich eine Verjüngung der Marke bewirken.[116] In der bereits erwähnten Expertenbefragung wurde die Ausweitung der Zielgruppe der Individualmarke als insgesamt wichtigstes Ziel des Co-Brandings genannt.[117]

Ziele des Co-Brandings	
Co-Brand-Effekte (direkte Effekte)	*Spill-Over-Effekte (indirekte Effekte)*
Auswirkungen der Markenzusammenarbeit auf die gemeinsam angebotene Leistung: Isolierte Beurteilung und Kaufverhalten des Co-Brands	Auswirkungen auf die Individualmarken als Folge des Co-Brandings: Ausstrahlungseffekte vom Co-Brand auf die Ausgangsmarken
Marktvergrößerung: Zugang zu neuen, bisher verschlossenen Marktsegmenten; Generierung neuer Verwendungsmöglichkeiten	**Ausstrahlungseffekte:** Änderung des Markenimages; Umpositionierung der Marke
Kostensenkung: Synergien (z.B. in F&E oder im Vertrieb); Reduzierung der Kommunikationskosten	**Markenverjüngung** durch Partner mit jüngerer Zielgruppe
Verbesserung der Leistungsbeurteilung: Steigerung der wahrgenommenen Qualität (zusätzliche Marke als Qualitätssignal); Steigerung der tatsächlichen Qualität (Ergänzung der Kompetenzen)	**Zielgruppenausweitung** für die Individualmarke
Neuprodukteinführungen: Senkung des Floprisikos; verbesserte Wahrnehmung der Leistung; breitere geographische Streuung	**Positive Verbundeffekte:** Cross-Selling
Steigerung der Preisbereitschaft	**Pull-Effekte** (beim Ingredient Branding)
Lizenzeinnahmen	

Tab. 2.6: Ziele des Co-Brandings

---

[113] Vgl. Esch, Redler (2004), S. 180.
[114] Vgl. Keller (1998), S. 283; Ohlwein, Schiele (1994), S. 577.
[115] Vgl. z. B. Washburn/Till/Priluck (2004), S. 491; Cegarra/Michel (2001), S. 62.
[116] Vgl. Baumgarth (2001), S. 26.
[117] Vgl. Baumgarth (2003), S. 109.

Gelingt einer Marke die Akquirierung neuer Käufergruppen, so entstehen oftmals auch positive Verbundeffekte (Cross-Selling). Durch Ingredient Branding haben Marken investiver Güter die Möglichkeit, einen Pull-Effekt – die Endkunden fragen gezielt solche Produkte nach, die das Ingredient Brand enthalten – zu erzeugen und ihre Abhängigkeit vom Hersteller des Endproduktes zu reduzieren.[118] Tabelle 2.6 umfasst die nicht abschließende Liste möglicher Zielsetzungen des Co-Brandings.

2.1.4.2 Gefahren durch das Co-Branding

Das Eingehen einer Co-Branding-Strategie ist mit potenziellen Gefahrenquellen für die angebotene Leistung sowie für die Ausgangsmarken verbunden. Es kann wiederum eine Unterscheidung zwischen Co-Brand- und Spill-Over-Effekten erfolgen. Da der Markenwert der Ausgangsmarken in der Regel über dem des Co-Brands liegt,[119] ist der Schaden durch negative, auf die Ausgangsmarken wirkende Spill-Over-Effekte zumeist schwerwiegender als negative Auswirkungen auf die Co-Brand-Leistung. Demzufolge können auch positive Co-Brand-Effekte negative Spill-Over-Wirkungen nicht zwangsläufig kompensieren; positive Ausstrahlungseffekte können hingegen möglicherweise Nachteile bei der Co-Brand-Bewertung aufheben.[120]

In der Studie von *Frey* wurde der erhöhte Koordinations- und Organisationsaufwand im Rahmen der Co-Branding-Strategie mit 53% als größter Nachteil genannt.[121] In der erwähnten Expertenbefragung nahm diese Position das Problem der Erfolgsmessung bei Co-Brands ein.[122] Weitere negative Co-Brand-Effekte stellen das Konfliktpotenzial bei der Führung von Co-Brands und – trotz der Zusammenarbeit – eine Konkurrenzmentalität unter den Kooperationspartnern dar.[123] Profitieren manche Marken im Zuge eines Co-Brandings von der Einnahme von Lizenzgebühren, so müssen auf der anderen Seite die Partnermarken diese Gebühren entrichten und bei der Berechnung der Produktkosten als zusätzliche Ausgaben berücksichtigen.[124]

---

[118] Vgl. Smit (1999), S. 67.
[119] Vgl. Baumgarth (2001), S. 24.
[120] Vgl. Baumgarth (2001), S. 24 f.
[121] Vgl. Frey (1996), S. 119; zur Organisation von Markenallianzen vgl. auch Bucklin/Sengupta (1993).
[122] Vgl. Baumgarth (2003), S. 109.
[123] Vgl. Baumgarth (2003), S. 109 und Frey (1996), S. 119.
[124] Vgl. Rao/Ruekert (1994), S. 92 f.

Gefahren durch das Co-Branding	
Co-Brand-Effekte (direkte Effekte)	**Spill-Over-Effekte (indirekte Effekte)**
Effekte in direktem Zusammenhang mit der Co-Branding-Leistung: Isolierte Beurteilung und Kaufverhalten des Co-Brands	Effekte als Folge des Co-Brandings: Ausstrahlungseffekte vom Co-Brand auf die Individualmarke
Organisation: Erhöhung des Koordinations- und Organisationsaufwands	**Negative Spill-Over-Effekte:** durch schlechte Beurteilung des Co-Brands; durch Negativschlagzeilen oder Repositionierungsmaßnahmen bei der Partnermarke
Probleme bei der Erfolgsmessung des Co-Brands	**Markenverwässerung:** bei multiplen Co-Brands Gefahr am größten
Probleme bei der Zusammenarbeit: Konfliktpotential bei der Führung von Co-Brands; Konkurrenzmentalität unter den Kooperationspartnern	**Markenwert:** Langfristig wird kein eigener Markenwert aufgebaut
Entrichtung von Lizenzgebühren	**Negative Verbundeffekte:** Kannibalisierung

Tab. 2.7: Gefahren durch das Co-Branding

Eine große Gefahr für die Kernmarke kann durch die Spill-Over-Effekte entstehen. Darunter fallen vor allem die Ausstrahlungseffekte vom Co-Brand auf die Individualmarke; wird die gemeinsame Leistung vom Konsumenten schlecht beurteilt, hat dies negative Folgen für die Bewertung der sie konstituierenden Marken.[125] Indirekt wirken sich auch Negativschlagzeilen bei der Partnermarke – wie beispielsweise Konkursgefahr bei Karstadt-Quelle – oder Repositionierungsmaßnahmen des Kooperationspartners nachteilig auf die betreffende Marke aus.[126] Bei einer Allianz bindet sich eine Marke nicht nur an eine andere, sie verknüpft auch ihre Werte und ihr Image mit denen der Partnermarke; das kann zum Verlust an Prägnanz des eigenen Markenimages (Markenklarheit) führen – es kommt zur *Markenverwässerung*.[127] Je mehr Co-Brandings mit unterschiedlichen Partnern eine Marke eingeht, desto größer wird diese Gefahr.[128] In manchen Fällen mag die Zusammenarbeit kurzfristig sinnvoll erscheinen, auf lange Sicht ‚leiht' sich die Ausgangsmarke jedoch den Markenwert bei der Partnermarke, so dass „By borrowing equity, host brands are not building equity and therefore fail to reap the benefits having done so."[129] Somit besteht jederzeit die Gefahr, durch das Co-Branding in

---

[125] Vgl. Simonin/Ruth (1999), S. 39.
[126] Vgl. Boad (1999b), S. 40.
[127] Vgl. Cegarra/Michel (2001), S. 63.
[128] Vgl. Baumgarth (2001), S. 29.
[129] Desai/Keller (2002), S. 91.

Abhängigkeiten von anderen Marken zu gelangen.[130] Liegt die gemeinsam angebotene Leistung nahe an den Leistungen der Ausgangsmarke, ist von unterschiedlich stark ausgeprägten, negativen Verbundeffekten für ihr Produktprogramm – der Kannibalisierung ihrer eigenen Produkte – auszugehen.[131] Tabelle 2.7 zeigt die Gefahren durch das Co-Branding.

2.2 Die Dimensionen der Markeneinstellung

2.2.1 Bildung von Einstellungen

Um den Einfluss der Dimensionen der Markeneinstellung auf das Co-Branding zu untersuchen, ist es hilfreich, zuerst die Bildung von Einstellungen genauer zu betrachten.

Dem Konstrukt der *Einstellung* (Attitude) wird in der theoretischen Verhaltensforschung wie in der praktischen Marktforschung gleichermaßen ein große Bedeutung zugesprochen.[132] Zur Definition des Begriffs haben sich in der Einstellungsforschung unterschiedliche Ansätze herausgebildet. *Ajzen/Fishbein* (1975) und *Trommsdorff* (2002) vertreten eine der gängigsten Auffassungen und sehen in einer Einstellung den „...Zustand einer gelernten und relativ dauerhaften Bereitschaft, in einer entsprechenden Situation gegenüber dem betreffenden Objekt regelmäßig mehr oder weniger stark positiv bzw. negativ zu reagieren".[133] Diese Definition stellt fünf Kriterien einer Einstellung in den Vordergrund: *Objektbezug, Erlerntheit, Richtung, Wichtigkeit* und *Systemcharakter*.[134] Eine Einstellung besteht immer gegenüber einem Objekt; als solches gilt alles, was physisch oder psychisch existiert – z. B. ein Gegenstand, eine Person oder ein Verhalten.[135] Im Fall der *Marken*einstellung ist das Bezugsobjekt der Einstellung die *Marke*. Eine Einstellung besteht nicht von Geburt an, sie muss durch eigene Erfahrung oder Einflüsse des sozialen Umfeldes erlernt werden.[136] Ihre Richtung kann die Ausprägungen gut/schlecht, positiv/negativ etc. annehmen.[137] Die Wichtigkeit von Einstellungen variiert von Konsument zu Konsument.[138] Sie bilden ein System mit untereinander konsistenten Rela-

---

[130] Vgl. Baumgarth (2003), S. 109.
[131] Vgl. Cegarra/Michel (2001), S. 63.
[132] Vgl. Ajzen (2001), S. 28; Trommsdorff (2002), S. 149; Kroeber-Riel/Weinberg (2003), S. 168.
[133] Trommsdorff (2002), S. 150; vgl. auch Ajzen/Fishbein (1975), S. 6.
[134] Vgl. Nieschlag/Dichtl/Hörschgen (2002), S. 594 ff.
[135] Vgl. Trommsdorff (2002), S. 150.
[136] Vgl. Trommsdorff (2002), S. 150; Nieschlag/Dichtl/Hörschgen (2002), S. 595.
[137] Vgl. Ajzen (2001), S. 28.
[138] Vgl. Nieschlag/Dichtl/Hörschgen (2002), S. 594.

tionen, das Konsequenzen bei der Änderung einer Einstellung für die übrigen Einstellungen impliziert.[139]

Eine andere Sichtweise kommt im Weltbild der *Ziel-Mittel-Analyse* (Means-End-Analysis) zum Ausdruck; *Kroeber-Riel/Weinberg* umschreiben dabei das Wesen einer Einstellung als „...subjektiv wahrgenommene Eignung eines Gegenstandes zur Befriedigung einer Motivation...".[140] Entscheidend für eine Einstellung ist demnach, wie gut ein Ziel (die Motivation) von einem Mittel (dem Gegenstand) erfüllt werden kann. Ein Ziel ist beispielsweise die Sicherheit eines Produktes; ein Gegenstand kann z. B. ein Produkt, eine Person, eine Situation oder – wie im Fall der *Marken*einstellung – eine *Marke* sein. Die Gegenstandsbeurteilung beruht dabei auf verfestigten bzw. gespeicherten Ansichten.[141] Eine Markeneinstellung ist – basierend auf den beiden vorangegangenen Definitionen – die Einstellung gegenüber einer Marke. Der Begriff Markeneinstellung entspricht dabei dem Markenimage.[142]

Häufig wird das Konstrukt Einstellung mit Hilfe der *Dreikomponenten-Theorie* beschrieben. Danach setzt sich jede Einstellung aus einer *kognitiven* (wissensbasierten), einer *affektiven* (gefühlsmäßigen, emotionalen) und einer *konativen* (handlungsbezogenen, intentionalen) Komponente zusammen.[143] Eine Einstellung ist kognitiv und affektiv bedingt und beeinflusst direkt die Verhaltensabsicht (z. B. die Kaufabsicht) und indirekt das Verhalten.[144] Abbildung 2.5 stellt das unterstellte Wirkungsgeflecht graphisch dar.

Die drei Komponenten sind aufeinander abgestimmt – es kommt zu einer Konsistenz von Denken, Fühlen und Handeln gegenüber dem Einstellungsobjekt.[145] Dadurch beeinflussen sich die Komponenten gegenseitig; zur Wahrung der Konsistenz, hat die Änderung einer Komponente Auswirkungen auf die beiden anderen Komponenten.[146] Die drei Komponenten sollten nicht als voneinander unabhängige Dimensionen einer Einstellung missverstanden werden.[147] Die in Kapitel 2.2.2 beschriebenen Dimensionen der Markeneinstellung heben sich somit von den Komponenten der Dreikomponenten-Theorie ab.

---

[139] Vgl. Trommsdorff (2002), S. 150.
[140] Kroeber-Riel/Weinberg (2003), S. 169.
[141] Vgl. Kroeber-Riel/Weinberg (2003), S. 169.
[142] Vgl. z. B. Esch (2002), S. 192 oder Kroeber-Riel/Weinberg (2003), S.197.
[143] Vgl. Trommsdorff (2002), S. 154.
[144] Vgl. Trommsdorff (2002), S. 155.
[145] Vgl. Kroeber-Riel/Weinberg (2003), S. 171.
[146] Vgl. Kroeber-Riel/Weinberg (2003), S. 171.
[147] Vgl. Trommsdorff (2002), S. 155.

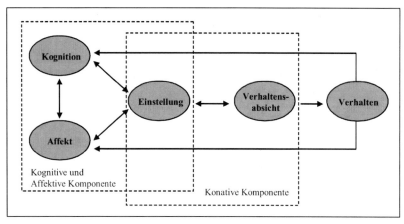

Abb. 2.5: Kausalmodell der Dreikomponenten-Theorie

Neben der Dreikomponenten-Theorie existieren auch die Ansichten, dass die Einstellung von zwei Komponenten (der Kognition und dem Affekt)[148] bzw. nur einer Komponente (dem Affekt)[149] determiniert werden.

Die Bildung von Einstellungen erfolgt zur Befriedigung von subjektiven Bedürfnissen; die *Funktionale Einstellungstheorie* identifiziert jene Funktionen, die Einstellungen für die Persönlichkeit spielen.[150] Katz (1960) beschreibt vier Funktionen, welche die Einstellung übernehmen kann: die *Anpassungsfunktion* (Adjustment Function), die *Ich-Verteidigungsfunktion* (Ego-Defensive Function), die *Wertausdrucksfunktion* (Value-Expressive Function) und die *Wissensfunktion* (Knowledge Function).[151] Die Anpassungsfunktion erleichtert die soziale Integration des Individuum; die Ich-Verteidigungsfunktion hilft ihm, innere Konflikte und äußere Gefahren besser zu verarbeiten; die Wertausdrucksfunktion ermöglicht es, Wertvorstellungen und das Selbstbild des Individuums zum Ausdruck zu bringen; die Wissensfunktion erlaubt eine klare und konsistente Erfassung der Umwelt.[152] Teilweise werden die Funktionen auch in fünf Kategorien untergliedert, wobei die Social-Adjustive- und die Utilitarian Function an die Stelle der Adjustment Function treten.[153]

---

[148] Vgl. Katz (1967), S. 459 f.
[149] Vgl. Ajzen/Fishbein (1975).
[150] Vgl. Katz (1960), S. 170.
[151] Vgl. Katz (1960), S. 170 ff.
[152] Vgl. Nieschlag/Dichtl/Hörschgen (2002), S. 599 f.
[153] Vgl. Ajzen (2001), S. 41.

Zur Erklärung der Bildung von Einstellungen kommen *multiattributive* bzw. *attributbasierte Einstellungsmodelle* zur Anwendung.[154] Die Grundidee dieser Modelle besteht darin, dass zahlreiche saliente Eigenschaften, die unmittelbar einer subjektiven Bewertung unterzogen und mit Hilfe einer mathematischen Verknüpfung zusammengefasst werden, die Einstellung bilden.[155] Aus dieser Grundidee lassen sich die vier Kernpunkte der multiattributiven Einstellungsmodelle ableiten: die *Anzahl* der herangezogenen Attribute, die *Art* der Attribute, die *Wichtigkeit* der Attribute und die *Verknüpfung* der Attribute zu Einstellungen.[156] Weitestgehend unabhängig von der *Zahl* der zur Verfügung stehenden Merkmale, greift der Konsument bei der Beurteilung eines Produktes oder eines Co-Brands nur auf einige wenige Merkmale zurück.[157] Nach ihrer *Art* lassen sich die Attribute in *Intrinsische* und *Extrinsische Merkmale* unterscheiden. Die Intrinsischen Merkmale beziehen sich direkt auf die physischen Eigenschaften des Produktes, wie beispielsweise die Prozessorleistung eines Computers oder der Geschmack von Kaffee, und variieren zwischen den Produktkategorien.[158] Kategorieübergreifend und nicht unmittelbar mit der Leistung in Verbindung stehend sind die Extrinsischen Merkmale, wie z. B. die Marke, der Preis, die Garantien oder die Reputation bzw. das Image eines Geschäftes.[159] Bei Beurteilung des Co-Brands stellen die involvierten Marken sowie die Fitbeurteilung relevante Extrinsische Merkmale für den Konsumenten dar.[160] Im weiteren Verlauf sollen deshalb vor allem die Extrinsischen Merkmale Beachtung finden.

Zur Ermittlung der *Wichtigkeit* der verschiedenen Attribute wurde in vielen Studien der Frage nachgegangen, in welcher Situation ein Nachfrager bei der Einstellungsbildung eher auf Intrinsische oder eher auf Extrinsische Attribute zurückgreift. *Zeithaml* (1988) hat unterschiedliche Konstellationen beschrieben, in denen jeweils eine der beiden Arten eine höhere Relevanz aufweist; die Aussagen sind in Tabelle 2.8 dargestellt.[161]

Damit werden die Situationen deutlich, in denen das Co-Branding besonders zur Produktbeurteilung geeignet ist: beim Fehlen von Intrinsischen Merkmalen, bei sehr hohem Aufwand

---

[154] Bei den beschriebenen Produktbeurteilungsmodellen überwiegt die kognitive Komponente, die affektive Komponente nimmt nur eine untergeordnete Rolle ein.
[155] Vgl. Seel (2003), S. 126.
[156] Vgl. Baumgarth (2003), S. 192.
[157] Vgl. Bleicker (1983), S. 16.
[158] Vgl. Olson/Jacoby (1972), S. 170.
[159] Vgl. Olson/Jacoby (1972), S. 170.
[160] Vgl. Baumgarth (2003), S. 195.
[161] Vgl. Zeithaml (1988), S. 9.

durch die Beurteilung von Intrinsischen Merkmalen und bei Dominanz von Erfahrungs- und Vertrauenseigenschaften.[162]

Intrinsische Merkmale besitzen größere Relevanz	Extrinsische Merkmale besitzen größere Relevanz
Bei der Konsumierung des Produktes (z.B. Trinken eines Kaffees)	Wenn Intrinsische Merkmale nicht vorhanden sind – v.a. bei Dienstleistungen
Wenn Intrinsische Merkmale überwiegend Sucheigenschaften sind	Wenn die Bewertung von Intrinsischen Merkmalen mit großem Aufwand verbunden ist
Wenn Intrinsische Merkmale einen hohen Vorhersagewert (Predictive Value) besitzen	Wenn überwiegend Erfahrungs- und Vertrauenseigenschaften vorliegen (und damit die Qualität schwer zu beurteilen ist)

Tab. 2.8: Relevanz von Intrinsischen und Extrinsischen Merkmalen bei der Einstellungsbildung
Vgl. Zeithaml (1988), S. 9.

Besonderes Interesse kommt auch der *Verknüpfung* der einzelnen Eigenschaften zu Einstellungen zu. Eine Unterscheidung der Modelle erfolgt nach der Möglichkeit zur Kompensation einzelner negativer Urteile durch andere, positiv bewertete Eigenschaften.[163] Die Kompensatorischen Einstellungsmodelle weisen im Vergleich zu den Nicht-Kompensatorischen Modellen eine größere Verbreitung auf. *Fishbein* (1966) schlägt ein Kompensatorisches Einstellungsmodell vor, in welches die subjektive Wahrscheinlichkeit für das Auftreten einer Eigenschaft und die Bewertung dieser Eigenschaft eingehen.[164] Die Berechnungsformel lautet folgendermaßen:

$$A = \sum_{j=1}^{n} B_j * a_j$$

A = Einstellung zum Meinungsgegenstand
B_j = Subjektive Wahrscheinlichkeit für das Auftreten der Eigenschaft j
a_j = Bewertung der Eigenschaft j

Auf der Basis der Kritik an diesem Modell – vor allem der Verwendung von Auftrittswahrscheinlichkeiten von Eigenschaften – entwickelte *Trommsdorff* ein weiteres Kompensatorisches Modell.[165] Er geht von mehr oder weniger stark ausgeprägten Produkteigenschaften im Vergleich zu den idealen Eigenschaftsausprägungen aus:

---

[162] Vgl. Baumgarth (2003), S. 194.
[163] Vgl. Trommsdorff (2002), S. 152.
[164] Vgl. Fishbein (1966), S. 199 ff.
[165] Vgl. Trommsdorff (1975).

$$A = \sum_{j=1}^{n} |B_j - I_j|$$

A = Einstellung zum Meinungsgegenstand
B_j = Wahrgenommene Ausprägung der Eigenschaft j
I_j = Idealausprägung der Eigenschaft j

Die beiden Modelle nach *Fishbein* und *Trommsdorff* verknüpfen die Einzelurteile mittels der *Adding*-Regel, d.h. durch reine Aufsummierung der Bewertungen. Dadurch erhöht jede positive Bewertung das Gesamturteil; ist jedoch die Erhebung mit einer Skala, die ausschließlich positive Werte enthält, durchgeführt worden, so steigert *jede* zusätzlich berücksichtigte Variable unabhängig von ihrer Ausprägung den Gesamtwert – es kann zu Verzerrungen kommen.

Diese Unzulänglichkeit überwinden die *Averaging*-Modelle. Sie legen der Berechnung der Einstellung eine Durchschnittswertbildung der gewichteten Einzelbewertungen zugrunde, die folgende Gestalt annehmen kann:[166]

$$A = \frac{\sum_{j=1}^{n} B_j * a_j}{\sum_{j=1}^{n} B_j}$$

A = Einstellung zum Meinungsgegenstand
B_j = Bedeutung der Eigenschaft j
a_j = Bewertung der Eigenschaft j

Der Averaging-Algorithmus führt nur dann zu einer Verbesserung des Gesamturteils, wenn die zusätzlich aufgenommene Eigenschaft besser bewertet wird als der Durchschnitt der bisherigen Eigenschaften.[167]

Die beschriebenen multiattributiven Einstellungsmodelle deuten somit insgesamt auf eine große Relevanz der Ausgangsmarken für die Bewertung der Co-Brand-Leistung hin; zudem wird der Fit zwischen den beteiligten Marken als Einflussgröße des Co-Brands angesehen. Um den antizipierten Einfluss der Einstellung zu den Ausgangsmarken und des Markenfit im Rahmen eines Co-Brandings besser zu verstehen, ist es notwendig, die Entstehung dieser Größen zu betrachten. Dazu erfolgt im nächsten Kapitel die Herleitung der relevanten Dimen-

---

[166] Vgl. Anderson (1981), S. 62.
[167] Vgl. Anderson (1981), S. 63.

sionen der Markeneinstellung. Neben deren Funktion als Stellgrößen der Markeneinstellung, soll im späteren Verlauf der Arbeit auch ihre Bedeutung beim Zustandekommen des Markenfits überprüft werden.

2.2.2 Markeneinstellungsdimensionen

2.2.2.1 Zur Unterteilung der Markeneinstellung in Dimensionen

In früheren Studien identifizierten die Forscher die Einstellung zu den Ausgangsmarken als relevante Einflussgröße auf die Beurteilung eines Co-Brands.[168] Zum Verständnis der Entstehung einer solchen Markeneinstellung sollen im folgenden Abschnitt die ihr zugrunde liegenden Dimensionen hergeleitet werden.

Die *Markeneinstellung* entspricht dem Begriff des Markenimages.[169] Beide Termini umfassen das subjektive Wissen über eine Marke und die affektiven Bewertungen dieser kognitiven Wissensstrukturen sowie die daraus entstehende Verhaltensabsicht.[170] Das Markenwissen beruht dabei auf unterschiedlichen Assoziationen.[171] Die Bewertung der Assoziationen erfolgt vor dem Hintergrund der abstrakten Werthaltungen des Individuums.[172]

Verschiedene Autoren haben diese Assoziationen kategorisiert, um damit die relevanten Dimensionen der Markeneinstellung zu identifizieren. *Mittal/Ratchford/Prabhakar* (1990) nehmen eine Unterteilung des Markenwissens in *funktionale* und *expressive Assoziationen* vor.[173] Die funktionalen Assoziationen reflektieren die mit der Leistung zusammenhängenden Aspekte – beispielsweise die konkreten Eigenschaften eines unter der betreffenden Marke angebotenen Produktes. Die expressiven Assoziationen betreffen nicht die konkrete Leistung, sondern alle intangiblen, die Marke selbst angehenden Aspekte, durch welche die Marke persönliche Bedeutung für das Individuum erlangt – z. B. indem sie Teile der Persönlichkeit des Konsumenten unterstreicht.

---

[168] Vgl. z. B. Simonin/Ruth (1998), S. 39; Lafferty/Goldsmith/Hult (2004), S. 522.
[169] Vgl. z. B. Esch (2002), S. 192 oder Kroeber-Riel/Weinberg (2003), S.197; zur Definition der Markeneinstellung siehe auch Kapitel 2.2.1.
[170] Vgl. Kroeber-Riel/Weinberg (2003), S.197; Ajzen (2001), S. 30.
[171] Vgl. Keller (1993), S. 2 f.
[172] Vgl. Kressmann/Herrmann/Huber/Magin (2003), S. 402.
[173] Vgl. Mittal/Ratchford/Prabhakar (1990), S. 137 f.

Kressmann/Herrmann/Huber/Magin (2003) leiten aus dieser Dichotomie *drei* Dimensionen der Markeneinstellung ab: die *Funktionale Kongruenz*, die *Faktische* sowie Ideale *Selbstkongruenz* und die *Markenbeziehungsqualität*.[174] Dabei spiegelt die Faktische Kongruenz den utilitaristischen Teil und die Faktische sowie Ideale Selbstkongruenz den expressiven Teil des Markenimages wider; die Markenbeziehungsqualität als relationaler Part der Markeneinstellung gründet auf der Arbeit von *Fournier* (1998).[175]

Die Einteilung in Markeneinstellungsdimensionen im Rahmen dieser Studie bezieht sich auf die beiden vorangehend beschriebenen Kategorisierungen. Die Dreiteilung der Markeneinstellung von *Kressmann/Herrmann/Huber/Magin* (2003) wird um eine Dimension erweitert; die bei diesen Autoren teilweise in der Funktionalen Kongruenz enthaltene Ästhetik der angebotenen Leistung[176] wird als eigenständige und damit vierte Dimension spezifiziert. Dies lässt sich mit der großen Bedeutung der ästhetischen Aspekte eines Produktes für die Einstellung zu diesem Produkt *und* der anbietenden Marke rechtfertigen.[177] In einer Befragung von leitenden Marketing-Managern nannten 60% der Auskunftspersonen das Design als wichtigste Determinante der Leistung eines Produktes.[178] Mit einer ansprechenden Ästhetik lassen sich Bedürfnisse der Abnehmer befriedigen – sie führt zur Erhöhung des Kundennutzens und damit zu einer verbesserten Markeneinstellung.[179]

Die vier Dimensionen lassen sich in Anlehnung an die Kategorisierung von *Mittal/Ratchford/Prabhakar* (1990) in zwei Gruppen unterteilen.[180] Der *Funktionale Nutzen* und die *Ästhetik* einer Leistung (also eines Produktes oder einer Dienstleistung) beziehen sich auf die unter einer Marke angebotenen Leistungen; sie werden im Weiteren als *leistungsbezogen* bezeichnet. Dabei beziehen sich die beiden Dimensionen auf unterschiedliche Gesichtspunkte der angebotenen Leistung: der Funktionale Nutzen beschreibt den aus den konkreten, *tangiblen* Leistungseigenschaften entstehenden Nutzen für den Konsumenten, die Ästhetik gibt die ästhetischen, *intangiblen* Attribute der Leistung wieder. Auch aus diesem Grunde erscheint eine Subsumierung der Ästhetik unter der Kategorie des Funktionalen Nutzens nicht ratsam, da der Fokus bei beiden Dimensionen auf einem anderen Schwerpunkt der Leistung liegt. Die zweite Gruppe bilden mit der *Selbstkongruenz* und der *Markenbeziehungsqualität*

---

[174] Vgl. Kressmann/Herrmann/Huber/Magin (2003), S. 402 f.
[175] Vgl. Kressmann/Herrmann/Huber/Magin (2003), S. 402 f.
[176] Vgl. Kressmann/Herrmann/Huber/Magin (2003), S. 413.
[177] Vgl. Bloch (1995), S. 19.
[178] Vgl. Bruce/Whitehead (1988), S. 147 ff.
[179] Vgl. Schmitt/Simonson (1998), S. 23.
[180] Vgl. Mittal/Ratchford/Prabhakar (1990), S. 137 f.

alle Aspekte, die nicht die konkrete Leistung, sondern die Marke selbst betreffen; dies sind die *markenbezogenen* Dimensionen. Sie entstehen aus *intangiblen* Assoziationen, wie der Markenpersönlichkeit und der Beziehung zur Marke. Tabelle 2.9 listet die vier Dimensionen der Markeneinstellung auf.

Dimensionen der Markeneinstellung		
Funktionaler Nutzen	Leistungsbezogen	Tangibel
Ästhetik	Leistungsbezogen	Intangibel
Selbst-Kongruenz	Markenbezogen	Intangibel
Markenbeziehungsqualität	Markenbezogen	Intangibel

Tab. 2.9: Dimensionen der Markeneinstellung

2.2.2.2 Funktionaler Nutzen

Als erste Dimension der Markeneinstellung nennen verschiedene Autoren den *Funktionalen Nutzen* der unter der Marke angebotenen Leistungen.[181] Jeder Konsument hat bestimmte Bedürfnisse, die er durch die Verwendung bzw. den Konsum eines Produkts oder die Inanspruchnahme der Dienstleistung befriedigen will; der Nutzen erwächst ihm aus dem Grad, zu dem seine Bedürfnisse erfüllt werden können.[182] Die Bewertung der Eignung zur Bedürfnisbefriedigung geschieht nach subjektiven Maßstäben und fällt für jedes Individuum unterschiedlich aus.[183]

Vershofen (1959) nahm eine Zweiteilung des Nutzenbegriffes in den stofflich-technischen Grundnutzen und den geistig-seelischen Zusatznutzen vor (siehe Abbildung 2.6).[184] Dieser funktionale Grundnutzen, der aus den physikalisch-chemisch-technischen – also den tangiblen – Eigenschaften der Leistung entsteht, bildet den Funktionalen Nutzen für den Konsumenten; er gibt an, wie gut beispielsweise ein Automobil unter den Gesichtspunkten Motorleistung oder Komfortausstattung den Anforderungen des Nachfragers entspricht.

---

[181] Vgl. z. B. Kressmann/Herrmann/Huber/Magin (2003), S. 402; Mittal/Ratchford/Prabhakar (1990), S. 137 f.
[182] Vgl. Nieschlag/Dichtl/Hörschgen (2003), S. 1299.
[183] Vgl. Trommsdorff/Bleicker/Hildebrandt (1980), S. 269 ff.
[184] Vgl. Vershofen (1959), S. 81 ff.

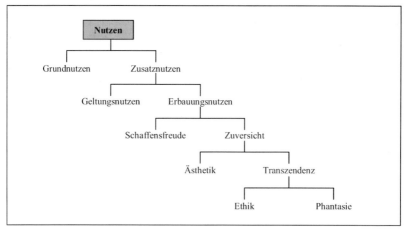

Abb. 2.6: Die Nutzenleiter von Vershofen, vgl. Herrmann (1998), S. 165.

Nach *Herrmann* (1998) verkörpert dieser Funktionale Nutzen gewissermaßen die funktionale Qualität.[185] Diese Auffassung ist konsistent zu den Definitionen des Deutschen Institutes für Normung e.V. (DIN) (Qualität ist die „...Beschaffenheit einer Einheit bezüglich ihrer Eignung, festgelegte oder vorausgesetzte Erfordernisse zu erfüllen"[186]) sowie der Deutschen Gesellschaft für Qualität e.V. (Qualität ist die „...Gesamtheit von Eigenschaften und Merkmalen eines Produktes oder einer Tätigkeit, die sich auf deren Eignung zur Erfüllung gegebener Erfordernisse bezieht"[187]).

2.2.2.3 Ästhetik

In vielen Studien finden die ästhetischen Aspekte des Produktes ausschließlich als Unterpunkt der Dimension *Funktionaler Nutzen* Berücksichtigung; sie bilden – als Produktdesign oder Aussehen deklariert – eine der zu beurteilenden Produkteigenschaften.[188] Nach *Bloch* (1995) stellt die *Ästhetik* die wichtigste Eigenschaft des Produktes dar.[189] Neben der bereits erwähnten Umfrage unter leitenden Marketing-Managern (60% nannten Design als wichtigste Determinante der Leistung eines neuen Produktes[190]), bestätigt dies auch eine Analyse des

---

[185] Vgl. Herrmann (1998), S. 162.
[186] Bezold (1996), S. 38.
[187] Bezold (1996), S. 38.
[188] Vgl. z. B. Kressmann/Herrmann/Huber/Magin (2003), S. 413.
[189] Vgl. Bloch (1995), S. 16.
[190] Vgl. Bruce/Whitehead (1988), S. 147 ff.

Markterfolges von 203 neuen Produkten.[191] In der modernen Gesellschaft besitzen ästhetische Reize für alle Produktkategorien Relevanz,[192] jedoch können unterschiedliche Kundensegmente eine unterschiedlich stark ausgeprägte Ästhetikorientierung aufweisen.[193]

Den theoretischen Hintergrund für diese Beobachtung liefert die Nutzentheorie von *Vershofen* (1959). Aus der von ihm vorgeschlagenen Unterteilung des Nutzens in den Grundnutzen und den Zusatznutzen lässt sich eine Hierarchie der Nutzenarten in Form der *Nutzenleiter* aus Abbildung 2.6 ableiten.[194] Die für die Kaufentscheidung des Nachfragers relevanteste Nutzenart ergibt sich aus der so genannten *Nürnberger Regel*: „Je spezieller eine Nutzenart im Sinne des Schemas der Leiter ist, desto stärker beeinflusst sie die Entscheidung. Weil sie die Entscheidung erbringt, ist sie als der ausschlaggebende Hauptnutzen zu bezeichnen..."[195] Da die Ästhetik einen Platz auf der zweitniedrigsten Stufe des Zusatznutzens einnimmt, also eine sehr spezielle Nutzenart ist, besitzt sie eine höhere Relevanz als der Funktionale Nutzen, der – als Grundnutzen deklariert – auf der höchsten Stufe der Leiter angesiedelt ist.

Die Ästhetik[196] gehört zur Gruppe der *leistungsbezogenen* Markeneinstellungsdimensionen.[197] Somit werden ausschließlich die ästhetischen Komponenten der angebotenen Leistung – beispielsweise das Produktdesign – in das Konstrukt einbezogen und es erfolgt eine enge Definition des ästhetischen Begriffes. Eine weiter gefasste Definition bezieht zusätzlich die Bereiche Kommunikation sowie Gestaltung der Verkaufsräume ein und berücksichtigt damit alle Schnittstellen zwischen dem Kunden und der Marke.[198] In einem zweiten Punkt sollte nach Meinung der Verfasser jedoch keine zu enge Begriffsabgrenzung gewählt werden. Die Konsumenten können ein Produkt auf vielfältige Weise ‚erleben'; je nach Art des Produktes spricht es mit seinen sensorischen Reizen die verschiedenen Sinne des Menschen an. Die Wahrnehmung beschränkt sich nicht nur auf visuelle Elemente, sondern umfasst die Sinneseigenschaften *Sehen, Hören, Tasten, Schmecken* und *Riechen*.[199] Beispielsweise ist es vorstellbar, dass der Gehörsinn eines Sportwagenbesitzers durch die Motorengeräusche oder der Tastsinn beim Anlegen einer Armbanduhr in besonderem Maße angesprochen werden. Somit

---

[191] Vgl. Cooper/Kleinschmidt (1987), S. 169 ff.
[192] Vgl. Bloch (1995), S. 16.
[193] Vgl. Bloch/Brunel/Arnold (2003), S. 551 f.
[194] Vgl. Vershofen (1959), S. 81 ff.
[195] Vershofen (1959), S. 91.
[196] Zur Ästhetik als Teil des Hedonistischen Konsums vgl. Hirschman/Holbrook (1982), S.92 ff. und Holbrook/Hirschman (1982), S. 132 ff.
[197] Siehe auch Kapitel 2.2.2.1.
[198] Vgl. Schmitt/Simonson (2001), S. 218 f.
[199] Vgl. Schmitt/Simonson (1998), S. 119 f.

wäre eine Limitierung des Begriffes Ästhetik ausschließlich auf visuelle Reize nicht gerechtfertigt; entscheidend sind vielmehr alle für die jeweilige Leistung relevanten sensorischen Reize.[200]

Bloch (1995) entwickelte ein später vielfach zitiertes Modell,[201] welches den Einfluss der ‚Produktform' (der Begriff wird in jener Studie äquivalent zu den in dieser Arbeit gebrauchten und weiter oben definierten ästhetischen Aspekten einer Leistung verwendet) auf die kognitiven und affektiven Bewertungen des Individuums und der daraus entstehenden Verhaltensabsicht beschreibt.[202] Im Ergebnis übt die Ästhetik einen Einfluss auf die Einstellung gegenüber dem Produkt und auch der Marke aus.[203]

2.2.2.4 Selbstkongruenz

Das Konzept der Selbstkongruenz bildet in der Literatur häufig eine weitere Dimension zur Erklärung der Bildung von Markeneinstellungen. Die Grundidee dieses Ansatzes besteht darin, dass sich mit zunehmender Ähnlichkeit zwischen der Markenpersönlichkeit und der Persönlichkeit des Konsumenten eine so genannte *Selbstkongruenz* (Selbstähnlichkeit) einstellt, die sich in einer positiveren Einstellung zum Produkt und der Marke äußert.[204] Dieses als *Kongruenzhypothese* bekannte und auf der Arbeit von *Levy* (1959) basierende Konzept wurde vor allem Ende der sechziger Jahre zum Gegenstand vieler Untersuchungen,[205] aus denen die *Self-Congruity Theory* von *Sirgy* (1982) als theoretische Fundierung der vorangegangenen, rein beobachtenden Studien hervorging.[206] Im weiteren Verlauf erfolgt zunächst die Erläuterung der beiden Bestandteile des Modells – die als Selbstkonzept bezeichnete Persönlichkeit des Konsumenten und die Markenpersönlichkeit – bevor die Verknüpfung des Selbstkonzepts und der Markenpersönlichkeit zum Konzept der Selbstkongruenz erfolgt.

Das *Selbstkonzept* eines Individuums bezeichnet *Rosenberg* als „…totality of the individual's thoughts and feelings having reference to himself as an objective".[207] Es gibt die Wahrneh-

---

[200] Vgl. auch Schmitt/Simonson (1998), S. 41 ff. ; eine enge Definition wählen z. B. Bloch/Brunel/Arnold (2003), S. 551.
[201] Vgl. z. B. Magne (2004), S. 34 f. ; Schmitt/Simonson (1998), S. 72 f.
[202] Vgl. Bloch (1995), S. 17.
[203] Vgl. Bloch (1995), S. 19; Bloch/Brunel/Arnold (2003), S. 553.
[204] Vgl. Bauer/Mäder/Huber (2002), S. 689.
[205] Vgl. Claiborne/Sirgy (1990), S. 1 ff.
[206] Vgl. Sirgy (1982), S. 287 ff.
[207] Rosenberg (1979), S. 7.

mung der eigenen Persönlichkeit durch das Individuum wieder.[208] Grundsätzlich lassen sich mehrere Arten des Selbstkonzepts unterscheiden: das tatsächliche bzw. faktische Selbstkonzept, das ideale Selbstkonzept, das soziale sowie das ideale soziale Selbstkonzept.[209] Das *tatsächliche* Selbstkonzept ist das Bild, welches ein Individuum von sich selbst hat; das *ideale* Selbstkonzept hingegen symbolisiert das Bild, welchem es am liebsten entsprechen würde. Das *soziale* Selbstkonzept bezieht sich auf das Bild, von dem die Person annimmt, dass es Außenstehende von ihr haben. Dementsprechend ist das *ideale soziale* Selbstkonzept jenes Bild, von der diese Person es gerne hätte, dass es Außenstehende von ihr haben. Die weitere Betrachtung beschränkt sich auf das tatsächliche sowie das ideale Selbstkonzept, da die Relevanz dieser beiden Konstrukte für die Markenbeurteilung bzw. Kaufabsicht in verschiedenen empirischen Studien erwiesen wurde.[210] Diese Vorstellungen über das eigene Selbst unterliegen einer subjektiven Bewertung, welcher eine Idealvorstellung des Selbstkonzepts als Urteilsanker zugrunde liegt.[211] Aus der affektiven Bewertung entsteht dem Individuum ein *Selbstwertgefühl* – also die Zufriedenheit mit der eigenen Persönlichkeit.[212] Im Zusammenhang mit dem Selbstwertgefühl ergeben sich zwei fundamentale Motive: einerseits streben Individuen nach *Selbstwerterhaltung* bzw. *Selbst-Konsistenz*, um das tatsächliche Selbstkonzept zu schützen und persönliche Kontinuität und Konsistenz zu bewahren; andererseits ergibt sich aus dem Motiv der *Selbstwerterhöhung*, dass ein Individuum versucht, sich den Idealvorstellungen über die eigene Person – also dem idealen Selbstkonzept – anzunähern, um sein Selbstwertgefühl zu erhöhen.[213]

Das zweite Element der Selbstkongruenzhypothese stellt die *Markenpersönlichkeit* dar; sie wird als die „Gesamtheit menschlicher Eigenschaften bezeichnet, die mit einer Marke verbunden sind".[214] Die theoretische Legitimierung für das Zusprechen von menschlichen Persönlichkeitszügen zu einer Marke liegt in der Animismus-Theorie.[215] Demnach verspürt der Mensch ein Bedürfnis, nicht-lebende Objekte mit menschlichen Eigenschaften zu besetzen, um die Interaktion mit ihnen zu erleichtern.[216] Die Markenpersönlichkeit vereinfacht dem Konsumenten die Identifikation mit der Marke und steigert dadurch die individuelle Relevanz

---

[208] Vgl. Turner/Onorato (1999), S. 16 f.
[209] Vgl. Sirgy (1982), S. 288.
[210] Vgl. z. B. Bauer/Mäder/Huber (2002), S. 702 f.; Kressmann/Herrmann/Huber/Magin (2003), S. 411.
[211] Vgl. Rosenberg (1979), S. 38.
[212] Vgl. Asendorpf (1999), S. 234.
[213] Vgl. Kressmann/Herrmann/Huber/Magin (2003), S. 403.
[214] Aaker (2001), S. 94; vgl. auch Aaker (1997), S. 347.
[215] Die Theory of Animism geht auf Gilmore (1919) zurück.
[216] Vgl. Fournier (2001), S. 139.

der Marke für diesen Konsumenten; der Besitz eines Gegenstandes kann somit einen Beitrag bei der Bildung des Selbstkonzepts des Nachfragers leisten.[217]

Die vielfältigen und zahlreichen Eigenschaften, die einer Marke zugesprochen werden können, lassen sich in mehrere Dimensionen untergliedern. *Aaker* (1997) bestimmte in einer Studie fünf relevante Markenpersönlichkeitsdimensionen.[218] In einer mehrstufigen Befragung und mithilfe einer Reihe von Faktorenanalysen konnte sie aus ursprünglich 114 Persönlichkeitsmerkmalen die Dimensionen *Aufrichtigkeit, Erregung/Spannung, Kompetenz, Kultiviertheit* und *Robustheit* ermitteln.[219] Jede Dimension wird durch mehrere Facetten (insgesamt 15) näher beschrieben.[220] Die Markenpersönlichkeitsdimensionen und ihre Facetten sind in Tabelle 2.10 dargestellt.

Aufrichtigkeit	*Erregung/ Spannung*	*Kompetenz*	*Kultiviertheit*	*Robustheit*
Bodenständig	Gewagt	Zuverlässig	Vornehm	Naturverbundenheit
Ehrlich	Temperamentvoll	Intelligent	Charmant	Zäh
Gesund	Phantasievoll	Erfolgreich		
Heiter	Modern			

Tab. 2.10: Dimensionen der Markenpersönlichkeit, vgl. Aaker (2001), S. 98.

Die *Selbstkongruenz* ergibt sich aus der Verknüpfung des Selbstkonzepts und der Markenpersönlichkeit. *Sirgy* definiert sie folgendermaßen: „Self-Congruity refers to the process involving the match or mismatch between a stimulus representing a perceived self-image and a referent self-image".[221] Je ähnlicher sich die Markenpersönlichkeit und das tatsächliche sowie ideale Selbstkonzept des Individuums sind, desto höher ist die Selbstkongruenz und desto positiver wird die Marke wahrgenommen. Aus den beiden Spielarten des Selbstkonzeptes lassen sich zwei unterschiedliche Arten der Selbstkongruenz ableiten: die tatsächliche und die ideale Selbstkongruenz. Die *tatsächliche Selbstkongruenz* bezieht sich auf die Kongruenz zwischen Markenpersönlichkeit und tatsächlichem Selbstkonzept und steht in Zusammenhang mit dem Selbstwerterhaltungsmotiv; die *ideale Selbstkongruenz* bezieht sich auf die Kongruenz zwischen Markenpersönlichkeit und idealem Selbstkonzept und steht in Zusammen-

---

[217] Vgl. Bauer/Mäder/Huber (2002), S. 688 f.
[218] Vgl. Aaker (1997), S. 347 ff.
[219] Vgl. Aaker (2001), S. 97 f.
[220] Vgl. Aaker (2001), S. 98.
[221] Sirgy (1986), S. 14.

hang mit dem Selbstwerterhöhungsmotiv.[222] Da das tatsächliche vom idealen Selbstbild des Konsumenten abweichen kann, sind Konfliktsituationen möglich, in denen das Selbstwerterhaltungs- und das Selbstwerterhöhungsmotiv entgegengesetzte Verhaltensweisen implizieren und keine eindeutige Verhaltensvorhersage getroffen werden kann.[223] In Abbildung 2.7 zeigen die Konstellation zwei und drei solche Konfliktsituationen.

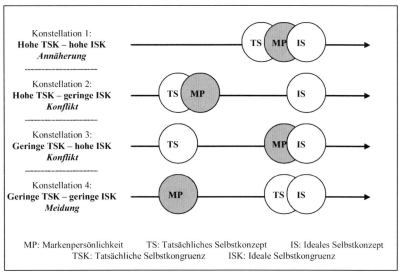

Abb. 2.7: Mögliche Selbstkongruenzsituationen und zu erwartende Reaktionen, in Anlehnung an Bauer/Mäder/Huber (2002), S. 691.

2.2.2.5 Markenbeziehungsqualität

Erst seit Anfang der neunziger Jahre entwickelte sich in der Marketingforschung ein Verständnis über Beziehungen von Konsumenten zu ihren Marken und dem Erklärungsbeitrag solcher Beziehungen zur Bildung von Markeneinstellungen. Maßgeblich beeinflusst wurde diese neue Erkenntnis durch die Arbeiten von *Fournier* (1994 und 1998). Sie beschreibt die Marke als lebendigen Beziehungspartner, zu dem der Konsument eine Beziehung, vergleichbar der zwischen zwei Menschen, aufbauen kann.[224] Demnach beeinflusst die Qualität derar-

---

[222] Bauer/Mäder/Huber verwenden analog die Bezeichnungen ‚Kongruenz zwischen Markenpersönlichkeit und tatsächlichem Selbstkonzept' bzw. ‚Kongruenz zwischen Markenpersönlichkeit und idealem Selbstkonzept'; vgl. Bauer/Mäder/Huber (2002), S. 690 ff.
[223] Vgl. Bauer/Mäder/Huber (2002), S. 692 ff.
[224] Vgl. Fournier (1994), S. 1ff. ; Fournier (1998), S. 343 ff.

tiger Beziehungen die Vorteilhaftigkeit der Markeneinstellung und die Markentreue. Im Weiteren erfolgt ein Blick auf die Grundsätze der sozialpsychologischen Beziehungstheorie sowie deren Transfer auf Konsumenten-Marken-Beziehungen. Abschließend werden die Dimensionen der Markenbeziehungsqualität erläutert.

Soziale Beziehungen prägen das Leben von Menschen und stellen nach Meinung vieler Personen den wichtigsten Teil ihres Lebens dar.[225] Sie entstehen immer zwischen zwei Personen – einer so genannten Dyade (Personenpaar).[226] Dem Bedürfnis nach zwischenmenschlichen Beziehungen wird derzeit in der Sozialpsychologie größte Relevanz zum Verständnis des menschlichen Wesens zugesprochen.[227] Eingehen und Aufrechterhalten sozialer Beziehungen dienen als Mittel zur Sinnstiftung; sie sollen den Sinn des Lebens eines Menschen bereichern und strukturieren und nicht zuletzt die Entwicklung der Persönlichkeit unterstützen.[228] Beispielsweise können Beziehungen einen Beitrag zur Lösung grundlegender existentieller Sorgen und Spannungen leisten.[229] Die Beziehungstheorie stellt sich als äußerst vielseitiges und komplexes Phänomen dar, aus dem eine große Zahl verschiedener Beziehungstypen abgeleitet werden kann. Eine Unterteilung dieser Typen lässt sich nach den für die Beteiligten aus der Beziehung entstehenden, sozio-emotionalen Vorteilen (z. B. Bestätigung des Selbstwerts, Belohnung durch Sicherheit oder soziale Unterstützung) und instrumentellen Vorteilen (z. B. Erreichen eines objektiven, kurzfristigen Zieles) vornehmen.[230] Beziehungen kann man, abweichend von isolierten Transaktionen, als Serie wiederholter Austauschvorgänge (Interaktionen) zwischen sich gegenseitig vertrauten Partnern charakterisieren.[231] Sie durchlaufen einen dynamischen Prozess und erfahren mit jeder Interaktion ein Veränderung bzw. Entwicklung.

Drei Kriterien bestimmen aus sozialpsychologischer Sicht die Qualität von Beziehungen: die Selbstkonsistenz, das Selbsterweiterungspotenzial und die Interaktionen.[232] Die *Selbstkonsistenz* erwächst aus der Ähnlichkeit der Partner, welche eine Bestätigung der Gedanken und Handlungen der involvierten Personen ermöglicht.[233] Über die Bestätigung hinaus kann ein Individuum seine Persönlichkeit durch eine Beziehung auch erweitern und mit Persönlichkeitsfacetten des Partners anreichern; je attraktiver ein Beziehungspartner für diese Persön-

---

[225] Vgl. Asendorpf/Banse (2000), S. 1.
[226] Vgl. Asendorpf (1999), S. 260.
[227] Vgl. Baumeister/Leary (1995), S. 522.
[228] Vgl. Fournier (2001), S. 141.
[229] Vgl. Fournier (2001), S. 142.
[230] Vgl. Fournier (1998), S. 346.
[231] Vgl. Kilian (2004), S. 12.
[232] Vgl. Kressmann/Herrmann/Huber/Magin (2003), S. 403.
[233] Vgl. Asendorpf (1999), S. 278 ff.; Taylor/Peplau/Sears (2000), S. 242 ff.

lichkeitserweiterung erscheint, desto höher ist sein *Selbsterweiterungspotenzial*.[234] Die Attraktivität des Partners lässt sich in diesem Zusammenhang daran messen, zu welchem Grad er näher an der persönlichen Idealvorstellung des Individuums ist als das Individuum selbst. *Interaktionen* zwischen den Partnern regeln das tägliche Miteinander und sorgen für Harmonie; die Art der Interaktionen – die *Interaktionsmuster* – können bei jeder Dyade unterschiedlich ausfallen und beeinflussen die Beziehungsqualität.[235] Je vorteilhafter die Aspekte der Selbstkonsistenz, des Selbsterweiterungspotenzials und der Interaktionen ausfallen, desto höher ist die Qualität der Beziehung einzuschätzen. Die Erkenntnisse aus der sozialpsychologischen Beziehungstheorie werden in Tabelle 2.11 zusammengefasst.

Charakteristiken von Beziehungen	Determinanten der Beziehungsqualität
Beziehungen als Mittel zur Sinnstiftung	Selbstkonsistenz
Beziehungen als multiplexe Phänomene	Selbsterweiterungspotenzial
Beziehungen als dynamischer Prozess	Interaktionen

Tab. 2.11: Erkenntnisse aus der sozialpsychologischen Beziehungstheorie, teilweise in Anlehnung an Fournier (2001), S. 141 ff.

In den letzten Jahren hat sich ein Wandel vom transaktionsbasierten Marketing (mit Schwerpunkt auf der Neukundenakquise) zum Relationship Marketing (mit Schwerpunkt auf der Pflege bestehender Kundenbeziehungen) vollzogen.[236] Im Rahmen dieses Paradigmenwechsels erfolgte eine Übertragung der Grundsätze der sozialpsychologischen Beziehungstheorie auf Konsumenten-Marken-Beziehungen im Marketingbereich. *Blackston* (1992) sieht Markenbeziehungen mit Blick auf das Konzept der Markenpersönlichkeit als „...a logical extension of the idea of a brand personality".[237] Maßgeblich an der Entwicklung dieses neuen Verständnisses über die Existenz von Beziehungen von Konsumenten zu Marken waren die Studien von *Fournier* (1994 und 1998). Demzufolge fungiert die Marke als agierender Interaktionspartner – sie wird also nicht mehr als passives Objekt angesehen – und ermöglicht dadurch den Aufbau einer Konsumenten-Marken-Beziehung, die zwischenmenschlichen Beziehungen gleicht.[238] Derartige Beziehungen können als Analogie des Komplexes von kognitiven, affektiven und konativen Prozessen aufgefasst werden, welcher die Beziehung zwischen zwei

---

[234] Vgl. Aron/Aron (1996), S. 328 ff.
[235] Vgl. Asendorpf/Banse (2000), S. 29; Baldwin (1992), S. 468 f.
[236] Vgl. Bruhn (2001), S. 8 f. und S. 12.
[237] Blackston (1992), S. 80.
[238] Vgl. Fournier (1998), S. 344.

Menschen kennzeichnet.[239] Die Betrachtung von Marken als Beziehungspartner basiert auf der Animismustheorie, die nicht-lebenden Objekten menschliche Eigenschaften zuspricht.[240] Um als legitimer Interaktionspartner zu gelten, muss die Marke jedoch „...über die Personifizierung hinausgehen und sich wie ein aktiver und tatkräftiger Teil der Beziehung verhalten".[241] Verhaltenswissenschaftliche Studien haben ergeben, dass der Konsument die durchgeführten Kommunikations- und Marketingaktionen als Bündel von Verhaltensweisen versteht, welches die Persönlichkeitseigenschaften der Marke beeinflusst.[242] Dadurch wird es möglich, mittels geeigneter Marketing-Mix-Entscheidungen den geforderten aktiven Part in der Beziehung einzunehmen und die Marke als lebendigen Partner zu etablieren.[243] Ein Beispiel für die Ausrichtung der Kommunikationsmaßnahmen auf die Positionierung der Marke als Beziehungspartner bietet die Henkel AG. Sie stellt ihre Kundenansprache unter das Leitmotiv ‚Henkel – A Brand like a Friend' (siehe Abbildung 2.8).

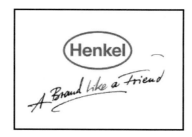

Abb. 2.8: Henkel – A Brand like a Friend
Vgl. http://www.henkel.de/int_henkel/channelpress_de/channel/index.cfm?pageid=309

Von besonderer Bedeutung ist die Qualität solcher Markenbeziehungen, da sie als relationaler Teil in die Markeneinstellung eingeht.[244] Verschiedene Autoren haben mit Hilfe phänomenologischer Tiefeninterviews teilweise voneinander abweichende Typologien von Markenbeziehungsmustern (Beziehungsformen) ermittelt.[245] In ihrer Studie stellte *Fournier* (1998) die starken Markenbeziehungen den verbleibenden Beziehungen gegenüber, um Indikatoren zu identifizieren, welche die Qualität, Tiefe und Stärke der Gesamtbeziehung widerspiegeln und einen Beitrag zu deren Dauerhaftigkeit und Stabilität leisten.[246] Das Ergebnis dieser Analyse

---

[239] Vgl. Blackston (1992), S. 80.
[240] Zur Animismustheorie siehe auch Kapitel 2.2.2.4.
[241] Fournier (2001), S. 140.
[242] Vgl. Fournier (2001), S. 140.
[243] Vgl. Fournier (2001), S. 140.
[244] Vgl. Kressmann/Herrmann/Huber/Magin (2003), S. 403.
[245] Vgl. Fournier (1998), S. 362; Ji (2002), S. 378 ff.; Kilian (2004), S. 15 ff.
[246] Vgl. Fournier (1998), S. 365 ff. und Fournier (2001), S. 155.

war ein Konstrukt für die Qualität von Markenbeziehungen (BRQ – Brand Relationship Quality), das insgesamt sechs Dimensionen umfasst.[247] Diese Tatsache verdeutlicht, dass zum Bestehen einer Beziehung positive Gefühle alleine nicht ausreichen, sondern dass affektive Dimensionen (Liebe & Leidenschaft und Verknüpfung der Marke mit der eigenen Identität), kognitive Dimensionen (Intimität und Qualität der Marke als Partner) sowie konative Dimensionen (Interdependenz und Bindung) gemeinsam die Markenbeziehungsqualität bilden.[248]

Die Dimension *Liebe und Leidenschaft* bezeichnet sehr emotionale Verbindungen zwischen Marke und Konsument, die an Liebe im zwischenmenschlichen Bereich erinnern.[249] Die *Verknüpfung der Marke mit der eigenen Identität* gibt an, zu welchem Ausmaß die Marke zur Lösung wichtiger Probleme und Aufgaben der eigenen Identität beitragen kann und damit Facetten der Persönlichkeit des Individuums anzusprechen vermag.[250] Die Dimension *Intimität* beschreibt den Grad an Nähe, ‚blindem' Verständnis und Offenheit zwischen den Partnern.[251] Die Intimität beruht auch auf umfangreichen Wissensstrukturen, in deren Zentrum der Glaube an eine überragende Produktleistung steht.[252] Unter der *Partnerqualität* versteht man die Eignung einer Marke für ihre Rolle als Beziehungspartner unter den Gesichtspunkten Zuverlässigkeit der Markenbotschaft, Einhaltung der Beziehungsregeln und Glaube an das gewünschte Verhalten der Marke.[253] Die Dimension *Interdependenz* drückt die Stärke der gegenseitigen Abhängigkeit aus, die mit der Häufigkeit, mit zunehmender Intensität und mit der Verschiedenartigkeit der Interaktionen ansteigt.[254] Starke Markenbeziehungen zeichnen sich ferner durch eine große *Bindung* an die Marke aus; die Bindung beschreibt den Wunsch, eine bestehende Beziehung fortzusetzen, und die Bereitschaft, Anstrengungen dafür in Kauf zu nehmen.[255] Die Dimensionen sind in Tabelle 2.12 im Überblick dargestellt.

Fournier und Kollegen (2004) überarbeiten diese Untergliederung in einer weiteren Untersuchung und identifizierten nun *vier* statt der bisherigen sechs Dimensionen der Markenbeziehungsqualität.[256] Die ursprünglichen Dimensionen Liebe und Leidenschaft sowie Interdependenz fanden keine Berücksichtigung mehr. Die Partnerqualität wird nicht mehr als eine

---

[247] Vgl. Fournier (2001), S. 155.
[248] Vgl. Fournier (2001), S. 155 f.
[249] Vgl. Fournier (2001), S. 156.
[250] Vgl. Fournier (2001), S. 156 f.
[251] Vgl. Thorbjornsen et al. (2002), S. 21.
[252] Vgl. Fournier (2001), S. 158.
[253] Vgl. Kressmann/Herrmann/Huber/Magin (2003), S. 405.
[254] Vgl. Fournier (2001), S. 157.
[255] Vgl. Aaker/Fournier/Brasel (2004), S. 16.
[256] Vgl. Aaker/Fournier/Brasel (2004), S. 15 f.

Facette der Beziehungsqualität, sondern als eine Einflussgröße auf die Qualität der Markenbeziehung interpretiert. Eine neue Dimension, die *Zufriedenheit*, kommt hinzu; sie beschreibt die Zufriedenheit mit und die Freude in der Beziehung, welche sich aus dem Vergleich zwischen tatsächlicher und erwarteter Leistung der Beziehung ergibt.[257] Dementsprechend umfasst die Markenbeziehungsqualität nach dieser Sichtweise die Dimensionen Verknüpfung der Marke mit der eigenen Identität, Intimität, Bindung und Zufriedenheit. Die Erörterung, welchen Dimensionen der Markenbeziehungsqualität im Rahmen des Co-Branding-Modells besondere Relevanz zukommt, wird in Kapitel 3.1.1.5 stattfinden.

Affektiv	*Kognitiv*	*Konativ*
Liebe und Leidenschaft: emotionale Verbindungen zw. Marke und Konsument; vergleichbar mit Liebe im zwischenmenschlichen Bereich	**Intimität:** Grad an Nähe, Verständnis und Offenheit zw. Partnern; Wissensstrukturen mit Glaube an eine überragende Produktleistung	**Interdependenz:** Stärke der gegenseitigen Abhängigkeit; abh. von Häufigkeit, Intensität und Verschiedenartigkeit der Interaktionen
Verknüpfung der Marke mit der eigenen Identität: Ausmaß, zu dem Marke zur Lösung wichtiger Probleme und Aufgaben beiträgt und Persönlichkeit anspricht	**Qualität der Marke als Partner:** Eignung einer Marke als Beziehungspartner bzgl. Zuverlässigkeit Einhaltung der Regeln & Glaube an gewünschtes Verhalten	**Bindung:** Wunsch, eine bestehende Beziehung fortzusetzen, und Bereitschaft, Anstrengungen dafür in Kauf zu nehmen

Tab. 2.12: Dimensionen der Markenbeziehungsqualität, in Anlehnung an Fournier (2001), S. 156.

2.2.3 Transfer von Einstellungen

2.2.3.1 Information Integration Theory

Das Ziel einer erfolgreichen Marke bei einem Co-Branding sollte es sein, die positiven Einstellungen, welche die Konsumenten ihr gegenüber besitzen, auf das Co-Brand zu übertragen, um eine vorteilhafte Bewertung des Co-Brands durch die Abnehmer zu erreichen. Die einem solchen Transfer von Einstellungen zugrunde liegenden Theorien werden in diesem Kapitel behandelt.

Die in Kapitel 2.2.1 behandelten multiattributiven Erklärungsmodelle zur Bildung von Einstellungen verknüpfen zu einem bestimmten Zeitpunkt die Bewertungen der verschiedenen salienten Eigenschaften eines Objektes zur Einstellung diesem Bezugsobjekt gegenüber; so-

---

[257] Vgl. Aaker/Fournier/Brasel (2004), S. 16.

mit handelt es sich um statische Modelle. Der *Informations-Integrations-Ansatz* (Information Integration Theory) geht über diese statische Sichtweise hinaus und befasst sich mit dem dynamischen Beurteilungsprozess, durch den die betreffenden Eigenschaften zum Gesamturteil kombiniert werden. Damit lässt sich auch erklären, wie neue Informationen in ein bestehendes Geflecht von Einstellungen integriert werden.[258] Der Beurteilungsprozess läuft in mehreren Stufen ab und lässt sich in die *Valuations-* und die *Integrations-*Phase unterteilen.[259]

In der Valuations-Phase identifiziert das Individuum zunächst die relevanten Eigenschaften (Informationsstimuli) des Bezugsobjektes.[260] Jedes dieser Attribute wird einzeln hinsichtlich seiner Ausprägung bewertet und die persönliche Bedeutung (Salienz) des Attributes wird bestimmt.[261] Ähnlich den multiattributiven Einstellungsmodellen geht auch in der Valuations-Phase nur eine begrenzte Zahl an Eigenschaften in die endgültige Bewertung ein.[262] Bei der Beurteilung eines Co-Brands ergeben sich in der Valuations-Phase zwei Alternativen: Einerseits können die gespeicherten und durch das Co-Branding abgerufenen Einstellungen gegenüber den Ausgangsmarken die zu integrierenden Informationen darstellen; andererseits kann die Verknüpfung bei Marken mit ähnlichen Assoziationen bereits auf der Ebene der einzelnen Assoziationen erfolgen.[263] Bei einer hohen Motivation zur Informationsverarbeitung liegt der anspruchsvollere Weg der attributweisen Integration nahe, bei einer geringen Motivation findet eher eine Integration der globalen Markeneinstellungen statt.[264]

In der Integrationsphase bildet das Individuum aus den zuvor bewerteten Eigenschaften ein Gesamturteil gegenüber dem Bezugsobjekt – die Einzelurteile werden zur Einstellung integriert.[265] Es existieren zahlreiche Algorithmen, die diese Integration beschreiben; als die wichtigsten unter ihnen gelten die *Adding-* und *Averaging-*Regeln, die in Kapitel 2.2.1 eine detaillierte Erläuterung erfuhren.[266] Beim Adding entsteht das Gesamturteil durch Aufsummieren, beim Averaging mittels Durchschnittsbildung der einzelnen Attributbewertungen. Die Frage, welcher dieser Algorithmen Gültigkeit besitzt, beschäftigte viele Forscher; in den meisten Bereichen ist davon auszugehen, dass ein Individuum nach der Averaging-Regel seine Ein-

---

[258] Vgl. Leuthesser/Kohli/Suri (2003), S. 37.
[259] Beim ursprünglichen Ansatz identifizierte Anderson noch eine dritte Phase – die Response Function, vgl. Anderson (1981), S. 4 ff.; die neueren Studien zu dieser Theorie beschränkten sich jedoch auf die ersten beiden Phasen, vgl. Simonin/Ruth (1998), S. 32 oder Priemer (1999), S. 198 f.
[260] Vgl. Priemer (1999), S. 198.
[261] Vgl. Anderson (1981), S. 5.
[262] Vgl. z. B. Wilkie/Pessemier (1973), S. 432.
[263] Vgl. Baumgarth (2003), S. 197; vgl. Priemer (1999), S. 199.
[264] Vgl. Baumgarth (2003), S. 197.
[265] Vgl. Anderson (1981), S. 12 ff.
[266] Vgl. Priemer (1999), S. 200.

stellung bildet.[267] Auch beim Co-Branding liegt die Urteilsbildung nach dem Averaging-Ansatz nahe.[268]

Im Rahmen des Averaging wurde ein Effekt beobachtet, der dem Prinzip der Durchschnittsbildung zu widersprechen scheint: je mehr gleich bewertete Eigenschaften von einem Individuum Berücksichtigung finden, desto extremer (bei *positiven* Einzelurteilen: besser) fällt das Gesamturteil aus; dieses Phänomen wurde als *Set-Size-Effekt* bezeichnet.[269] Liegen der Bewertung beispielsweise sechs mäßig positive Attribute zugrunde, so fällt das Urteil positiver aus, als wenn sich die Einstellung auf lediglich drei mäßig positive Urteile stützt. Der Effekt tritt jedoch nur dann auf, wenn die einzelnen Eigenschaften nicht unterschiedlich gut bewertet werden, sondern ausschließlich gleich positiv bzw. negativ bewertete Eigenschaften vorliegen und steht somit im Einklang mit dem Averaging-Ansatz.[270] Für das Co-Branding lässt sich aus dem Set-Size-Effekt ableiten, dass die Nachfrager der Co-Branding-Leistung zweier aus Konsumentensicht gleich gut bewerteter Marken c. p. positiver wahrnehmen als die Leistung einer einzelnen, ebenso gut beurteilten Marke.

Einen Einfluss auf die Einstellung üben auch die persönliche Bedeutung und die Verfügbarkeit der Eigenschaft aus; wichtigere Attribute gehen ebenso wie leichter verfügbare bzw. zuerst wahrgenommene Attribute (*Primacy Effekt*[271]) stärker in die Urteilsbildung ein.[272]

In der Integrations-Phase werden die bewerteten Eigenschaften somit nicht nur zusammengefasst, sondern auch in das bestehende System von Einstellungen integriert. Beim Co-Branding integrieren die Konsumenten neue Informationen über das Co-Brand in die Einstellungen gegenüber den Ausgangsmarken; demzufolge enthält die neue Einstellung über das Co-Brand sowohl Bewertungen der gemeinsamen Leistung als auch der sie konstituierenden Marken – der Markeneinstellungen zu den Ausgangsmarken.

---

[267] Im Bereich der Personenwahrnehmung vgl. Anderson (1981), S. 118 ff.; bei der Produktbewertung vgl. Troutman/Shanteau (1976), S. 102 ff.; im Bundling-Bereich vgl. Priemer (1999), S. 206.
[268] Vgl. Baumgarth (2003), S. 199.
[269] Vgl. Anderson (1981), S. 130 ff.; Kardes/Kalyanaram (1992), S. 344 f.
[270] Vgl. Priemer (1999), S. 201.
[271] Vgl. Anderson (1981), S. 179 ff.
[272] Vgl. Simonin/Ruth (1998), S. 32.

2.2.3.2 Einstellungstransfer durch Semantische Generalisierung

Eine Erklärung, wie die Einstellung eines Individuums zu einem Bezugsobjekt die Bewertung und Einstellungsbildung des Individuums bezüglich eines anderen Objektes beeinflusst, liefert die Theorie des Einstellungstransfers durch Semantische Generalisierung.[273] Die *Reizgeneralisierung* bezeichnet einen Lernprozess, der bewirkt, dass die gelernte Reaktion auf einen Reiz auch bei Kontakt mit einem ähnlichen Reiz hervorgerufen wird.[274] Somit wird die Reaktion – beispielsweise die Einstellung einem Objekt gegenüber[275] – von einem Reiz auf einen anderen transferiert, wobei der Transfer umso stärker ausfällt, je ähnlicher sich die beiden Reize sind.[276] Bei der *Semantischen* Generalisierung bezieht sich die notwendige Ähnlichkeit nicht auf die physischen Eigenschaften, sondern auf die Bedeutung der beiden Reize.[277] Demzufolge kann es zwischen zwei Objekten mit der gleichen bzw. ähnlichen Markierung (z. B. in Form des Markennamens), selbst bei unterschiedlichen Eigenschaften (z. B. bei zwei verschiedenen Produkten), zu einem Transfer von Einstellung und Images kommen.[278]

Co-Branding	*Markentransfer*
Direkter Einstellungstransfer bestätigt:	**Direkter Einstellungstransfer bestätigt:**
Simonin/Ruth (1998)	Sheinin/Schmitt (1994)
McCarthy/Norris (1999)	Nijssen/Uijl/Bucklin (1995)
Voss/Tanshuhaj (1999)	Bottomley/Doyle (1996)
Janiszewski/Osselaer (2000)	Zatloukal (1999)
Vaidyanathan/Aggarwal (2000)	Bottomley/Holden (2001)
Hadjicharalambous (2001)	
Baumgarth (2003)	**Direkter Einstellungstransfer nicht bestätigt:**
	Kerby (1967)
	Aaker/Keller (1990)

Tab. 2.13: Empirische Studien über den direkten Einstellungstransfer im Überblick, in Anlehnung an Baumgarth (2003), S. 204.

Bezogen auf das Co-Branding lieferten beispielsweise zahlreiche empirische Studien die Erkenntnis, dass sich die Einstellungen gegenüber den Ausgangsmarken direkt auf die Einstel-

---

[273] Die Semantische Generalisierung ist ein Teilgebiet des Klassischen Konditionierens; vgl. Zimbardo/Gerrig (2004), S. 246 ff.
[274] Vgl. Zimbardo/Gerrig (2004), S. 251.
[275] Vgl. Zimbardo/Gerrig (1999), S. 215.
[276] Vgl. Osgood/Suci/Tannenbaum (1978), S. 13.
[277] Vgl. Osgood/Suci/Tannenbaum (1978), S. 13.
[278] Vgl. Baumgarth (2003), S. 203 f.

lung gegenüber der Co-Brand-Leistung transferieren.[279] In Tabelle 2.13 werden einige dieser Studien aus den Bereichen Co-Branding und Markentransfer mit dem Vermerk, ob ein signifikanter, direkter Einstellungstransfer beobachtet werden konnte, zusammengestellt.

Die Arbeiten über Co-Branding verzeichnen ausnahmslos die Existenz des Einstellungstransfers. Die Abweichungen im Bereich des Markentransfers lassen sich durch die Konzentration auf die Ähnlichkeit der Markennamen in den beiden betreffenden Studien anstatt der tatsächlich vom Konsumenten empfundenen Ähnlichkeit erklären.[280]

2.3 Schema- und Kategorisierungstheorie

2.3.1 Zur Speicherung von Wissen in Form von Schemata

Ein Konsument muss beim Kontakt mit einem Co-Brand ein Urteil darüber bilden, inwieweit aus seiner Sicht die beteiligten Marken und Produktkategorien zusammenpassen. Dazu vergleicht er das Wissen zu den betreffenden Bezugsobjekten. Dieser Vorgang ist Gegenstand des folgenden Kapitels.

Das Gedächtnis umfasst das gesamte Wissen eines Menschen und bildet die Erfahrungen in kognitiven Strukturen ab, die sich als *Schemata* bezeichnen lassen; zusammengenommen konstituieren sie das Bewusstsein des Individuums.[281] Sie repräsentieren das verallgemeinerbare und abstrakte Wissen einer Person.[282] Solche Schemata stellen größere, komplexe Wissenseinheiten dar, welche typische Eigenschaften und standardisierte Vorstellungen bezüglich des Sachverhaltes (z. B. eines Objektes, einer Person, einer Situation oder einer Handlung) beinhalten.[283] Derartige Vorstellungen und Erwartungen entwickeln sich aus den vielfältigen Einzelerfahrungen des Individuums und fügen sich zu Schemata zusammen. Ein Schema existiert demnach nicht von Geburt an, sondern muss erst ‚erfahren' werden.[284]

Schemata zeichnen sich durch ihre *Typizität* aus, d.h. sie beinhalten das typische Wissen über den betreffenden Sachverhalt; sie umfassen typische Eigenschaften und drücken dadurch eine

---

[279] Daher gelten die Markeneinstellungen der Ausgangsmarken allgemein als Erfolgsfaktor für die Bewertung eines Co-Brandings; vgl. z. B. Simonin/Ruth (1998), S. 39.
[280] Vgl. Baumgarth (2003), S. 204.
[281] Vgl. Seel (2003), S. 51.
[282] Vgl. Seel (2003), S. 54.
[283] Vgl. Esch (2001), S. 77 f. ; Kroeber-Riel/Weinberg (2003), S. 233.
[284] Vgl. Sujan/Bettmann (1989), S. 455.

gewisse Erwartungshaltung aus.[285] Schemata sind in *hierarchischen Strukturen* organisiert. Sie bilden ein komplexes System aus vernetzten und ineinander verschachtelten Komponenten: jedes Schema kann aus mehreren Subschemata bestehen, welche sich wiederum aus verschiedenen Subschemata zusammensetzen können.[286] Schemata unterschiedlicher Stufen dieser – auf abstraktive Merkmalsverdichtung zurückgehenden – Hierarchie weisen einen differierenden Grad an Generalisierbarkeit und Abstraktheit auf.[287] Nach ihrer Stellung in der Schemastruktur lassen sie sich in *dominierende Schemata, Subschemata* und *Primitive* unterscheiden.[288] Beispielsweise lässt sich das dominierende Schema *Getränk* u. a. in die Subschemata *Soft Drink* und *Bier* untergliedern (siehe Abbildung 2.9). Das Subschema Soft Drink kann weiter in die Subschemata *Coke* und *Sprite* differenziert werden. Die unterste Stufe der Hierarchie belegen die Primitiven – einfache Schemata, die im betreffenden Kontext nicht weiter zerlegt werden können und die elementaren Merkmale des übergeordneten Schemas sind, z. B. *Koffeingehalt* oder *Fruchtgeschmack*.[289]

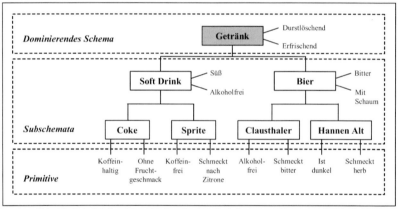

Abb. 2.9: Beispiel einer hierarchischen Struktur, in Anlehnung an Herrmann (1998), S. 81.

Aus diesem Beispiel wird ersichtlich, dass ein Markenschema (Coke oder Sprite) dem Produktschema (Getränk) untergeordnet ist. Innerhalb dieser hierarchischen Struktur reduziert ein *Vererbungsmechanismus* den Speicheraufwand, indem die Speicherung von gemeinsamen Eigenschaften (z. B. süß und alkoholfrei) jeweils auf der übergeordneten Ebene (Soft Drink)

---

[285] Vgl. Baumgarth (2003), S. 219.
[286] Vgl. Seel (2003), S. 54.
[287] Vgl. Seel (2003), S. 54.
[288] Vgl. zu hierarchischen Netzen und diesem Beispiel: Herrmann (1998), S. 80 f.
[289] Vgl. Seel (2003), S. 54.

stattfindet und für alle untergeordneten Schemata (Coke und Sprite) Gültigkeit besitzt (*Prinzip der kognitiven Ökonomie*).[290]

Durch Schemata werden *komplexe* Wissenskonzepte dargestellt, die abstraktes Wissen, konkrete Merkmale sowie komplexe und dynamische Beziehungen einschließen. Das Wissen lässt sich in deklarative und prozedurale Elemente unterteilen; deklarative Teile sind das Wissen in Bezug auf ein Objekt, prozedurale Teile äußern sich in Wissen über Abläufe.[291]

Schemata ermöglichen die *Interpretation* von beschränkten Wissensbeständen. In jedem Schema sind Platzhalter für Merkmale, so genannte *Slots*, integriert, die unterschiedliche Ausprägungen annehmen können, wobei die Variabilität des Attributes durch die Menge an möglichen Ausprägungen determiniert wird.[292] Fehlen bei der Wahrnehmung eines Schemas Informationen über einen Slot, so wird für das betreffende Attribut ein typischer Wert (*Default Wert*) angenommen. Der fehlende Wert wird somit durch Schlussfolgerungen aus bekannten Schemata und deren Beziehungen untereinander hergeleitet.[293] Anders ausgedrückt: ein Slot ist kategoriales Wissen, welches in Form von Leerstellen vorliegt. Den experimentellen Nachweis von Default Werten erbrachten *Brewer/Treyens* (1981): Versuchspersonen verbrachten sehr kurze Zeit in einem Büro und sollten danach beschreiben, was ihnen aus dem Büro in Erinnerung geblieben ist. 29 von 30 Probanden nannten einen Schreibtisch mit Stuhl (schemakongruentes Merkmal), allerdings konnten sich nur acht Personen an einen anatomischen Schädel (schemainkongruentes Merkmal) erinnern.[294] Neun Versuchspersonen gaben an, Bücher in dem Büro gesehen zu haben, was tatsächlich nicht der Fall war; sie haben also die in der kurzen Zeit nicht wahrgenommenen und damit fehlenden Merkmale des Slots (Ausstattung des betreffenden Büros) durch Default Werte (Bücher gehören typischerweise in Büros) ausgefüllt.

Schemata sind nicht, wie irrtümlicherweise oftmals angenommen, statische kognitive Strukturen, die bei Bedarf abgerufen werden, sondern *aktive Prozesse*, mit denen die Schemata ständig erweitert und aktualisiert werden.[295] Schemata sind demnach *dynamische* Konstrukte. Die verschiedenen Eigenschaften von Schemata werden in Tabelle 2.14 zusammengefasst.

---

[290] Vgl. Baumgarth (2003), S. 219.
[291] Vgl. Binsack (2003), S. 56.
[292] Vgl. Sujan/Bettmann (1989), S. 456.
[293] Vgl. Baumgarth (2003), S. 218.
[294] Vgl. Brewer/Treyens (1981), zitiert nach Baumgarth (2003), S. 219.
[295] Vgl. Seel (2003), S. 55.

Eigenschaften von Schemata	
Typizität	Schemata beinhalten typisches Wissen über Sachverhalt
Hierarchische Strukturen	Schemata sind in hierarchischen Strukturen organisiert; Unterteilung in dominierende Schemata, Subschemata & Primitive; Vererbungsmechanismus von übergeordneter auf untergeordnete Ebene
Komplexität	Schemata stellen *komplexe* Wissenskonzepte dar
Interpretation	Bei fehlenden Informationen: Ausfüllen von Slots durch Default Werte
Aktive Prozesse	Dynamik: Schemata werden ständig erweitert und aktualisiert

Tab. 2.14: Eigenschaften von Schemata

2.3.2 Kategorisierungstheorie

Unter *Kategorisierung* versteht man den Prozess der Einordnung von Ereignissen bzw. neuen Informationen in *bestehende Schemata*. Ergebnis dieser Einordnung ist eine Gleichbehandlung des Ereignisses mit den anderen Elementen des jeweiligen Schemas.[296]

Beim *Fit*[297] handelt es sich um das Resultat eines Vergleichsprozesses zwischen zwei Konstrukten; das Individuum bewertet demnach, wie gut die Konstrukte aus seiner Sicht zusammenpassen.[298]

Übertragen auf das Co-Branding ergibt sich folgendes: bei der Kategorisierung ist es von Interesse, inwieweit der Konsument die involvierten Marken entweder unter einem der beteiligten Schemata zu integrieren oder ein neues Schema – das so genannte *Ad-hoc-Schema* – aufzubauen vermag.[299] Gelingt dem Abnehmer die Integration in ein bestehendes oder ein Ad-hoc-Schema, so ergibt sich ein hoher Fit zwischen den Marken.

Es bestehen verschiedenen Ansätze zur Kategorisierung, die sich nach *Deterministischen* und *Intensitätsmäßigen bzw. Probabilistischen* Vorgehensweisen untergliedern lassen.[300] Die ältere, deterministische Sichtweise geht davon aus, dass sich Ereignisse eindeutig anhand notwendiger Merkmale einem Schema zuordnen lassen und alle Kategoriemitglieder die gleiche

---

[296] Vgl. Boush (2001), S. 812.
[297] Synonym zum Begriff Fit werden auch die Termini Passung, (Schema-) Kongruenz, Kompatibilität etc. verwendet.
[298] Vgl. Baumgarth (2003), S. 225.
[299] Vgl. Baumgarth (2003), S. 225.
[300] Vgl. Medin (1989), S. 1469 ff.

Stellung innerhalb der Kategorie besitzen.[301] Realistischer sind die Annahmen der Intensitätsmäßigen Kategorisierung; je ähnlicher die Mitglieder einer Kategorie untereinander sind, desto stärker bzw. wahrscheinlicher gehören sie der Kategorie an.[302] Ein zweites Systematisierungsmerkmal ist die Unterscheidung in *Eigenschaftsorientierte, Beispielorientierte* und *(Laien-)Theoretische Ansätze*. Beim Eigenschaftsorientierten Ansatz erfolgt die Kategorisierung mittels eines Vergleichs zwischen den einzelnen Eigenschaften des Stimulus und der Kategorie.[303] Nach dem Beispielorientierten Ansatz vergleicht ein Individuum den Stimulus mit einem besonders typischen Mitglied der Kategorie (Prototyp) und beurteilt die Ähnlichkeit holistisch. Der Laientheoretische Ansatz basiert auf der Annahme, dass ein Individuum zur Kategorisierung das gesamte ihm zur Verfügung stehende Wissen nutzt, wie z. B. den Kontext, in welchem der Stimulus wahrgenommen wird; die Beurteilung stützt sich dabei auf einen oder wenige Erklärungsgründe.[304] Tabelle 2.15 zeigt die beschriebenen Ansätze im Überblick.

	Deterministische Ansätze	Intensitätsmäßige Ansätze
Eigenschaftsorientierte Ansätze	•Kategorie ist durch notwendige Merkmale gekennzeichnet •Alle Kategoriemitglieder haben gleichen Status	•Kategoriemitglieder weisen verschiedene Ähnlichkeitsgrade auf •Konstante Ähnlichkeitsstruktur
Beispielorientierte Ansätze		•Holistische Ähnlichkeitsbeurteilung durch Vergl. mit typischem Mitglied der Kategorie (Prototyp) •Mitglieder weisen unterschiedlichen Fit auf •Konstante Ähnlichkeitsstruktur
Laientheoretische Ansätze		•Kategoriebildung basiert auf gesamtem Wissen der Person •Kategorien sind kontextabhängig •Ein oder wenige Fitgründe

Tab. 2.15: Kategorisierungsansätze im Überblick, in Anlehnung an Baumgarth (2003), S. 227.

In der Markentransfer- und Co-Branding-Forschung kommt die Kategorisierungstheorie bei der Fitbeurteilung zur Anwendung.[305] Aus den unterschiedlichen Ansätzen zur Kategorisierung lassen sich zwei relevante *Fitansätze* ableiten. Der *Eigenschafts- bzw. Beispielorientierte Fitansatz* leitet sein Urteil auf globaler Ebene aus einem Merkmalsvergleich ab.[306] Aus die-

---

[301] Vgl. z. B. Cohen/Basu (1987), S. 458.
[302] Vgl. Leyens/Dardenne (1997), S. 119 f.
[303] Vgl. Baumgarth (2003), S. 226.
[304] Vgl. Baumgarth (2003), S. 226.
[305] Vgl. z. B. Aaker/Keller (1990); Simonin/Ruth (1998).
[306] Vgl. Baumgarth (2003), S. 228.

sem Ansatz lässt sich nicht ableiten, aus welchen Gründen ein Fit besteht; eine Prognose über den Fit im Vorfeld eines Markentransfers oder einer Markenallianz ist deshalb nicht möglich.

Der zweite Fitansatz bezieht sich auf die *Laientheoretische* Kategorisierung und beschreibt den Fit auf der Grundlage bestimmter Assoziationen; die Operationalisierung dieses Konstruktes erfolgt entweder als Globalabfrage und durch die Vorgabe spezifischer *Fitgründe*.[307] Bei Fitgründen handelt es sich um Kriterien (z. B. sachliche oder emotionale Assoziationen), auf denen die Ähnlichkeit zwischen zwei Parteien basiert. Sie sind die logische Verbindung zwischen diesen beiden Parteien aus Konsumentensicht. Der Laientheoretische Fitansatz ermöglicht es im Gegensatz zum Eigenschafts- bzw. Beispielorientierten Ansatz, den Fit im Voraus zu prognostizieren.

Auf der Grundlage der begrifflichen und theoretischen Erläuterungen des zweiten Kapitels wird im dritten Kapitel die Erklärung der Urteilsbildung bezüglich eines Co-Brands und der daraus resultierenden Kaufabsicht des Produktes angestrebt. Besondere Berücksichtigung erfährt dabei die Bedeutung der Markeneinstellungsdimensionen. Hierzu erfolgt die Ableitung von Hypothesen über die Wirkungszusammenhänge zwischen den für das Co-Branding relevanten Modellkonstrukten.

---

[307] Vgl. Baumgarth (2003), S. 228; Aaker/Keller (1990), S. 27 ff.

3 Ein Modell zur Erfassung der Wirkung der Marke auf das Co-Branding

3.1 Determinanten der Co-Branding-Beurteilung

3.1.1 Die Markeneinstellung und ihre Dimensionen

3.1.1.1 Wirkung der Markeneinstellung auf die Einstellung zum Co-Brand

Viele Studien der Erfolgsfaktorenforschung von Co-Brandings und Markentransfers konnten einen positiven Einfluss der Einstellungen zu den Muttermarken auf die Beurteilung des Co-Brands bestätigen.[308] Die *Informations-Integrations-Theorie* sowie die *Theorie des Einstellungstransfers durch Semantische Generalisierung* liefern die theoretische Fundierung für diese empirischen Ergebnisse.

Wie in Kapitel 2.2.3.1 erläutert, beschreibt der *Informations-Integrations-Ansatz* einen zweistufigen Einstellungsbildungsprozess, in dem die einzelnen Eigenschaften zuerst bewertet (Valuations-Phase) und dann in das bestehende Geflecht von Einstellungen integriert werden (Integrations-Phase).[309] Kommt ein Konsument mit einem Co-Brand in Kontakt, verläuft die Einstellungsbildung bezüglich dieses Co-Brands nach dem beschriebenen Muster: die Eigenschaften der Co-Brand-Leistung werden beurteilt und in das System von Einstellungen gegenüber den Ausgangsmarken integriert. Infolgedessen enthält die Einstellung gegenüber dem Co-Brand neben den Bewertungen der gemeinsamen Leistung auch die Markeneinstellungen der Ausgangsmarken. Demnach wird ein Konsument, der eine der beteiligten Marken extrem schlecht bewertet, dem Co-Brand eher kritisch gegenüber stehen als ein Nachfrager, der ein sehr positives Bild von den involvierten Marken hat.

Unter der *Semantischen Generalisierung* versteht man einen Lernprozess, durch welchen die gelernte Reaktion auf einen Reiz auch durch ähnliche Reize hervorgerufen wird.[310] Für den Konsumenten können beispielsweise Marken oder Produkte derartige Reize darstellen. Durch die Markierung der Co-Branding-Leistung und der bestehenden Produkte der Ausgangsmarke mit dem *gleichen Markennamen* – die Markierung mit dem Markennamen der Ausgangsmarken stellt ein Definitionskriterium für das Co-Branding dar[311] – nehmen die Konsumenten das Co-Brand und die Marke *als ähnlich wahr*, selbst wenn sie auf der Ebene der physischen Ei-

---

[308] Vgl. z. B. Simonin/Ruth (1998), S. 30 ff.; Lafferty/Goldsmith/Hult (2004), S. 509 ff.; Zatloukal (1999); Aaker/Keller (1990), S. 27 ff.
[309] Vgl. Anderson (1981), S. 4 ff.
[310] Zur Semantischen Generalisierung vgl. Kapitel 2.2.3.2.
[311] Vgl. Kapitel 2.1.1.1.

genschaften nur wenige Übereinstimmungen aufweisen.[312] Gemäß der Theorie der Semantischen Generalisierung hat diese wahrgenommene Ähnlichkeit zur Folge, dass der Kontakt mit dem Co-Brand eine ähnliche Reaktion hervorruft wie der Kontakt mit einem Produkt der Ausgangsmarke. Als Reaktion auf den Kontakt mit dem Co-Brand ergibt sich unter anderem die Bildung der Einstellung. Der Konsument entwickelt somit vergleichbare Einstellungsstrukturen gegenüber der Marke und dem Co-Brand – es kommt zum direkten Einstellungstransfer von der Ausgangsmarke auf das Co-Brand. Daraus ergibt sich für den Einfluss der Markeneinstellung auf die Einstellung gegenüber dem Co-Brand die folgende Hypothese:

H_1: **Je positiver die Markeneinstellung gegenüber den Ausgangsmarken, desto positiver ist die Einstellung gegenüber der Co-Branding-Leistung.**

3.1.1.2 Wirkungen des Funktionalen Nutzens

Verschiedene Autoren konnten den Funktionalen Nutzen als eine Dimension der Markeneinstellung identifizieren.[313] In Kapitel 2.2.2.2 erfolgte eine Herleitung und Erläuterung dieser Dimension.

In Kapitel 2.2.1 beschrieben die Autoren die Einstellung – im Weltbild der Ziel-Mittel-Analyse (Means-End-Analysis) – als die wahrgenommene Eignung eines Gegenstandes zur Befriedigung einer Motivation bzw. eines Bedürfnisses.[314] Die Markeneinstellung ergibt sich demzufolge aus der Fähigkeit der Marke selbst oder der unter ihrem Namen angebotenen Leistungen zur Befriedigung von Bedürfnissen. Je umfassender die Bedürfnisse befriedigt werden können, desto positiver ist die Markeneinstellung.

Der Funktionale Nutzen der Marke folgt aus dem durch die konkreten, tangiblen Eigenschaften der offerierten Leistungen entstehenden Nutzen für den Abnehmer.[315] Jedes Individuum verbindet mit der Verwendung bzw. dem Konsum einer Leistung bestimmte Bedürfnisse; der Nutzen steigt dabei mit dem Grad, zu dem sich diese Bedürfnisse erfüllen lassen.[316] Je größer also der Funktionale Nutzen, desto umfassender werden die Bedürfnisse des Konsumenten

---

[312] Vgl. dazu auch Baumgarth (2003), S. 203 f.
[313] Vgl. z. B. Kressmann/Herrmann/Huber/Magin (2003), S. 412; Mittal/Ratchford/Prabhakar (1990), S. 137 f.
[314] Vgl. auch Kroeber-Riel/Weinberg (2003), S. 169.
[315] Vgl. Kapitel 2.2.2.1.
[316] Vgl. Nieschlag/Dichtl/Hörschgen (2003), S. 1299.

befriedigt und desto positiver ist folglich auch die Markeneinstellung. Daraus lässt sich folgende Hypothese ableiten:

H_{2a}: Je größer der Funktionale Nutzen der Leistungen für den Konsumenten, desto positiver ist die Markeneinstellung.

Aus dem Einfluss des Funktionalen Nutzens auf die Markeneinstellung ergibt sich eine indirekte, positive Wirkung des Funktionalen Nutzens auf die Einstellung zum Co-Brand – die Markeneinstellung fungiert hierbei als Mediator.

Der Funktionale Nutzen hat neben seinem Einfluss auf die Markeneinstellung auch Auswirkungen auf die Beziehung des Konsumenten zur Marke. Er markiert die Basis für eine starke Markenbeziehung. *Fournier* (1998) beschreibt die Aufgabe der funktionalen Produktleistung in diesem Zusammenhang folgendermaßen: „At the core, all strong brand relationships were rooted in beliefs about superior product performance".[317] Sie betont ausdrücklich, dass nicht objektive Leistungseigenschaften relevant sind, sondern die subjektiv empfundene Produktleistung, die in manchen Fällen noch durch so genannte *Leistungsmythen* erhöht wird. Ein Leistungsmythos schreibt der Marke rational nicht zu belegende, hohe Leistungseigenschaften zu und versetzt die Marke in eine Position, die sich durch eine Überlegenheit gegenüber anderen Marken und ein Gefühl der Unersetzbarkeit auszeichnen.[318] *Kressmann/Herrmann/Huber/Magin* (2003) folgend, kann demnach ein positiver Einfluss des Funktionalen Nutzens auf die Qualität von Markenbeziehungen angenommen werden.[319]

H_{2b}: Je größer der Funktionale Nutzen der Leistungen für den Konsumenten, desto höher ist die Markenbeziehungsqualität.

3.1.1.3 Wirkungen der Ästhetik

Die Ästhetik stellt eine Dimension der Markeneinstellung dar. Die Herleitung dieses Sachverhaltes fand in Kapitel 2.2.2.3 statt.

---

[317] Fournier (1998), S. 365.
[318] Vgl. Fournier (2001), S. 158.
[319] Vgl. Kressmann/Herrmann/Huber/Magin (2003), S. 402 f.

Bloch (1995) entwickelte ein Modell, in welchem kognitive, affektive und konative Reaktionen, die sich im Sinne der Dreikomponententheorie als Einstellung interpretieren lassen, durch die Ästhetik beeinflusst werden.[320] Der Einfluss beschränkt sich jedoch nicht auf die Einstellung gegenüber der Leistung, er besteht auch auf die Einstellung gegenüber der Marke.[321] Die Ästhetik des zu beurteilenden Gegenstandes beeinflusst demzufolge die Markeneinstellung des Individuums.

Vershofen (1959) beschreibt die Ästhetik als *zusatznutzenstiftende* Komponente einer Leistung.[322] Mit der Höhe an gestiftetem Nutzen steigt auch der Grad der Bedürfnisbefriedigung für den Konsumenten. Folglich führt eine gesteigerte Ästhetik zu einer besseren Einstellung gegenüber der Marke und es ergibt sich gleichsam eine positiver werdende Markeneinstellung.

H_{3a}: Je vorteilhafter die Ästhetik der Leistungen, desto positiver ist die Markeneinstellung.

Die Ästhetik vermag es, beim Konsumenten sehr intensive und extreme Gefühle anzusprechen. *John Zoocai* von dem Sportartikelhersteller Reebok erklärt: gutes Design „...makes you fall in love with the product".[323] Die Extremität der Reaktionen auf die Ästhetik eines Produktes unterstreichend, klassifiziert *Peters* (1995) solche Reaktionen in *Liebe* und *Hass* – im Gegensatz zu Mögen und Nichtmögen.[324] Die Ästhetik kann dementsprechend Liebe zum Produkt hervorrufen und beeinflusst das Ausmaß an Liebe. Derartige Gefühle sind ein Bestandteil der Qualität von Konsumenten-Markenbeziehungen; sie finden in der Beziehungsqualitätsdimension ‚Liebe und Leidenschaft' Berücksichtigung.[325] Eine positivere Wahrnehmung der Ästhetik der angebotenen Leistungen drückt sich daher in einer gesteigerten Liebe zu den Leistungen aus, was einen Anstieg der Qualität der Markenbeziehung bewirkt. Somit wirkt sich die Ästhetik positiv auf die Markenbeziehungsqualität aus.

---

[320] Vgl. Bloch (1995), S. 17.
[321] Vgl. Bloch/Brunel/Arnold (2003), S. 553; Bloch (1995), S. 19.
[322] Vgl. Vershofen (1959), S. 81 ff.; Herrmann (1998), S. 164 f.
[323] Bloch (1995), S. 20.
[324] Vgl. Peters (1995), S. 29 ff.
[325] Vgl. Kapitel 2.2.2.5.

Folgende Hypothese drückt den unterstellten Zusammenhang zwischen der Ästhetik und der Markenbeziehungsqualität aus:

H_{3b}: Je vorteilhafter die Ästhetik der Leistungen, desto höher ist die Markenbeziehungsqualität.

3.1.1.4 Wirkungen der Selbstkongruenz

Die in Kapitel 2.2.2.4 erläuterte Markeneinstellungsdimension *Selbstkongruenz* stellt sich als Resultat eines Vergleichsprozesses zwischen dem Selbstkonzept und der Markenpersönlichkeit ein.[326] Die Selbstkongruenz weist als Ergebnis dieses Vergleichs- bzw. Kongruenzprozesses Einstellungscharakter auf, weil sie durch die Bewertung relativ stabiler Wissensstrukturen des Konsumenten zustande kommt und Handlungsrelevanz besitzt.[327]

Die tatsächliche und die ideale Selbstkongruenz beruhen auf dem Selbstwerterhaltungs- respektive auf dem Selbstwerterhöhungsmotiv.[328] Die potenziellen Konfliktsituationen zwischen diesen beiden Motiven (siehe Abb. 2.7, Kapitel 2.2.2.4) sollen hier ausgespart werden, so dass zwei mögliche Konstellationen existieren: einerseits eine hohe tatsächliche und hohe ideale Selbstkongruenz, andererseits eine niedrige tatsächliche und niedrige ideale Selbstkongruenz. Die erste Konstellation bezeichnet zusammenfassend eine *hohe Selbstkongruenz*, die zweite Konstellation eine *niedrige Selbstkongruenz*. Infolgedessen ergibt sich aus einer hohen Selbstkongruenz ein hohes Maß an Erfüllung der beiden Selbstwertmotive und demzufolge eine positive Markeneinstellung. Diese Beziehung findet in der folgenden Hypothese Ausdruck:

H_{4a}: Je höher die Selbstkongruenz des Individuums bzgl. der Marke, desto positiver ist die Markeneinstellung.

Die Höhe der Selbstkongruenz hat zudem einen Einfluss auf die subjektive Bewertung des Funktionalen Nutzens und verzerrt diesen in die Richtung der Selbstkongruenz.[329] Dies wird durch die zeitlich vorgelagerte Verarbeitung von selbstbezogenen vor nicht-selbstbezogenen

---

[326] Vgl. Kapitel 2.2.2.4.
[327] Vgl. Kressmann/Herrmann/Huber/Magin (2003), S. 404.
[328] Vgl. Bauer/Mäder/Huber (2002), S. 690 ff.
[329] Vgl. Sirgy (1991), S. 365.

Informationen von Objekten möglich.[330] Im Rahmen der hier betrachteten Problematik der Markeneinstellung bedeutet dies, dass die Markenpersönlichkeit den Informationsverarbeitungsprozess vor den funktionalen Eigenschaften durchläuft, da sie eine selbstbezogene Information darstellt und damit selbstausdrucks- und selbstrelevant ist.[331] Aus der Evaluation der Markenpersönlichkeit ergibt sich im Weiteren die Selbstkongruenz und deren Fähigkeit zur Befriedigung der Selbstwerterhaltungs- und Selbstwerterhöhungsmotive. Das Individuum tendiert dazu, den Funktionalen Nutzen von Marken mit hoher Selbstkongruenz höher zu bewerten, um die Befriedigung der Selbstwertmotive durch diese Marken realisieren zu können. Mit anderen Worten: Um in den Genuss von Objekten zu kommen, welche die Selbstwertmotive befriedigen, bewerten Konsumenten deren funktionale Eigenschaften positiver, um nicht in einen Motivationskonflikt zu gelangen, bei dem ein niedrig bewerteter Funktionaler Nutzen *gegen* und die Selbstwertmotive *für* die Annäherung an das Objekt sprechen.

H$_{4b}$: Je höher die Selbstkongruenz des Individuums bzgl. der Marke, desto größer ist der Funktionale Nutzen der Leistungen für den Konsumenten.

Der gleiche Effekt wie bei der Bewertung des Funktionalen Nutzens tritt bei der Evaluation der Ästhetik der angebotenen Leistungen auf. Auch hier wollen die Individuen einen Motivationskonflikt bei hoher Selbstkongruenz vermeiden und bewerten daher die Ästhetik positiver – sie verzerren sie in Richtung der Selbstkongruenz. Daher gilt folgende Hypothese:

H$_{4c}$: Je höher die Selbstkongruenz des Individuums bzgl. der Marke, desto vorteilhafter wird die Ästhetik der Leistungen wahrgenommen.

In Kapitel 2.2.2.5 wurden unter anderem die *Selbstkonsistenz* und das *Selbsterweiterungspotenzial* als relevante Kriterien der Qualität von Beziehungen identifiziert. Die Selbstkonsistenz erwächst aus der Ähnlichkeit der Beziehungspartner, das Selbsterweiterungspotenzial aus der positiven Unähnlichkeit der Beziehungspartner.[332] Für die Beziehung zwischen einem Konsumenten und einer Marke drücken die Konstrukte ‚Tatsächliche Selbstkongruenz' und ‚Ideale Selbstkongruenz' genau diese Ähnlichkeit bzw. Unähnlichkeit aus. Eine hohe Selbst-

---

[330] Vgl. Markus/Sentis (1982), S. 55.
[331] Vgl. Kressmann/Herrmann/Huber/Magin (2003), S. 404.
[332] Vgl. Kressmann/Herrmann/Huber/Magin (2003), S. 405.

kongruenz hat daher eine hohe Selbstkonsistenz sowie ein großes Selbsterweiterungspotenzial zur Folge und wirkt sich somit positiv auf die Qualität der Markenbeziehung aus.

H_{4d}: **Je höher die Selbstkongruenz des Individuums bzgl. der Marke, desto höher ist die Markenbeziehungsqualität.**

3.1.1.5 Wirkung der Markenbeziehungsqualität

Wie in Kapitel 2.2.2.5 beschrieben, unterteilte *Fournier* (1998) das Konstrukt der Markenbeziehungsqualität in einer ersten Untersuchung in sechs Dimensionen; in einer späteren Studie (2004) unterzog sie dieses Instrumentarium einer Überarbeitung und stellte vier Dimensionen der Beziehungsqualität fest.[333] In der vorliegenden Untersuchung kommt die aktuellere Untergliederung von Fournier zur Anwendung. Sie wird dabei in zwei Punkten den Gegebenheiten der vorliegenden Studie angepasst.

Die Dimension ‚*Verknüpfung der Marke mit der eigenen Identität*' weist inhaltlich viele Übereinstimmungen mit dem Konstrukt der Selbstkongruenz auf und ist nur schwer von diesem abzugrenzen. Um die Anforderungen an die Diskriminanz der einzelnen Modellkonstrukte zu erfüllen, darf jedes verhaltenswissenschaftliche Phänomen nur einmal in die Betrachtung eingehen. Da die Selbstkongruenz als ein Teil des Kausalmodells bereits berücksichtigt wurde, darf die Markenbeziehungsqualität nicht über die inhaltlich ähnliche ‚Verknüpfung der Marke mit der eigenen Identität' gemessen werden. Aus diesem Grund geht jene Dimension nicht in die endgültige Betrachtung ein.

Eine zweite Veränderung betrifft die Dimension ‚*Liebe und Leidenschaft*'. Diese findet in der Studie von *Fournier* aus dem Jahr 2004 keine Berücksichtigung mehr.[334] Eine starke Beziehung zeichnet sich jedoch gerade durch solch intensive und emotionale Verknüpfungen aus, die in der Dimension ‚Liebe und Leidenschaft' Ausdruck finden. Da eine starke Beziehung auch eine hohe Beziehungsqualität impliziert, ist die Liebe und Leidenschaft ein geeigneter Repräsentant für die Qualität der Markenbeziehung und verbleibt aufgrund dessen, wie in der früheren Untersuchung von *Fournier*, im Set der Markenbeziehungsdimensionen.

---

[333] Vgl. Fournier (1998), S. 363 ff. ; Aaker/Fournier/Brasel (2004), S. 15 f.
[334] Vgl. Aaker/Fournier/Brasel (2004), S. 15.

Das Hinzufügen bzw. Weglassen einer Dimension der ursprünglichen Untergliederung ist zulässig, da das Markenbeziehungskonstrukt durch ein *reflektives* Messmodell operationalisiert wird, welches derartige Indikatorveränderungen gestattet.[335] Das Konstrukt der Markenbeziehungsqualität umfasst demzufolge in dieser Studie die Dimensionen *Bindung, Intimität, Zufriedenheit* sowie *Liebe und Leidenschaft*.

Diese vier Beziehungsdimensionen symbolisieren den individuellen Wunsch nach sozialer Bezogenheit.[336] Durch Beziehungen lassen sich beispielsweise Sicherheit oder soziale Integration erreichen. Durch den Konsum oder die Verwendung von Produkten können somit grundlegende menschliche Bedürfnisse befriedigt werden.[337] Eine hohe Qualität der Konsumenten-Marken-Beziehungen verschafft dem Abnehmer einen Zusatznutzen, den er ohne diese Beziehung nicht realisieren könnte. Je höher die Qualität solcher Beziehungen, desto größer wird der Nutzen aus den Beziehungen und desto besser wird die Markeneinstellung gegenüber der betreffenden Marke ausfallen. Daraus ergibt sich folgende Hypothese:

H₅: Je höher die Markenbeziehungsqualität, desto positiver ist die Markeneinstellung.

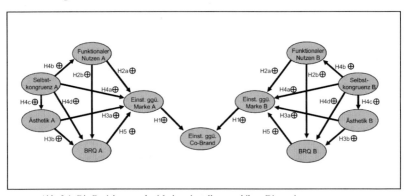

Abb. 3.1: Die Beziehungen der Markeneinstellung und ihrer Dimensionen

In Abbildung 3.1 werden die Beziehungen der Markeneinstellung und ihrer Dimensionen untereinander und zur Einstellung gegenüber der Co-Brand-Leistung dargestellt. Damit schließt die Herleitung der Einstellung zur Marke sowie der Einstellungsdimensionen als erster Er-

---

[335] Zur Erläuterung von reflektiven Messmodellen vgl. Kapitel 4.1.3; zum Beleg, dass ein reflektives Messmodell Verwendung findet vgl. Kapitel 4.3.3.4.
[336] Vgl. Kressmann/Herrmann/Huber/Magin (2003), S. 406.
[337] Vgl. Kressmann/Herrmann/Huber/Magin (2003), S. 406.

folgsfaktor der Co-Branding-Beurteilung ab. Die Bedeutung des Markenfits für das Co-Branding erfährt im nächsten Abschnitt eine Erörterung.

3.1.2 Der Markenfit und seine Dimensionen

3.1.2.1 Wirkung des Markenfits auf die Einstellung zum Co-Brand

Unter *Fit* versteht man das Ergebnis eines Vergleichsprozesses zwischen zwei Konstrukten durch ein Individuum, welches bewertet, wie gut die Konstrukte zusammenpassen.[338] Beim Markenfit stellen die Markenimages der Allianzpartner diese Konstrukte dar; er beschreibt demnach die Kompatibilität der Markenimages.[339]

Die Frage, wie sich ein hoher bzw. ein niedriger Fit auf die Beurteilung auswirkt, wurde durch verschiedene Ansätze zu lösen versucht. Ein weit verbreiteter Lösungsansatz geht auf *Mandler* (1982) zurück.[340] Er geht davon aus, dass ein moderater Fit eine positivere Beurteilung zur Folge hat als ein geringer oder ein hoher Fit. Der moderate Fit zeichnet sich durch eine leichte Schemainkongruenz aus, die mit relativ geringem kognitivem Aufwand vom Individuum gelöst werden kann. Diese leichte Abweichung und die darauf folgende Lösung der Inkongruenz wirken überraschend und anregend, was eine intensivere und positivere Beurteilung verursacht als bei der Schemakongruenz eines hohen Fits.[341] Die Bewertung fällt auch besser aus als bei einem geringen Fit, da die Nachfrager die dort vorliegende, starke Schemainkongruenz auch mit erhöhten kognitiven Anstrengungen nicht lösen können und dies oftmals zu Unzufriedenheit und Frustration beim Individuum führt. Die Beziehung zwischen der Höhe des Fits und der Vorteilhaftigkeit der Beurteilung beschreibt also einen umgekehrt U-förmigen Verlauf.

Maoz (1995) kritisierte den Ansatz von *Mandler*, da seiner Meinung nach der zur Auflösung der moderaten Schemainkongruenz notwendige kognitive Aufwand von einem Individuum nur dann geleistet werden kann, wenn ein hohes Involvement besteht. Im Falle eines lediglich geringen Involvements vermag das Individuum auch eine moderate Inkongruenz nicht aufzulösen, so dass ein hoher Fit ohne Schemainkongruenz zur besten Beurteilung führt.

---
[338] Vgl. Kapitel 2.3.2.
[339] Vgl. Decker/Schlifter (2003), S. 5.
[340] Vgl. Mandler (1982), S. 3 ff.
[341] Vgl. Meyers-Levy/Tybout (1989), S. 40.

In dieser Untersuchung sollen nicht drei unterschiedliche Fitausprägungen (hoch, mittel, gering), sondern nur zwei verschiedene Fitwerte (hoch, gering) erfasst werden. Einen *hohen* Fit bezeichnen demzufolge die moderaten und hohen Fitausprägungen. Gegen dieses Vorgehen ist in der vorliegenden Studie nichts einzuwenden, da der empirischen Überprüfung ausschließlich Co-Brands zugrunde liegen, die sich aus Marken unterschiedlicher Leistungskategorien zusammensetzen. Bei derartigen Konstellationen kann vermutet werden, dass sich die Co-Brands insgesamt auf einem niedrigen Fitniveau bewegen.[342] Die Zusammenlegung der hohen und der mittleren Kategorie führt in diesem Fall zu einer ausgeglicheneren Verteilung der Stichprobe als bei der getrennten Berücksichtigung dieser beiden Kategorien. Die Nichtlösbarkeit der starken Schemainkongruenz bei einem geringen Markenfit führt zu einer eher schlechten Bewertung. Ein hoher Markenfit bewirkt eine signifikant bessere Beurteilung der Co-Branding-Leistung, da entweder eine leichte Inkongruenz stimulierend wirkt oder der Nachfrager gar keine Inkongruenz auflösen muss. Der Zusammenhang zwischen der Vorteilhaftigkeit der Beurteilung und der Höhe des Fits nimmt dementsprechend einen steigenden Verlauf an.

Verschiedene Studien der Co-Branding-Forschung unterstellen ebenfalls diesen positiven Zusammenhang zwischen Fit und Beurteilung des Co-Brands.[343] *Simonin/Ruth* (1998) zu Folge löst ein geringer Fit beim Konsumenten eine Suche nach den Gründen für die Zusammenarbeit der involvierten Marken aus, welche eine schlechtere Bewertung der gemeinsamen Leistung provozieren kann.[344] Der beschriebene Sachverhalt mündet in folgender Hypothese:

H$_6$: **Je höher der globale Markenfit, desto positiver ist die Einstellung gegenüber der Co-Branding-Leistung.**

3.1.2.2 Wirkungen der Dimensionen des Markenfits

Die Beurteilung des Fits zwischen zwei Marken bei einem Co-Branding basiert auf der laientheoretischen Kategorisierungstheorie, die Gegenstand der Erläuterungen des Kapitels 2.3.2 ist.[345] Ein Konsument stützt sein Urteil über den Fit der beteiligten Marken im Weltbild des

---

[342] Vgl. Baumgarth (2003), S. 375.
[343] Vgl. z. B. Simonin/Ruth (1998), S. 33; Lafferty/Goldsmith/Hult (2004), S. 514.
[344] Vgl. Simonin/Ruth (1998), S. 33.
[345] Vgl. Baumgarth (2003), S. 229 f.

laientheoretischen Ansatzes auf verschiedene Fitgründe. Als Fitgründe kommen die Assoziationen, die das Individuum mit den beteiligten Parteien verbindet, in Betracht. Bei der Fitbeurteilung zwischen zwei Marken im Rahmen des Co-Brandings sind dies die *Markenassoziationen*.[346]

Als relevante Markenassoziationen identifizierten die Autoren in Kapitel 2.2.2 die Markeneinstellungsdimensionen (Funktionaler Nutzen, Ästhetik, Selbstkongruenz und Markenbeziehungsqualität). Daher ist anzunehmen, dass ein Konsument die Markenfitbeurteilung eines Co-Brands auf Basis der vier Dimensionen der Markeneinstellung durchführt. Abbildung 3.2 zeigt die vier Verbindungspunkte, die aus Konsumentensicht zwischen zwei Marken bestehen.

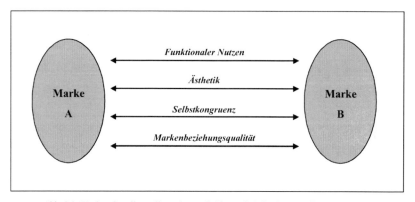

Abb. 3.2: Markeneinstellungsdimensionen als Fitgründe beim Co-Branding

Umso höher ein Konsument den Fit auf einer dieser Ebenen beurteilt, desto positiver fällt die globale Markenfitbewertung aus. Infolgedessen ist davon auszugehen, dass die einzelnen Fitgrößen positiv mit dem globalen Markenfit verbunden sind.

Aus diesen Überlegungen lassen sich die folgenden vier Hypothesen ableiten:

H_{7a}: Je höher der Funktionale Nutzen-Fit, desto höher ist der globale Markenfit.

H_{7b}: Je höher der Ästhetik-Fit, desto höher ist der globale Markenfit.

H_{7c}: Je höher der Selbstkongruenz-Fit, desto höher ist der globale Markenfit.

---

[346] Zu den Markenassoziationen vgl. Kapitel 2.2.2.1.

H$_{7d}$: Je höher der Markenbeziehungsqualität-Fit, desto höher ist der globale Markenfit.

Die in diesem Kapitel hergeleiteten Hypothesen werden in Abbildung 3.3 im Kontext des bisherigen Hypothesensystems dargestellt und hervorgehoben.

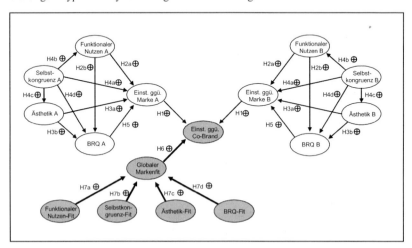

Abb. 3.3: Die Beziehungen des Markenfits und seiner Dimensionen

Welche Rolle neben dem Markenfit auch der Produktkategoriefit für das Co-Branding spielt, ist Gegenstand des folgenden Kapitels.

3.1.3 Der Produktkategoriefit

Der Fit zwischen den Produktkategorien der in das Co-Branding eingehenden Leistungen bzw. der unter den beteiligten Marken angebotenen Leistungen, wird als Produktkategoriefit bezeichnet. Dieser gibt an, wie gut die Produktkategorien aus Sicht der Konsumenten zusammenpassen, d.h. wie hoch die Nachfrager die Kompatibilität der Produktkategorien einschätzen.

Dem Produktkategoriefit[347] sprechen viele Forscher in ihren Studien eine wichtige Rolle in der Beurteilung von Co-Brands wie auch von Markentransfers zu.[348] In der Markentransferforschung konnten zwei Effekte festgestellt werden, die sich aus dem Fit der Produktkategorien ergeben; einerseits bewirkt ein hoher Fit, dass sich eine vorteilhafte Markeneinstellung besser auf die Bewertung des Transferproduktes übertragen lässt. Der Fit hat demzufolge eine moderierende Wirkung auf die Beziehung zwischen der Marke und dem Transferprodukt und wirkt damit indirekt auf die Einstellung gegenüber der Transferleistung. Neben diesem indirekten Effekt existiert auch ein direkter Einfluss auf die Einstellungsbildung. *Aaker/Keller* (1990) erwarten, dass „...a poor fit (...) may actually stimulate undesirable beliefs and associations".[349] Ein solcher direkter Effekt findet bereits in mehreren empirischen Studien für das Co-Branding einen Beleg.[350]

Ein geringer Produktkategoriefit stellt den Konsumenten vor das Problem, die scheinbar nicht zusammenpassenden Produktkategorien in einem neuen Produkt vereint zu sehen und eine Einstellung über dieses Produkt zu bilden. Er kann die Schemainkongruenz nicht befriedigend auflösen, was sich negativ auf die Bewertung auswirkt. Sind die Produktkategorien aus Konsumentensicht untereinander kompatibel, so bestehen je nach Höhe des Fits keine oder leicht lösbare Schemainkongruenzen. Bei moderaten Inkongruenzen gelingt dem Abnehmer die Auflösung der Widersprüche ohne größere Anstrengungen, woraus sich eine anregende Wirkung ergibt. Wenn keine Schemainkongruenzen vorliegen, ist keine Lösung von Widersprüchen erforderlich und es besteht keine Gefahr von Frustrationen.[351] In diesem Fall ist mit einer vorteilhafteren Bewertung als bei einem geringen Fit zu rechnen. Die Höhe des Produktkategoriefit ist demzufolge positiv mit der Einstellung gegenüber der Co-Brand-Leistung korreliert.

H₈: Je höher der Produktkategoriefit, desto positiver ist die Einstellung gegenüber der Co-Branding-Leistung.

---

[347] Neben dem Begriff ‚Produktkategoriefit' (vgl. z. B. Lafferty/Goldsmith/Hult (2004), S. 514) werden in der Marketing-Literatur u.a. auch die Termini Produktfit (vgl. z. B. Simonin/Ruth (1998), S. 33) und Komplementarität der Produktkategorien (vgl. z. B. Samu/Krishnan/Smith (1999), S. 59) verwendet.
[348] Vgl. für Co-Brandings: Simonin/Ruth (1998), S. 33; für Markentransfers: Aaker/Keller (1990), S. 30.
[349] Aaker/Keller (1990), S. 30.
[350] Vgl. z. B. Simonin/Ruth (1998), S. 39.
[351] Vgl. dazu auch Kapitel 3.1.2.1.

Abbildung 3.4 zeigt die graphische Darstellung der durch Hypothese 8 beschriebenen Beziehung zwischen der Vorteilhaftigkeit der Co-Brand-Beurteilung und dem Fit der Produktkategorien.

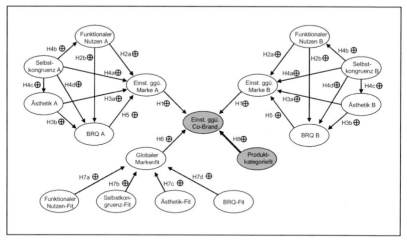

Abb. 3.4: Der Einfluss des Produktkategoriefits

Der Produktkategoriefit stellt den letzten Erfolgsfaktor der Co-Brand-Einstellung dar. Von Interesse ist nun, wie sich die Einstellung zum Co-Brand auf die Erfolgsaussichten am Markt auswirkt.

3.2 Wirkung der Einstellung zum Co-Brand auf die Kaufabsicht

Nach Meinung vieler Sozialpsychologen übt das Konstrukt der Einstellung einen steuernden Einfluss auf das Verhalten von Menschen aus.[352] Dieser logisch erscheinende und als *Einstellungs-Verhaltens-Hypothese*[353] (E-V-Hypothese) bekannte Zusammenhang ist allerdings keinesfalls unumstritten. In einer als „klassisch" geltenden und viel zitierten Studie formulierte *LaPierre* (1934) erste Zweifel an der Gültigkeit der E-V-Hypothese.[354] Er bereiste mit einem chinesischen Ehepaar die Vereinigten Staaten von Amerika und wurde dabei nur in einem von 184 Restaurants nicht bedient. Auf spätere Anfrage erklärten ihm jedoch 91 Prozent der zuvor

---

[352] Vgl. Seel (2003), S. 124.
[353] Abkürzung: E-V-Hypothese; vgl. Kroeber-Riel/Weinberg (2003), S. 171.
[354] Zum Vorgehen bei dieser Studie vgl. LaPierre (1934), zitiert nach Seel (2003), S. 127.

besuchten Restaurants, dass sie nicht bereit seien, Chinesen zu bewirten.[355] Bei diesen Restaurants folgte das Verhalten des Personals also nicht den Einstellungen, die sie im Nachhinein geäußert haben. Bei der Kritik an der E-V-Hypothese wird allerdings oftmals die *Spezifitätsproblematik* außer acht gelassen; mit einem globalen Einstellungswert lassen sich keine spezifischen Verhaltensweisen vorhersagen, weil diese weiteren, situationsbedingten Einflüssen unterliegen.[356] Passt man das Aggregationsniveau der Einstellung an das des Verhaltens an, dann erhält man einen wesentlich stärkeren Zusammenhang.[357]

Kroeber-Riel/Weinberg (2003) sprechen sich für die Gültigkeit der Einstellungs-Verhaltens-Hypothese aus.[358] Die in Kapitel 2.2.1 erläuterte Dreikomponenten-Theorie liefert eine mögliche theoretische Fundierung für diesen Zusammenhang.

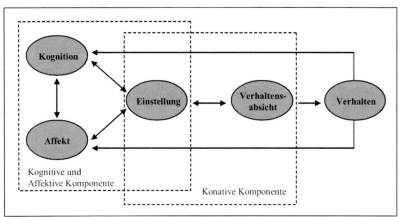

Abb. 3.5: Kausalmodell der Dreikomponenten-Theorie

Demnach enthält jede Einstellung neben den kognitiven und affektiven Komponenten auch eine konative bzw. Verhaltenskomponente. Diese impliziert die Absicht, sich gemäß der Einstellung zu verhalten – beispielsweise bei entsprechender Einstellung zu einem Produkt dieses zu kaufen. Abbildung 3.5 veranschaulicht die Zusammenhänge im Rahmen der Dreikomponenten-Theorie noch einmal.

Ajzen (2001) fasst die Diskussion um den Einfluss der Einstellung auf die Verhaltensabsicht folgendermaßen zusammen: „...it is now generally recognized that attitudes are relevant for

---

[355] Diese Prozentangabe bezieht sich auf die insgesamt 128 antwortenden Restaurants.
[356] Vgl. Nieschlag/Dichtl/Hörschgen (2003), S. 597.
[357] Vgl. Asendorpf (1999), S. 225.
[358] Vgl. Kroeber-Riel/Weinberg (2003), S. 171 f.; auch Trommsdorff (2002) unterstützt die E-V-Hypothese, vgl. Trommsdorff (2002), S. 155 ff.

understanding and predicting social behavior".[359] Als Verhalten gegenüber der Co-Branding-Leistung kommt der Kauf bzw. Nicht-Kauf in Betracht. Die Verhaltensabsicht, die aus der Einstellung gegenüber dem Co-Brand erwächst, ist folglich die Kaufabsicht bezüglich des Co-Brands.

H$_9$: Je positiver die Einstellung gegenüber der Co-Branding-Leistung, desto größer ist die Kaufabsicht gegenüber der Co-Branding-Leistung.

Abbildung 3.6 zeigt die Einstellungs-Verhaltens-Hypothese im Kontext des gesamten Kausalmodells dieser Untersuchung.

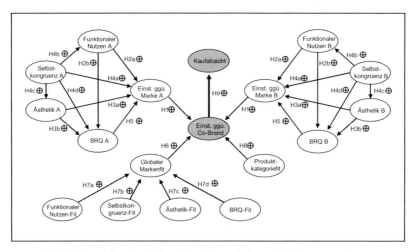

Abb. 3.6: Der Einfluss der Co-Brand-Beurteilung auf die Kaufabsicht

Moderierende Personenvariablen können die Struktur des abgeleiteten Kausalmodells verändern. In diesem Zusammenhang soll die Wirkung des Markenwissens eingehender untersucht werden.

3.3 Markenwissen als moderierende Variable

Das Wissen[360] von Konsumenten setzt sich aus der *Vertrautheit* und der *Expertise* zusammen.[361] Erstere ergibt sich aus den Erfahrungen, welche Individuen durch Kommunikations-

---
[359] Vgl. Ajzen (2001), S. 48.
[360] Zur Speicherung von Wissen in Form von Schemata und zu Markenschemata vgl. Kapitel 2.3.1.

kontakte, Interaktionen mit anderen Personen oder eigene Erfahrungen (z. B. mit der Nutzung des Produktes) erwerben.[362] Die Expertise gibt die Fähigkeit wieder, produktbezogene Informations- sowie Entscheidungsprozesse zu bewältigen.[363] Das *Markenwissen* umfasst die kognitive Repräsentation der Marke im Gedächtnis des Konsumenten und alle damit zusammenhängenden beschreibenden und bewertenden Informationen über die Marke.[364] Konsumenten, die über ein hohes Markenwissen verfügen, werden auch als Experten tituliert – Konsumenten mit einem geringen Wissen werden Laien genannt.[365] Aus Abbildung 2.9 in Kapitel 2.3.1 wurde ersichtlich, dass Markenschemata den Produktkategorieschemata untergeordnet sind. Besitzt ein Konsument ein großes Wissen über eine bestimmte Marke (z. B. Coca Cola), so ist davon auszugehen, dass er sich auch mit der Produktkategorie, in der die Marke ihre Leistungen anbietet (Getränke), auskennt. Demzufolge impliziert ein hohes Markenwissen auch ein hohes Produktkategoriewissen.[366]

Konsumenten, die über ein hohes Wissen verfügen, fällen in der Regel weniger extreme Urteile als Laien, die lediglich auf ein geringes Wissen zurückgreifen können.[367] Die Beurteilung von Marken, über welche der Konsument ein großes Wissen besitzt, fällt folglich weniger extrem aus als von Marken, zu denen nur ein geringes Markenwissen gespeichert ist. Die Einstellung zu einer Marke weist aufgrund dessen bei Experten eine geringere Varianz auf. Darüber hinaus werden die Einstellungen positiv durch das Markenwissen beeinflusst. Der *mere-exposure-Effekt* und der *Frequenz-Effekt* führen dazu, dass bei hohem Wissen die Beurteilung tendenziell vorteilhafter ausfällt. Der Mere-exposure-Effekt besagt, dass der häufige Kontakt mit einem Reiz hat eine positivere Beurteilung zur Folge, unabhängig von der eigentlichen Beurteilung.[368] Dieser Effekt kommt hier zum tragen, da ein hohes Markenwissen in der Regel mit einen häufigen Kontakt mit der Marke einhergeht. Beim Frequenz-Effekt bewertet der Konsument durch eine Beurteilungsheuristik („Wenn ich eine Marke häufiger wahrnehme, muss sie öfters gekauft werden und demzufolge auch gut sein. Deshalb beurteile

---

[361] Vgl. Alba/Hutchinson (1987), S. 411.
[362] Die Marken- oder Produktvertrautheit fand in verschiedenen Studien zum Co-Branding als moderierende Variable Berücksichtigung; vgl. z. B. Lafferty/Goldsmith/Hult (2004), S. 515; Simonin/Ruth (1998), S. 33 f.
[363] Vgl. Alba/Hutchinson (1987), S. 411 f.
[364] Vgl. Keller (2003), S. 596; vgl. auch Roehm/Pullins/Roehm (2002), S. 202.
[365] Vgl. Sujan (1985), S. 34.
[366] Mano/Davis (1990) gehen sogar davon aus, dass eine hohe Markenvertrautheit einer hohen Produktvertrautheit entspricht; vgl. Mano/Davis (1990), S. 276 f.
[367] Vgl. Sujan (1985), S. 43.
[368] Vgl. zum mere-exposure-Effekt auch Zajonic (1968).

auch ich diese Marke positiv") eine häufiger als andere Marken wahrgenommene Marke positiver.[369]

Da die meisten Abnehmer die bekannte Marke weniger extrem und infolgedessen ähnlich bewerten, ist für die Co-Brand-Bewertung entscheidend, wie das Urteil bezüglich der weniger bekannten Marke ausfällt. Urteile über solche Marken unterliegen größeren Schwankungen – sie fallen extremer aus. Ist die Einstellung gegenüber diesen Marken positiv, so fällt auch das Urteil über die gesamte Co-Brand-Leistung eher positiv aus; ist sie hingegen negativ, dann stellt sich tendenziell eine schlechtere Beurteilung des ganzen Co-Brands ein. Die Marke, über die lediglich ein geringes Markenwissen besteht, ist im Vergleich zu einer bekannten Marke, welche von den meisten Abnehmern im Durchschnitt ohnehin recht vorteilhaft bewertet wird, entscheidender für die Urteilsbildung und kann als *kritische Marke* bezeichnet werden. Die Einstellung zur Co-Branding-Leistung ist also stärker von der weniger bekannten Marke abhängig als von einer Marke, über die der Konsument viel weiß. Für die Bereiche des Markentransfers[370] und des Co-Brandings[371] wurde dieser moderierende Effekt des Markenwissens bereits prognostiziert. Beispielhaft stellt Baumgarth (2003) fest, dass im Rahmen des Co-Brandings „...der Einfluss der Einstellungen gegenüber den Individualmarken auf das Co-Brand stärker bei Laien ausgeprägt ist als bei Experten".[372] Folgende Hypothese lässt sich daraus ableiten:

H$_{10}$: Je höher das Markenwissen, desto schwächer beeinflusst die Einstellung gegenüber der betreffenden Marke die Einstellung gegenüber der Co-Branding-Leistung.

Sujan (1985) konnte feststellen, dass Experten sich stärker mit produktbezogenen Informationen auseinandersetzen, während Laien ihr Urteil mehr auf einfache, oberflächliche Informationen stützen.[373] Im Kontext von Markentransfers ergab sich bei geringem Markenwissen eine stärkere Relevanz von oberflächlichen Assoziationen, wie beispielsweise dem Markenimage.[374] Die Fitbeurteilung beim Co-Branding erfolgt somit bei hohem Wissen eher auf der

---

[369] Vgl. zum Frequenz-Effekt auch Hasher/Zacks (1984).
[370] Vgl. Smith/Park (1992), S. 306 f.
[371] Vgl. Baumgarth (2003), S. 187.
[372] Baumgarth (2003), S. 187.
[373] Vgl. Sujan (1985), S. 43.
[374] Vgl. Baumgarth (2001), S. 28.

Basis von Informationen über die Produktkategorien, bei geringerem Wissen eher auf Grundlage der oberflächlichen Assoziationen.

Bei Marken, zu denen ein großes Wissen verfügbar ist, besteht eine höhere Fähigkeit, den *zentralen Weg* der Informationsverarbeitung zu wählen.[375] Im Falle eines hohen Wissens bezüglich aller beteiligten Marken steigt für die Fitbeurteilung eines Co-Brandings die Bedeutung des Produktkategoriefits. Nur wenn genug Wissen über die beteiligten Produktkategorien besteht, welches durch ein hohes Markenwissen impliziert wird, kann die Bewertung des Produktkategoriefits sicher erfolgen und dieser bei der Einstellungsbildung zur Co-Brand-Leistung einen stärkeren Einfluss ausüben. Bei geringem Markenwissen zu mindestens einer der Marken erfolgt die Informationsverarbeitung hingegen eher über die *periphere Route* – damit werden periphere Reize relevanter. Solche peripheren bzw. oberflächlichen Reize sind z. B. die Markenimages der involvierten Marken. Der globale Markenfit bezieht sich auf diese Images und gewinnt folgerichtig an Wichtigkeit. Daraus ergeben sich bezüglich des globalen Markenfits und des Produktkategoriefit die folgenden beiden Hypothesen:

H_{11}: **Je geringer das Markenwissen zu mindestens einer der beteiligten Marken, desto stärker beeinflusst der globale Markenfit die Einstellung gegenüber der Co-Branding-Leistung.**

H_{12}: **Je geringer das Markenwissen zu mindestens einer der beteiligten Marken, desto schwächer beeinflusst der Produktkategoriefit die Einstellung gegenüber der Co-Branding-Leistung.**

3.4 Das Hypothesensystem im Überblick

Als Abschluss der Hypothesenherleitung im Rahmen der Konzeptualisierung des Modells zur Erfassung der Wirkung der Markeneinstellungsdimensionen auf das Co-Branding erfolgt in diesem Abschnitt eine Zusammenfassung der Hypothesen. Diese sind in Tabelle 3.1 im Überblick dargestellt.

---

[375] Zur Informationsverarbeitung im Rahmen des Elaboration-Likelihood-Modells (ELM) vgl. Petty/Cacioppo (1986).

Hypothese	Angenommener Zusammenhang
H_1	Je positiver die Markeneinstellung gegenüber den Ausgangsmarken, desto positiver ist die Einstellung gegenüber der Co-Branding-Leistung.
H_{2a}	Je größer der Funktionale Nutzen der Leistungen für den Konsumenten, desto positiver ist die Markeneinstellung.
H_{2b}	Je größer der Funktionale Nutzen der Leistungen für den Konsumenten, desto höher ist die Markenbeziehungsqualität.
H_{3a}	Je vorteilhafter die Ästhetik der Leistungen, desto positiver ist die Markeneinstellung.
H_{3b}	Je vorteilhafter die Ästhetik der Leistungen, desto höher ist die Markenbeziehungsqualität.
H_{4a}	Je höher die Selbstkongruenz des Individuums bzgl. der Marke, desto positiver ist die Markeneinstellung.
H_{4b}	Je höher die Selbstkongruenz des Individuums bzgl. der Marke, desto größer ist der Funktionale Nutzen der Leistungen für den Konsumenten.
H_{4c}	Je höher die Selbstkongruenz des Individuums bzgl. der Marke, desto vorteilhafter wird die Ästhetik der Leistungen wahrgenommen.
H_{4d}	Je höher die Selbstkongruenz des Individuums bzgl. der Marke, desto höher ist die Markenbeziehungsqualität.
H_5	Je höher die Markenbeziehungsqualität, desto positiver ist die Markeneinstellung.
H_6	Je höher der globale Markenfit, desto positiver ist die Einstellung gegenüber der Co-Branding-Leistung.
H_{7a}	Je höher der Funktionale Nutzen-Fit, desto höher ist der globale Markenfit.
H_{7b}	Je höher der Ästhetik-Fit, desto höher ist der globale Markenfit.
H_{7c}	Je höher der Selbstkongruenz-Fit, desto höher ist der globale Markenfit.
H_{7d}	Je höher der Markenbeziehungsqualität-Fit, desto höher ist der globale Markenfit.
H_8	Je höher der Produktkategoriefit, desto positiver ist die Einstellung gegenüber der Co-Branding-Leistung.
H_9	Je positiver die Einstellung gegenüber der Co-Branding-Leistung, desto größer ist die Kaufabsicht gegenüber der Co-Branding-Leistung.
H_{10}	Je höher das Markenwissen, desto schwächer beeinflusst die Einstellung gegenüber der betreffenden Marke die Einstellung gegenüber der Co-Branding-Leistung.
H_{11}	Je geringer das Markenwissen zu mindestens einer der beteiligten Marken, desto stärker beeinflusst der globale Markenfit die Einstellung gegenüber der Co-Branding-Leistung.
H_{12}	Je geringer das Markenwissen zu mindestens einer der beteiligten Marken, desto schwächer beeinflusst der Produktkategoriefit die Einstellung gegenüber der Co-Branding-Leistung.

Tab. 3.1: Die Hypothesen im Überblick

Die abgeleiteten Zusammenhänge zwischen den Konstrukten erfahren abschließend im Ganzen eine graphische Veranschaulichung, um einen Überblick über das Wirkungsgeflecht der Konstrukte zu geben. Abbildung 3.7 liefert die Darstellung des Kausalmodells.

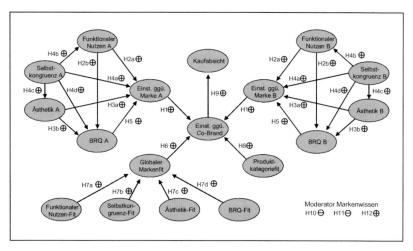

Abb. 3.7: Das Hypothesensystem im Überblick

Dieses Kausalmodell soll im vierten Kapitel mit empirischen Daten konfrontiert werden, um eine Verifizierung der aufgestellten Hypothesen zu erreichen.

4 Das Co-Branding-Modell in der Praxis

4.1 Zur gewählten Forschungsmethode

4.1.1 Wahl eines problemadäquaten Schätzverfahrens

Das Ziel der folgenden Untersuchung besteht darin, das theoretisch abgeleitete Hypothesensystem empirisch zu überprüfen. Dazu bedarf es eines mathematisch-statistischen Verfahrens, welches den Anforderungen einer verhaltenswissenschaftlichen Untersuchung mit nicht beobachtbaren Konstrukten genügt.[376] Ein Vergleich der tatsächlichen mit den geforderten Eigenschaften deckt auf, welches multivariate Analyseverfahren sich als geeignet erweist. Der dafür notwendige Kriterienkatalog umfasst nach *Ohlwein* vier Punkte.[377] Diese werden im Anschluss erst beschrieben und dann den unterschiedlichen Methoden gegenüber gestellt.

Die in Kapitel 3 beschriebenen Konstrukte entziehen sich einer direkten Messung – sind also als latent anzusehen – und müssen mittels geeigneter Indikatorvariablen operationalisiert werden. Gewissermaßen Grundvoraussetzung jedes Verfahrens ist die Fähigkeit, *kausale Relationen* zwischen solchen hypothetischen Konstrukten zu berücksichtigen.[378]

Ein zweites Kriterium ergibt sich aus der Tatsache, dass latente Phänomene mit Hilfe beobachtbarer Indikatoren erhoben werden. Es kommt dabei fast zwangsläufig zu *Messfehlern*, die größtenteils in Unzulänglichkeiten der Messinstrumente (in dieser Studie: des Fragebogens) sowie in Falschaussagen der Probanden begründet liegen.[379] Für das gewählte Verfahren ist es unerlässlich, diese Erhebungsfehler einzubeziehen, um beträchtlichen Verzerrungen der Schätzergebnisse vorzubeugen.[380] Besteht das Modell, wie im vorliegenden Fall, aus mehr als zwei Konstrukten, erhöht sich die Relevanz dieses Sachverhaltes.[381]

Das im vorangehenden Kapitel beschriebene Modell zeichnet sich durch vielfältige Beziehungen unter den Konstrukten aus, die durch die komplexe Struktur menschlichen Verhaltens bedingt sind. Derartige *Interdependenzen* zwischen Größen, welche zur Erklärung des im

---

[376] Vgl. Peter (1997), S. 142.
[377] Vgl. Ohlwein (1999), S. 220.
[378] Vgl. Ohlwein (1999), S. 219.
[379] Vgl. Bagozzi (1994), S. 26 f.
[380] Vgl. Gujarati (2003), S. 526.
[381] Vgl. Peter (1997), S. 129.

Zentrum stehenden Konstrukts beitragen, muss die gewählte Forschungsmethode schätzen können.[382]

Die letzte Anforderung betrifft die *simultane Schätzung* des aufgestellten Hypothesensystems. Nur so können alle zur Verfügung stehenden Informationen, wie die Interdependenzen zwischen den Gleichungen, in die Betrachtung eingehen – die Schätzung ist dann suffizient. Dieses simultane Vorgehen hat eine erhöhte Effizienz der Parameterbestimmung zur Folge.[383]

Tabelle 4.1 fasst die vier Kriterien für ein problemadäquates Schätzverfahren zusammen.

Kriterium	Anforderung an das Analyseverfahren
I	Kausale Beziehungen zwischen hypothetischen Konstrukten müssen berücksichtigt werden.
II	Für das Analyseverfahren ist es unerlässlich, Messfehler explizit einzubeziehen.
III	Beziehungen zwischen Größen, welche zur Erklärung des im Zentrum stehenden Konstrukts beitragen, müssen geschätzt werden können.
IV	Das Verfahren muss eine simultane Schätzung des aufgestellten Hypothesensystems ermöglichen.

Tab. 4.1: Kriterienkatalog für ein adäquates Schätzverfahren, in Anlehnung an Ohlwein (1999), S. 220.

Diese Kriterien gilt es nun den zur Analyse von Ursache-Wirkungs-Relationen geeigneten Verfahren gegenüber zu stellen. Regressionsanalytische Methoden – wie die klassische Regressionsanalyse, der Logit-Ansatz und Lineare Strukturgleichungsmodelle – kommen dazu prinzipiell in Frage.

Im Fall der klassischen *Regressionsanalyse* ist die Abbildung der Abhängigkeitsstrukturen von latenten Konstrukten nur möglich, wenn vorher die betreffenden Indikatoren zu Faktoren zusammengefasst werden.[384] Messfehler bei der Datenerhebung bleiben weitgehend unberücksichtigt.[385] Noch schwerwiegender erscheint, dass die Forderung nach der Einbeziehung von kausalen Abhängigkeiten unter den exogenen Größen der regressionsanalytischen Annahme unabhängiger Regressoren widerspricht; es läge Multikollinearität vor.[386] Das vierte Kriterium verlangt die gleichzeitige Schätzung aller Hypothesen; dies kann die Regressions-

---

[382] Vgl. Ohlwein (1999), S. 219.
[383] Vgl. Bollen (1996), S. 227; Schulze (2000), S. 611.
[384] Vgl. Dichtl/Hardock/Ohlwein/Schellhase (1997), S. 498 ff.
[385] Vgl. Homburg (1992), S. 499.
[386] Vgl. Gujarati (2003), S. 341 ff.

analyse nur im Spezialfall der Existenz einer einzigen endogenen Variable leisten.[387] Sie ist somit nicht im Stande, die geforderten Kriterien hinreichend zu erfüllen.

Dem Prinzip der Regressionsanalyse sehr ähnlich ist der *Logit*-Ansatz. Er zeichnet sich jedoch durch drei elementare Unterschiede aus:

1. Es sind bereits kategorial skalierte Regressanden ausreichend,

2. statt eines linearen Zusammenhangs zwischen der abhängigen und der unabhängigen Variable wird ein logarithmischer Verlauf angenommen und

3. zur Parameterschätzung kommt die Maximum-Likelihood- anstatt der Kleinst-Quadrat-Methode zum Einsatz.[388]

Dadurch wird es möglich, das komplette Hypothesensystem simultan zu schätzen (Kriterium 4). Allerdings vermag es dieser Ansatz nicht, die übrigen Schwächen der klassischen Regressionsanalyse zu beheben, so dass die verbleibenden drei Kriterien weiterhin nicht oder nur unzureichend erfüllt sind.[389]

Eine geeignetere Alternative zur Schätzung von Ursache-Wirkungs-Beziehungen ist in *Linearen Strukturgleichungsmodellen* zu finden Dieser häufig als *Kausalanalyse* bezeichnete Ansatz verbindet Elemente von Faktoren- und Regressionsanalyse. Die Evaluierung von Kausalbeziehungen zwischen latenten Konstrukten ist demzufolge sichergestellt. Auch den weiteren Anforderungen wird genüge geleistet: Diese Methode bezieht Messfehler explizit ein[390] und sie vermag es, Relationen zwischen Einflussgrößen des zentralen Konstruktes zu schätzen.[391] Das vierte Kriterium – die simultane Berücksichtigung aller Hypothesen – kann ebenfalls erfüllt werden.[392] Deshalb soll in dieser Arbeit die Kausalanalyse bei der Parameterschätzung zur Anwendung kommen.

---

[387] Vgl. Ohlwein (1999), S. 220.
[388] Vgl. Gujarati (2003), S. 595 ff.
[389] Vgl. Ohlwein (1999), S. 222.
[390] Vgl. Homburg/Dobratz (1998), S. 450.
[391] Vgl. Jöreskog (1982), S. 82.
[392] Vgl. Homburg/Pflesser (2000), S. 636.

4.1.2 Die Kausalanalyse und der PLS-Ansatz

Die Kausalanalyse ist ein Instrument zur Überprüfung eines theoretisch fundierten Hypothesensystems anhand von empirischen Daten. Sie ist damit den *konfirmatorischen* (hypothesenprüfenden) Verfahren zuzurechnen.[393] Ihre Anfänge nahm sie in den Bereichen Soziologie, Psychologie und Ökonometrie,[394] bevor sie in den achtziger Jahren des zwanzigsten Jahrhunderts zunehmend auch für die Marketingforschung in der angloamerikanischen sowie deutschsprachigen Literatur an Relevanz gewann.[395]

Lineare Strukturgleichungsmodelle geben dem Forscher die Möglichkeit, Abhängigkeiten zwischen nicht direkt messbaren Variablen zu schätzen.[396] Diese latenten Konstrukte müssen ihres abstrakten Charakters wegen durch beobachtbare Indikatoren operationalisiert werden.[397] *Kroeber-Riel* und *Weinberg* sehen in den Indikatorvariablen „unmittelbar messbare Sachverhalte, welche das Vorliegen der gemeinten, aber nicht direkt erfassbaren Phänomene (...) anzeigen."[398] Darin ist auch der Grund für den häufigen Einsatz der Kausalanalyse in der Konsumentenverhaltensforschung zu sehen, herrschen doch hier schwierig zu operationalisierende latente Größen vor.[399] Abbildung 4.1 stellt ein Kausalmodell mit exogenen latenten Variablen (ξ), den dazugehörigen Indikatoren (x), einem endogenen latenten Konstrukt (η) und dessen Indikatorvariablen (y) graphisch dar.

Als Schätzalgorithmen kommen zwei unterschiedliche statistische Methoden in Betracht: einerseits ein *kovarianzbasiertes*, andererseits ein *varianzbasiertes* Vorgehen.[400] Die Kovarianzstrukturanalyse ist das etabliertere der beiden Verfahren; es verdankt seinen Erfolg vor allem der frühen Verfügbarkeit des von *Jöreskog/Sörbom*[401] entwickelten Softwareprogrammes LISREL (LInear Structural RELationships), das sich auf die Maximum-Likelihood-Methode[402] stützt.[403] Weitere kovarianzbasierte Computerprogramme sind beispielsweise EQS (Equations based Language) und AMOS. Auf der anderen Seite steht mit dem von *Wold* (1966) propagierten PLS-Ansatz (Partial Least Squares) ein varianzbasiertes Schätzverfah-

---

[393] Vgl. Backhaus et al. (2003), S. 334 ; gleichwohl ist auch eine explorative Kausalanalyse denkbar, vgl. dazu Hahn (2002), S. 92 f. und Falk/Miller (1992).
[394] Vgl. Homburg (1992), S. 499.
[395] Vgl. Bagozzi (1980); Bagozzi (1982); Förster et al. (1984), S. 346 ff.; Hildebrandt (1984), S. 41 ff.
[396] Vgl. Huber et al. (2007), S. 3.
[397] Vgl. Homburg/Giering (1998), S. 114.
[398] Kroeber-Riel/Weinberg (1999), S. 31.
[399] Vgl. Homburg/Dobratz (1998), S. 450.
[400] Vgl. Huber et al. (2007), S.6.
[401] Vgl. Jöreskog/Sörbom (1978), Jöreskog/Sörbom (1981) und Jöreskog/Sörbom (1993).
[402] Zur Maximum-Likelihood-Methode vgl. Gujarati (2003), S. 114 ff.
[403] Vgl. Hahn (2002), S. 96.

ren.[404] Dabei kommt die Kleinst-Quadrat-Methode[405] in einem iterativen Prozess zum Einsatz; ohne ein übergeordnetes Optimierungskriterium zu verwenden, wird das Gesamtmodell in die einzelnen Regressionsgleichungen unterteilt und dann sukzessive geschätzt.[406] Nachfolgend werden die kovarianzbasierte *LISREL*-Analyse und der varianzbasierte *PLS*-Algorithmus auf ihre Eignung zur Schätzung des vorliegenden Modells hin überprüft und das zweckmäßigere Verfahren ausgewählt.

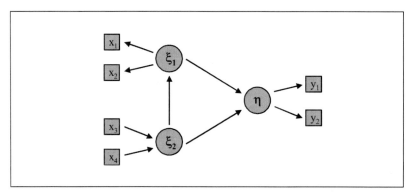

Abb. 4.1: Kausalmodell

Bei Maximum-Likelihood-Schätzungen – und somit auch beim LISREL-Ansatz – wird eine Normalverteilung der Eingangsdaten vorausgesetzt.[407] Das PLS-Verfahren kommt hingegen ohne Verteilungsannahmen aus, da diese für Kleinst-Quadrat-Algorithmen, wie für alle nichtparametrischen Verfahren, nicht erforderlich sind; außerdem benötigt PLS keine konstanten Varianzen der Residuen (Homoskedastie).[408] Es spiegelt demzufolge den tatsächlichen Wissensstand des Forschers über die Daten einer praktischen Anwendung deutlich besser wider als kovarianzbasierte Verfahren. Der PLS-Ansatz kann nicht nur umfangreichere Kausalmodelle mit entsprechend großer Zahl von Indikatoren verarbeiten, es sind dafür auch nur relativ kleine Stichprobenumfänge notwendig.[409] Im Rahmen der zugrunde liegenden Studie ist dies ein bedeutender Vorteil gegenüber LISREL. Darüber hinaus können keine unlogischen Werte (Heywood-Cases), wie beispielsweise negative Varianzen, entstehen.

---

[404] Für einen umfassenden Überblick über die Grundlagen der Methodik der PLS-Pfadanalyse und zur Abgrenzung zu anderen Schätzmethoden vgl. Huber et al. (2007).
[405] Zur Kleinst-Qaudrat-Methode bzw. OLS (Ordinary Least Squares) vgl. Gujarati (2003), S. 58 ff.
[406] Vgl. Hahn (2002), S. 103.
[407] Vgl. Gujarati (2003), S. 114.
[408] Vgl. Huber et al. (2007), S.10.
[409] Vgl. Arnett/Laverie/Meiers (2003), S. 162.

Einen noch zentraleren Punkt stellt die Fähigkeit von PLS dar, sowohl reflektive als auch formative Indikatoren vorbehaltlos zur Operationalisierung latenter Konstrukte einbinden zu können.[410] *Eggert* und *Fassott* beschreiben den Unterschied zwischen den beiden Varianten folgendermaßen: „Entscheidet sich der Forscher für ein reflektives Messmodell, so geht er von der Prämisse aus, dass die latente Variable ihre Indikatoren verursacht. (...) Hingegen unterstellt ein formatives Messmodell, dass die Indikatoren die latente Variable verursachen."[411] Bei LISREL ist die Berücksichtigung formativer Indikatorvariablen nur unter ganz bestimmten Voraussetzungen möglich.[412] Zur Überprüfung des aufgestellten Modells sind in dieser Studie mehrfach formative Messmodelle notwendig; es erscheint daher ratsam, eher zur Schätzung mit PLS zu tendieren.

Kriterien	*LISREL*	*PLS*
1. Grundlage des Ansatzes	Kovarianzstruktur	Varianzstruktur
2. Schätzalgorithmus	Maximum-Likelihood-Schätzung	Iterative Kleinst-Quadrat-Schätzungen
3. Verteilungsannahmen	Verteilungsannahme über die Indikatoren notwendig	Keine Verteilungsannahmen notwendig
4. Beziehung zw. Indikatoren und Konstrukt	Reflektiv (Formativ nur bedingt möglich)	Reflektiv und Formativ möglich
5. Stichprobengröße	Große Stichproben notwendig	Relativ kleine Stichproben ausreichend
6. Anwendungsfeld	Theorieorientiert	Praxisorientiert
7. Zielsetzung	Optimale Schätzung der Parameter	Optimale Vorhersage des Zielkonstruktes

Tab. 4.2: Vergleich zwischen LISREL und PLS, in Anlehnung an Hahn (2002), S. 107.

Letztendlich sollte man aber auch der mit der Studie verfolgten Zielsetzung und dem anvisierten Anwendungsfeld Beachtung schenken. Steht die Motivation, die Parameter der Beziehungen in einem theoriegeleiteten Kausalmodell möglichst genau zu schätzen, im Mittelpunkt des Interesses, dann sollte man zur kovarianzbasierten Analyse greifen.[413] Soll hingegen eher ein praxis- bzw. managementorientiertes als ein theorieorientiertes Ziel erreicht werden, so muss eine sehr gute Vorhersage (i.S.v. Erklärung der Veränderung) einer oder mehrerer Zielkon-

---

[410] Zur detaillierten Beschreibung der Unterscheidung von reflektiven und formativen Indikatoren sei auf Kapitel 4.1.3 verwiesen.
[411] Eggert/Fassott (2003), S. 2.
[412] Vgl. Jarvis/MacKenzie/Podsakoff (2003), S. 213 ff.
[413] Vgl. Hahn (2002), S. 107 ff.; Fornell/Cha (1994), S. 73 f.

strukte erfolgen. In diesem Fall bietet sich die varianzbasierte Kausalanalyse an.[414] Genau jene gute Erklärung der Einstellung gegenüber dem Co-Brand wird durch die vorliegende empirische Studie angestrebt; es sollen also die relevanten Einflussgrößen dieses Konstruktes identifiziert und nicht eine gänzlich neue Theorie propagiert werden. Dieser Punkt spricht ebenfalls für eine Anwendung von PLS und gegen LISREL.

Insgesamt zeigt sich PLS für die hier bestehende Problemstellung dem kovarianzbasierten LISREL deutlich überlegen und wird deshalb zum Einsatz kommen. Tabelle 4.2 fasst die wichtigsten Unterschiede zwischen den beiden Verfahren kurz zusammen.

4.1.3 Unterschiede in der Operationalisierung latenter Variablen mittels reflektiver und formativer Messmodelle

Zum besseren Verständnis der Unterschiede von reflektiven und formativen Indikatoren ist es hilfreich, zuerst die Submodelle der Kausalanalyse, nämlich das Mess- und das Strukturmodell, zu betrachten. Auf der Ebene des Strukturmodells werden die hypothetischen bzw. theoretischen Konstrukte zueinander in Beziehung gesetzt und die Kausalzusammenhänge zwischen ihnen beschrieben.[415] Da die Konstrukte des untersuchten Modells jedoch latenter Natur sind, müssen sie erst durch eine Operationalisierung mit Indikatoren empirisch fassbar gemacht werden. Diese Aufgabe leistet das Messmodell; es ist somit bei der Existenz von latenten Größen die Voraussetzung für eine Schätzung des Strukturmodells.[416] Um potenzielle Verzerrungen zu vermeiden, empfiehlt es sich, einer latenten Variablen nicht nur einen, sondern mehrere Indikatoren zuzuordnen.[417] Geht es um die Beziehung zwischen den Indikatoren und den *unabhängigen* latenten Variablen, so spricht man vom *exogenen* Messmodell; die Operationalisierung von *abhängigen* Variablen bezeichnet sich dagegen als *endogenes* Messmodell.[418] Erwähnenswert ist ferner die Eigenschaft von PLS, die Beziehungen innerhalb des Strukturmodells zu unterschätzen und gleichzeitig die Beziehungen des Messmodells zu überschätzen.[419] Durch einen Effekt, bei dem sich die Fehleinschätzungen gegenseitig

---

[414] Vgl. Huber et al. (2007), S. 13 f.
[415] Vgl. Backhaus et al. (2003), S. 336.
[416] Vgl. Backhaus et al. (2000), S. 394.
[417] Vgl. Homburg/Dobratz (1998), S. 450.
[418] Vgl. Huber/Herrmann/Kressmann/Vollhardt (2005), S. 4.
[419] Vgl. Fornell/Cha (1994), S. 66.

kompensieren, wird die ausgezeichnete Vorhersagequalität des PLS-Modells nicht beeinträchtigt.[420] Abbildung 4.2 zeigt die verschiedenen Submodelle der Kausalanalyse im Überblick.

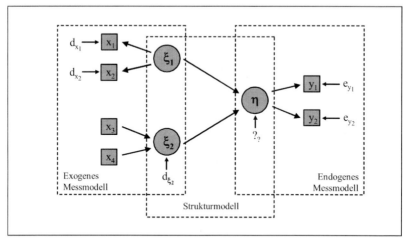

Abb. 4.2: Kausalmodell mit Struktur-/Messmodellunterscheidung und Fehlertermen

Das beschriebene Vorgehen folgt der Argumentation der wissenschaftstheoretischen *Zweisprachentheorie* nach *Carnap* (1966) und *Hempel* (1973). Im Rahmen der Kausalanalyse stellt das Strukturmodell (Ebene der Konstrukte) die *theoretische* Sprache und das Messmodell (Ebene der Indikatoren) die *empirische* Sprache dar.[421]

Wie bereits in Kapitel 4.1.2 erwähnt, gibt es zwei Wege der Operationalisierung von latenten Phänomenen: das *reflektive* und das *formative* Messmodell (effect bzw. cause indicators). Kamen in der Marketingforschung bislang fast ausnahmslos reflektive Indikatoren zur Anwendung bzw. wurde diese Problematik gänzlich vernachlässigt,[422] so setzte sich in den letzten Jahren eine sehr viel differenziertere Beschäftigung mit diesem Thema durch.[423] Wie im Folgenden gezeigt wird, ist ein korrekt spezifiziertes Messmodell für die Wahl der Gütekriterien und die Bestimmung der Indikatoren unverzichtbar.

---

[420] Vgl. Huber et al. (2007), S. 11; Fornell/Cha (1994), S. 67.
[421] Vgl. Hahn (2002), S. 94; Hildebrandt (1998), S. 95.
[422] Vgl. Eggert/Fassott (2003), S. 2.
[423] Zu den Autoren, die sich intensiv mit dieser Problematik beschäftigt haben oder explizit formative Messmodelle in ihren Studien verwendet haben, gehören: Cannon/Homburg (2001), Jarvis/MacKenzie/Podsakoff (2003), Eggert/Fassott (2003), Huber/Herrmann/Kressmann/Vollhardt (2005), Herrmann/Huber/Kressmann (2006), Huber et al. (2007).

Um die Entscheidung über die Verwendung von reflektiven oder formativen Indikatoren zu erleichtern, geben *Jarvis/MacKenzie/Podsakoff* dem Forscher einen Leitfaden zur Spezifizierung des Messmodells in Form eines vier Punkte umfassenden Kriterienkataloges an die Hand (siehe Tabelle 4.3).[424]

Kriterien	Reflektives Messmodell	Formatives Messmodell
1. Richtung der Kausalität	Vom Konstrukt zu den Indikatoren	Von den Indikatoren zum Konstrukt
2. Austauschbarkeit der Indikatoren	Indikatoren sind austauschbar	Indikatoren sind nicht austauschbar
3. Korrelation zwischen den Indikatoren	Starke Korrelation	Keine Korrelation notwendig
4. Nomologisches Netzwerk der Indikatoren	Sehr ähnliches nomologisches Netzwerk	Keine Ähnlichkeit notwendig

Tab. 4.3: Kriterienkatalog zur Spezifikation des Messmodells, in Anlehnung an Jarvis/MacKenzie/Podsakoff (2003), S. 203.

Huber et al. (2007) konnten jedoch zeigen, dass sich die Kriterien zwei bis vier nur als Folge der Erfüllung des ersten Punktes einstellen, und sie postulieren daher eine Verdichtung der Kriterien auf die Frage nach der Richtung der Kausalität.[425] Demzufolge ist eine reflektive Spezifizierung die korrekte Alternative, wenn das Konstrukt seine Indikatoren verursacht. In diesem Fall ändert sich der Wert aller Indikatoren, falls sich die latente Größe verändert. In Abbildung 4.2 stellen die Variablen x_1 und x_2 solche repräsentierenden Indikatoren der latenten Variable ξ_1 dar. Die Fehlerterme der Schätzung (δ_{x_1} und δ_{x_2}) befinden sich bei den Indikatoren. Wenn andererseits „changes in the measures are hypothesized to cause changes in the underlying construct",[426] dann liegt ein formatives Messmodell vor. Dabei kann der Anstieg eines einzigen Indikators den Anstieg der latenten Größe durch den hervorrufen; die Ausprägungen der übrigen Indikatoren können unterdessen konstant bleiben.[427] Die Indikatorvariablen besitzen determinierenden Charakter und der Fehlerterm δ_{ξ_2} ist auf der Seite des latenten Konstruktes ξ_2.

Die Festlegung auf eine der beiden Spezifikationen impliziert das weitere Vorgehen bei der Auswahl der Indikatoren. Im reflektiven Messmodell sind solche Indikatoren zu eliminieren, die nur gering mit den übrigen korreliert sind; dies beeinflusst den inhaltlichen Gehalt des

---

[424] Vgl. Jarvis/MacKenzie/Podsakoff (2003), S. 202 f.
[425] Vgl. Huber et al. (2007), S. 19 ff.
[426] Jarvis/MacKenzie/Podsakoff (2003), S. 201.
[427] Vgl. Eggert/Fassott (2003), S. 3 f.

Konstrukts nicht, da jede Indikatorvariable ein Repräsentant des latenten Konstruktes und somit austauschbar ist.[428] Bei der formativen Operationalisierung spiegeln die Indikatoren die definitorischen Facetten der latenten Größe wider und müssen untereinander nicht korreliert sein. Formative Konstruktindikatoren „can have positive, negative, or no correlation".[429] Jede Indikatorvariable beschreibt einen Teil des latenten Phänomens; die Elimination eines Indikators würde den konzeptionellen Inhalt des Phänomens verändern, weil es dann nicht mehr vollständig umschrieben wäre, und ist, soweit wie möglich, zu vermeiden.[430]

Die Wahl geeigneter Gütekriterien ist ebenfalls in Abhängigkeit von der Spezifikation des Messmodells zu treffen.[431] Reflektive und formative Operationalisierungen benötigen unterschiedliche Evaluierungskriterien. Insbesondere ist darauf zu achten, dass die interne Konsistenz, aufgrund der nicht erforderlichen Korrelation zwischen formativen Indikatoren, nicht zur Beurteilung der Güte formativer Messmodelle herangezogen werden darf.[432] Die adäquaten Gütekriterien erfahren im folgenden Kapitel eine detaillierte Darstellung.

4.1.4 Gütekriterien zur Beurteilung von PLS-Modellen

Die Evaluierung der Güte der Modellschätzung sollte anhand von Kriterien erfolgen, die eine Beurteilung der *Reliabilität* (Zuverlässigkeit) und der *Validität* (Gültigkeit) des Mess- wie auch des Strukturmodells zulassen.[433] Kommen, wie in dieser Studie, sowohl reflektive als auch formative Indikatoren zum Einsatz, muss der Forscher unterschiedlichen Gütekriterien dieser beiden Messmodelle Beachtung schenken.

Im *reflektiven* Messmodell stützt sich die Beurteilung vor allem auf die Höhe und die Signifikanz der Faktorladungen sowie die Konstruktvalidität. Die zur Einschätzung der Signifikanz benötigten t-Werte stellt das PLS-Programm über die Prozeduren Bootstrapping und Jackknifing zur Verfügung.[434] Das Bootstrapping generiert dabei einen geringeren Standardfehler und sollte dem Jackknifing vorgezogen werden.[435] Auch die Plausibilität der Faktorwerte (v.a. der Vorzeichen) sollte der Anwender beachten. Das auf *Cronbach/Meehl* (1955) zurückgehende,

---

[428] Vgl. Eggert/Fassott (2003), S. 5.
[429] Bollen/Lennox (1991), S.307.
[430] Vgl. Jarvis/MacKenzie/Podsakoff (2003), S. 201; Eggert/Fassott (2003), S. 6.
[431] Vgl. Hulland (1999), S 201.
[432] Vgl. Rossiter (2002), S. 307 f.
[433] Vgl. Hildebrandt (1998), S. 87 und Huber et al. (2007), S. 35
[434] Vgl. Hahn (2002), S. 105.
[435] Vgl. Huber et al. (2007), S. 35.

sehr anspruchsvolle Kriterium der *Konstruktvalidität* gibt an, wie gut sich die gewählte Operationalisierung zur Messung des latenten Konstruktes eignet.[436] Um den Nachweis von Konstruktvalidität zu erbringen, ist „die verbundene Prüfung der Konvergenz von Messungen des gleichen Konstrukts (*Konvergenzvalidität*) und der Diskriminierungsfähigkeit der Messmodelle (*Diskriminanzvalidität*)"[437] erforderlich. Zur Bewertung der Diskriminanzvalidität[438] eignet sich das Fornell-Lacker-Kriterium; die Konvergenzvalidität[439] ermittelt man über die durchschnittlich erfasste Varianz (DEV) sowie die Konstruktreliabilität.[440] Diesen Gütekriterien liegen ebenfalls die Werte der Faktorladungen zugrunde. *Stone-Geisser* stellt mit dem Q^2 ein Instrument zur Evaluierung der Vorhersagevalidität des Messmodells zur Verfügung, das die Prognose durch die gewählten Indikatoren mit einer trivialen Vorhersage durch die Mittelwerte der Indikatoren vergleicht. Von Vorhersagerelevanz kann man dann ausgehen, wenn das Q^2 einen Wert von größer Null annimmt und somit eine größere Vorhersagekraft als das triviale Modell besitzt.[441] Liegt Unidimensionalität der Operationalisierung vor, dann lassen sich die Indikatoren eindeutig und überschneidungsfrei einem Konstrukt zuordnen. Sie sollen nur auf das zugehörige und nicht auf die übrigen Konstrukte eine hohe Ladung aufweisen. Dies lässt sich mit Hilfe der im Rahmen einer konfirmatorischen Faktorenanalyse berechneten Kreuzladungen überprüfen.[442] Die kritischen Werte der beschriebenen Gütekriterien sind in Tabelle 4.4 zusammengestellt.

Erfolgt die Operationalisierung auf *formative* Art, so stehen Validitätsmaße im Mittelpunkt der Beurteilung. Die Reliabilität der Schätzparameter des formativen Messmodells findet nur im zugehörigen t-Wert (Signifikanz) Beachtung, da sie nicht anhand der Zuverlässigkeit bewertet werden kann, mit der die Indikatoren die latente Größe erklären. Die Evaluierung der Konstruktvalidität beschränkt sich auf den Aspekt der Diskriminanzvalidität; sie lässt sich mit Hilfe der Korrelationsmatrix der berechneten Konstruktwerte bemessen. Die Höhe der Schätzparameter dient als Zeichen für die Vorhersagevalidität des Modells.[443] Um eine mögliche Multikollinearität unter den Indikatoren eines Konstruktes aufzudecken, sollte der Variance Inflation Factor (VIF) berechnet werden; wird ein großer Teil der Varianz eines Indika-

---

[436] Vgl. Hildebrandt (1998), S. 89 ff.
[437] Hildebrandt (1998), S. 91.
[438] Diskriminanzvalidität beschreibt den Grad, zu dem sich Operationalisierungen von unterschiedlichen latenten Konstrukten unterscheiden; vgl. Homburg/Giering (1998), S. 118.
[439] Konvergenzvalidität beschreibt den Grad, zu dem verschiedene Operationalisierungen des gleichen latenten Konstruktes übereinstimmen; vgl. Homburg/Giering (1998), S. 117.
[440] Synonym zur Konstruktreliabilität wird auch von der Faktorreliabilität gesprochen.
[441] Vgl. Fornell/Cha (1994), S. 73.
[442] Vgl. Huber et al. (2007), S. 37.
[443] Vgl. Huber et al (2007), S. 38 f.

tors durch die übrigen Indikatoren des gleichen Konstruktes erklärt, dann nimmt er einen hohen Wert an und die Wahrscheinlichkeit für das Vorliegen von Multikollinearität steigt an.[444] Die kritischen Werte sind wiederum in Tabelle 4.4 aufgeführt.

Gütekriterien	Reflektives Messmodell	Formatives Messmodell
I. Faktorladungen I.1 Höhe der Ladung I.2 t-Wert	> 0,8 > 1,66 (einseitiger Test)	Irrelevant > 1,98 (zweiseitiger Test)
II. Konstruktvalidität II.1 Diskriminanzvalidität II.2 Konvergenzvalidität	Fornell-Larcker-Kriterium DEV > 0,6 Konstruktrel. > 0,7	Konstruktkorrelationen < 0,9 (Nicht möglich) (Nicht möglich)
III. Vorhersagevalidität	Stone-Geissers Q^2 (Kommunalität) > 0	(Nicht möglich)
IV. Unidimensionalität	Niedrige Kreuzladungen	(Nicht möglich)
V. Multikollinearität	(Nicht möglich)	VIF < 10

Tab. 4.4: Gütekriterien für Messmodelle der PLS-Analyse, in Anlehnung an Huber et al. (2007), S. 45.

Nachdem der Forscher die Schätzung auf Messmodellebene überprüft hat, kann er die Beziehungen des *Strukturmodells* einer genaueren Betrachtung unterziehen. Die Signifikanz der Strukturparameter – ermittelt über die t-Werte der Bootstrapping-Prozedur – zeigt auf, ob zwischen den hypothetischen Konstrukten eine signifikante Beziehung besteht. Ist dies der Fall, dann gibt die Höhe des Pfadkoeffizienten die Stärke des Einflusses eines Konstrukts auf ein nachfolgendes Konstrukt an. Wie gut die Varianz einer Größe durch die kausal vorgeschalteten Konstrukte erklärt wird, ist anhand des Determinationskoeffizient R^2 ersichtlich. Den Grad an Multikollinearität zwischen jenen vorgeschalteten Größen wird mithilfe des Variance Inflation Factor ermittelt. Zu diesem Zweck werden konkrete Werte für die betroffenen Konstrukte berechnet und, analog zum Vorgehen auf Messmodellebene, die Erklärungskraft der vorgelagerten Größen eines endogenen Konstruktes untereinander bestimmt.[445] Zwar besteht in PLS kein für das Gesamtmodell gültiges, globales Gütekriterium,[446] dennoch kann man die gemeinsame Vorhersagevalidität des Mess- und des Strukturmodells ermitteln. Dazu ist für reflektiv spezifizierte, endogene Konstrukte das Q^2 nach Stone-Geisser eine geeignete

---

[444] Vgl. Gujarati (2003), S. 362.
[445] Vgl. Huber et al. (2007), S. 43.
[446] Vgl. Hulland (1999), S 202.

Kenngröße.[447] In der vorliegenden Studie betrifft dies die Konstrukte Einstellung gegenüber Co-Brand/Marke A/Marke B, Kaufabsicht, BRQ und Funktionaler Nutzen. Eine Übersicht der kritischen Werte liefert Tabelle 4.5.

Gütekriterien	Strukturmodell
I. Strukturparameter I.1 Höhe der Strukturparameter I.2 t-Wert	(keine Vorgabe) > 1,98 (zweiseitiger Test)
II. Determinationskoeffizient R^2	> 0,3
III. Multikollinearität	VIF < 10
IV. Vorhersagevalidität (bzgl. endogener reflektiver Konstrukte)	Stone-Geissers Q^2 (Redundanz) > 0

Tab. 4.5: Gütekriterien für Strukturmodelle der PLS-Analyse, in Anl. an Huber et al. (2007), S. 45.

Anhand der in diesem Kapitel vorgestellten Prüfkriterien kann die Güte der Mess- und Strukturmodellschätzung, welche Gegenstand der folgenden Abschnitte sein wird, evaluiert werden.

4.2 Erhebung der Untersuchungsdaten

4.2.1 Design der Untersuchung

4.2.1.1 Auswahl der Untersuchungsobjekte

Zur Überprüfung des aufgestellten Kausalmodells und zur Verifizierung der theoretisch abgeleiteten Hypothesen werden empirische Daten benötigt. Die Daten für die vorliegende Untersuchung ergaben sich aus einer Befragung von Auskunftspersonen – es handelt sich damit um Primärdaten. Dazu erfolgt in einem ersten Schritt die *Auswahl der Untersuchungsobjekte*, welche die Probanden in der Befragung bewerten sollen.

Die Untersuchungsobjekte dieser Studie sind Co-Branding-Leistungen, die zwei Marken in Zusammenarbeit konzipiert haben. Die vorliegende Untersuchung beschränkt sich auf den Bereich der Gebrauchsgüter. Geeignete Marken sollten demnach aus diesem Bereich stammen und ihre Waren in Produktkategorien anbieten, welche allgemein bekannt sind und mit denen eine große Zahl an Menschen in Kontakt gekommen ist. Die Wahl fiel auf die Kategorien

---
[447] Vgl. Fornell/Cha (1994), S. 72 f.

Mobiltelefone, Digitalkameras sowie *Sport- und Lifestyleartikel*. Geeignete Marken sollten Produkte in diesen Produktkategorien anbieten und wiederum möglichst vielen Probanden bekannt sein, da bei unbekannten Marken keine Bewertung möglich ist. Eine zweite wichtige Anforderung sollte in Hinblick auf ein Forschungsziel dieser Studie erfüllt sein. Um den Einfluss der moderierenden Variablen ‚Markenwissen' zu evaluieren, soll hier ein Vergleich zwischen Marken, zu denen ein signifikant unterschiedliches Markenwissen besteht, stattfinden. Dazu sollte bei der Auswahl der Marken darauf geachtet werden, möglichst Marken, mit denen die Konsumenten unterschiedlich viel Wissen verbinden, auszusuchen. Neben den Marken Nokia (Mobiltelefone) und Puma (Sport- und Lifestyleartikel), über welche die Konsumenten ein vermeintlich hohes Wissen besitzen, wurde deshalb als dritte Marke Medion ausgewählt. Zur Absicherung des angenommenen Wissensstandes erfolgte eine Vorstudie mit einer Befragung von 25 Personen im Vorfeld der eigentlichen Datenerhebung. Die Ergebnisse dieser Vorstudie stützen die Prognose des Markenwissens zu den einzelnen Marken. Bei Medion kann von einer hohen Bekanntheit ausgegangen werden, so dass eine Bewertung der Marke möglich ist, gleichzeitig ist jedoch das Markenwissen bezüglich Medion, wie gefordert, geringer als bei Nokia und Puma.[448]

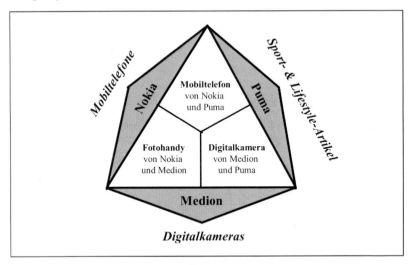

Abb. 4.3: Auswahl der Untersuchungsobjekte

---

[448] Die Medion AG ist ein Anbieter für Elektronik-Waren (u.a. Digitalkameras), der seine Produkte vor allem über Elektronik- (z. B. Media-Markt) und Supermärkten (z. B. Real, Aldi) vertreibt; es handelt sich dabei also *nicht* um eine Handelsmarke; http://www.medion.de.

Aus den drei gewählten Marken ergeben sich durch Kombination drei verschiedene, fiktive Co-Branding-Produkte: ein *Mobiltelefon von Nokia und Puma*, eine *Digitalkamera von Medion und Puma* und ein *Mobiltelefon ('Fotohandy') von Nokia und Medion*. Die gewählten Untersuchungsobjekte sind in Abbildung 4.3 dargestellt.

4.2.1.2 Online-Befragung

Die Datengewinnung kann durch unterschiedliche Erhebungsmethoden erfolgen, wie beispielsweise einer schriftlichen, einer mündlichen, einer Telefon- oder einer Online-Befragung. Die Entscheidung zur Verwendung der Online-Befragung in dieser Studie basiert auf einer Abwägung der Vor- und Nachteile dieses Verfahrens.

Eine *Online-Befragung* zeichnet sich dadurch aus, dass sie im World Wide Web (www) online ausgefüllt wird,[449] und grenzt sich damit von einer Email-Befragung ab.[450] Sie ermöglicht die Generierung von großen Datenmengen bei vergleichsweise geringem Aufwand bezüglich Kosten und Zeit; die Kosten sind weitestgehend unabhängig von der Anzahl der Datensätze und entstehen hauptsächlich durch die Programmierung des Online-Fragebogens (sie sind demzufolge Fixkosten in Bezug auf die Größe der Stichprobe).[451] Interviewerkosten entstehen bei einer Online-Befragung nicht. Die Dauer der Feldphase verkürzt sich – vor allem im Vergleich zu einer schriftlichen Befragung – erheblich.[452] Es kann von einer höheren Validität ausgegangen werden, da es nicht zu einem Interviewer-Effekt kommt.[453] Eine Studie von Batinic (2001) lässt eine ähnlich hohe Reliabilität wie bei den traditionellen Verfahren vermuten.[454] Alle Daten kann der Initiator der Umfrage ohne Medienbruch weiterverarbeiten, was Fehler bei der Dateneingabe ausschließt. Auch kann die gewählte Software während der Befragung automatisch auf fehlende Angaben oder unbeabsichtigte Falschantworten hinweisen, so dass nur vollständig ausgefüllte und plausible Datensätze in die Analyse eingehen. Aufgrund dieser Vorteile nehmen die Autoren die Unzulänglichkeiten dieses Ansatzes, die haupt-

---

[449] Daher auch die alternative Bezeichnung www-Befragung.
[450] Vgl. Starsetzki (2001), S. 43 f.
[451] Vgl. Zerr (2001), S. 12.
[452] Vgl. Batinic (2001), S. 125 f.
[453] Vgl. Zerr (2001), S. 12 ff.
[454] Vgl. Batinic (2001), S. 115 ff.

sächlich in einer geringeren Repräsentativität sowie in unsorgfältig oder bewusst falsch ausgefüllten Fragebogenliegen, in Kauf.[455]

4.2.1.3 Aufbau der Befragung

Der verwendete Online-Fragebogen begann mit einer Einleitung, in welcher der Proband über den Gegenstand der Untersuchung (Studie über Markenprodukte) informiert wurde und die Anonymität der Befragung versichert wurde. Hier eröffnete sich dem Teilnehmer auch die Möglichkeit, mit den Forschern in Kontakt zu treten. Die Dauer der Befragung war auf ca. 10-15 Minuten angelegt, wozu ebenfalls ein Hinweis in der Einleitung enthalten war. Die Teilnehmermotivierung erfolgte durch zwei Maßnahmen. Erstens wurde ein Incentive (Bereitstellung eines BMW-Cabrios für ein Wochenende) verlost, auf das in der Einleitung hingewiesen wurde und an dessen Verlosung der Befragte im Anschluss an das Ausfüllen des Fragebogens teilnehmen konnte. Zweitens beinhaltet der Fragebogen eine Fortschrittsanzeige, um dem Teilnehmer die verbleibende Dauer der Befragung zu signalisieren.

Im Hauptteil des Online-Fragebogens erfolgte die Abfrage anhand der Indikatoren, die zur Operationalisierung der latenten Modellkonstrukte abgeleitet wurden.[456] Die Bewertung der als Aussagen formulierten Indikatoren erfolgte über siebenstufige Likert-Skalen. Die Einteilung der Skalen in sieben Ausprägungen bietet einen guten Kompromiss zwischen hoher Reliabilität (wenige Skalenpunkte) und hoher Validität bzw. großer Varianz der Daten (viele Skalenpunkte). Der erste Fragenkomplex bezog sich auf die Bekanntheit der drei abgefragten Marken, so dass Fragen über dem Probanden unbekannte Marken im weiteren Verlauf der Befragung automatisch ausgeblendet werden konnten. Solche Datensätze gingen nicht in die endgültige Betrachtung ein. Vor den Fragen, die mit den Co-Branding-Produkten in Zusammenhang standen (Bewertung des Co-Brands und des Marken- bzw. Produktkategoriefits; Kaufabsicht), stand eine kurze Beschreibung des Co-Brandings. Jeder Proband hat alle drei Co-Brands bewertet; auf diese Weise konnten mit jedem Befragten die Daten für drei Kausalmodelle (Modell 1: Nokia-Puma; Modell 2: Medion-Puma; Modell 3: Nokia-Medion) generiert werden. Den Schlussteil des Fragebogens bildeten Fragen zu soziodemographischen Merkmalen der Auskunftspersonen.

---

[455] Vgl. Batinic (2001), S. 119.
[456] Vgl. Kapitel 4.3.

4.2.2 Angaben zu den Auskunftspersonen

4.2.2.1. Allgemeine Angaben zur Stichprobe

300 Personen erhielten per Email die Aufforderung zur Teilnahme an der Befragung und einen Link zur Internetseite des Online-Fragebogens. Die angeschriebenen Personen stammten überwiegend aus dem Rhein-Main-Gebiet. Nach zehn Tagen hatten 180 Teilnehmer den Fragebogen ausgefüllt, was einer Antwortquote von 60 Prozent entspricht. 21 Auskunftspersonen kannten mindestens eine der abgefragten Marken nicht und beantworteten aus diesem Grund nur einen Teil der vorgesehenen Fragen; ihre Antworten konnten deshalb nicht zur Datenanalyse verwendet werden. Somit gingen 159 Datensätze in die endgültige Betrachtung ein. Auf diese Weise entstand für jedes der drei Co-Brandings ein Kausalmodell mit einem Stichprobenumfang von n = 159.

Die an der Befragung teilnehmenden Personen ('Respondents') unterscheiden sich dabei nicht von den nicht antwortenden Befragten ('Non Respondents') hinsichtlich bestimmter, den Untersuchungsgegenstand betreffender Merkmale. Ein Vergleich zwischen den interessierenden Angaben der Personen, die den Fragebogen in den ersten zwei Tagen und denen, die diesen erst nach neun bis zehn Tagen zurücksandten, ergab keine signifikanten Unterschiede.

4.2.2.2 Soziodemographische Auswertung

Um einen Überblick über die Zusammensetzung und Struktur der Stichprobe zu erhalten, ist es notwendig, die soziodemographischen Kenngrößen der Auskunftspersonen auszuwerten.

Die Stichprobe bestand zu jeweils ungefähr der Hälfte aus weiblichen und männlichen Probanden. 82 Teilnehmerinnen standen 77 Teilnehmer gegenüber. Das Durchschnittsalter aller Auskunftspersonen betrug 26,4 Jahre (s = 4,6 Jahre). Die Spannweite reichte von 19 bis 56 Jahren. Tabelle 4.6 stellt die soziodemographischen Kenngrößen der Auskunftspersonen tabellarisch dar.

Bevor die Quantifizierung der Modellbeziehungen im Strukturmodell erfolgen kann, müssen die latenten Konstrukte mit messbaren Indikatoren operationalisiert werden. Diese Operationalisierung schließt die Beurteilung der Güte des gewählten Messinstrumentariums ein und erfolgt in Kapitel 4.3.

Merkmal	Merkmals-ausprägung	Häufigkeit Absolut	Prozentual
Geschlecht	Weiblich	82	51,57 %
	Männlich	77	48,43 %
Alter	18-20	7	4,40 %
	21-25	77	48,43 %
	26-30	56	35,22 %
	Über 30	19	11,95 %
	Durchschnittsalter	26,4 Jahre (s = 4,6 J.)	
	Spannweite	19 – 56 Jahre	

Tab. 4.6: Soziodemographische Kenngrößen der Auskunftspersonen

4.3 Operationalisierung der Modellkonstrukte

4.3.1 Einstellung zum Co-Brand

Osgood/Suci/Tannenbaum stellten 1957 mit dem Semantischen Differential ein Instrument zur Messung der Einstellung von Personen bereit; dabei werden auf einer Skala entgegengesetzte Eigenschaftsworte, wie beispielsweise ‚gut – schlecht' in Bezug auf das Einstellungsobjekt bewertet.[457]

Auf diesem Prinzip basiert die Operationalisierung der Einstellung gegenüber der Co-Branding-Leistung – wie auch der globalen Markeneinstellung im weiteren Verlauf – in der vorliegenden Untersuchung. Die Wahl der Eigenschaftsworte orientiert sich an empirischen Studien zum Co-Branding, die ebenfalls auf diese Form der Operationalisierung zurückgegriffen haben. In der Untersuchung von *Simonin/Ruth* (1998) bzw. *Lafferty/Goldsmith/Hult* (2004) verwenden die Autoren jeweils die drei Indikatoren ‚bad –good', ‚negative – positive' und ‚unfavorable – favorable'.[458] Diese Indikatoren gehen in der deutschen Übersetzung von *Baumgarth* (2003) in das Messmodell ein.[459] Dabei erfolgt die Abfrage als (positiv) formulierte Aussage über das Co-Branding, zu welcher der Befragte den Grad seiner Zustimmung ausdrücken kann.

Aufgrund der in Kapitel 4.1.3 beschriebenen Auswirkungen der Spezifizierung des Zusammenhanges zwischen Indikator und Konstrukt auf die Güteurteilung und die Auswahl der

---
[457] Vgl. Osgood/Suci/Tannenbaum (1978), S. 189 ff.
[458] Vgl. Simonin/Ruth (1998), S. 35; Lafferty/Goldsmith/Hult (2004), S. 518 f.
[459] Vgl. Baumgarth (2003), S. 288.

Indikatoren, sollte die Entscheidung für ein reflektives oder ein formatives Messmodell besonderes aufmerksam erfolgen. Jeder einzelne der oben abgeleiteten Indikatoren repräsentiert das Konstrukt der Einstellung gegenüber der Co-Branding-Leistung und verändert sich bei einer Variation des Konstruktwertes. Damit ist hier ein *reflektives* Messmodell angebracht.

Die geschätzten Faktorladungen und Signifikanzwerte liegen für alle drei Modelle (Modell 1: Nokia-Puma; Modell 2: Medion-Puma; Modell 3: Nokia-Medion) im unkritischen Bereich. Die Faktorladungen sind positiv, signifikant und größer als 0,8 (siehe Tabelle 4.7).

	Indikatoren	Faktorladung	t-Wert
Nokia-Puma	Indikator 1: Das neue Produkt ist positiv.	0,956	109,567
	Indikator 2: Das neue Produkt ist vorteilhaft.	0,957	107,060
	Indikator 3: Das neue Produkt ist gut.	0,947	82,418
Medion-Puma	Indikator 1: Das neue Produkt ist positiv.	0,961	133,527
	Indikator 2: Das neue Produkt ist vorteilhaft.	0,964	114,563
	Indikator 3: Das neue Produkt ist gut.	0,963	114,410
Nokia-Medion	Indikator 1: Das neue Produkt ist positiv.	0,972	160,046
	Indikator 2: Das neue Produkt ist vorteilhaft.	0,978	224,731
	Indikator 3: Das neue Produkt ist gut.	0,974	172,123

Tab. 4.7: Operationalisierung der Einstellung zum Co-Brand

Als weitere Gütekriterien für ein reflektives Messmodell wurden in Kapitel 4.1.4 die Konstruktvalidität (Diskriminanz- und Konvergenzvalidität), die Vorhersagevalidität und die Unidimensionalität vorgestellt. Das Fornell-Larcker-Kriterium ist für alle drei Modelle erfüllt und deutet auf Diskriminanzvalidität hin. Die Kriterien zur Überprüfung der Konvergenzvalidität werden gleichfalls deutlich erfüllt. Das Q^2 nach Stone-Geisser liegt jeweils über Null, wodurch das Messmodell Vorhersagevalidität aufweist. Die Überprüfung der Unidimensionalität der Messung kommt ebenfalls zu einem positiven Ergebnis. Tabelle 4.8 umfasst alle Gütekriterien im Überblick. Die kritischen Werte der Prüfkriterien sind in Tabelle 4.4 in Kapitel 4.1.4 aufgelistet.

Gütekriterien	Nokia-Puma	Medion-Puma	Nokia-Medion
I. Konstruktvalidität I.1 Diskriminanzvalidität Fornell-Larcker-Kriterium	Erfüllt	Erfüllt	Erfüllt
I.2 Konvergenzvalidität DEV Konstruktreliabilität	0,909 0,968	0,926 0,974	0,950 0,983
II. Vorhersagevalidität Stone-Geissers Q^2	0,745	0,773	0,815
III. Unidimensionalität	Erfüllt	Erfüllt	Erfüllt

Tab. 4.8: Gütekriterien der Operationalisierung der Einstellung zum Co-Brand

4.3.2 Markeneinstellung

Zur Messung des Konstruktes der globalen Markeneinstellung findet das gleiche, als reliabel und valide getestete, Instrumentarium wie zur Operationalisierung der Einstellung gegenüber der Co-Branding-Leistung Verwendung.[460] Die Operationalisierung bezieht sich damit wiederum auf die Arbeit von *Osgood/Suci/Tannenbaum* (1978), die in verschiedenen Studien der Co-Branding-Forschung die Grundlage für die angewendeten Messmodelle bildete.[461] Wie bereits in Kapitel 4.3.1 gezeigt, unterstellt diese Art der Operationalisierung einen *reflektiven* Zusammenhang zwischen den Indikatoren und dem Konstrukt.

Das gewählte Instrumentarium gilt es bezüglich jeder der drei abgefragten Marken anhand der Prüfkriterien für reflektive Operationalisierungen zu evaluieren. Es ergibt sich eine deutliche Erfüllung der Anforderungen an die Faktorladungen und deren Signifikanzwerte (siehe Tabelle 4.9).

Die Beurteilung des Messmodells mittels der weiteren Prüfkriterien bestätigt die Güte der unterstellten Operationalisierung; bei keiner der drei Marken wird einer der kritischen Werte überschritten. Tabelle 4.10 enthält die Auflistung der Prüfwerte für alle Marken.

---

[460] Vgl. Kapitel 4.3.1.
[461] Vgl. Osgood/Suci/Tannenbaum (1978), S. 189 ff.; Simonin/Ruth (1998), S. 35; Lafferty/Goldsmith/Hult (2004), S. 518; Baumgarth (2003), S. 288.

Das Co-Branding-Modell in der Praxis 97

	Indikatoren	Faktorladung	t-Wert
Nokia	Indikator 1: Insgesamt beurteile ich die Marke positiv.	0,969	148,270
Nokia	Indikator 2: Insges. beurteile ich die Marke vorteilhaft.	0,966	150,091
Nokia	Indikator 3: Insgesamt beurteile ich die Marke gut.	0,962	98,264
Puma	Indikator 1: Insgesamt beurteile ich die Marke positiv.	0,971	154,170
Puma	Indikator 2: Insges. beurteile ich die Marke vorteilhaft.	0,966	129,021
Puma	Indikator 3: Insgesamt beurteile ich die Marke gut.	0,971	164,975
Medion	Indikator 1: Insgesamt beurteile ich die Marke positiv.	0,975	171,985
Medion	Indikator 2: Insges. beurteile ich die Marke vorteilhaft.	0,962	115,736
Medion	Indikator 3: Insgesamt beurteile ich die Marke gut.	0,976	196,963

Tab. 4.9: Operationalisierung der globalen Markeneinstellungen

Gütekriterien	Nokia	Puma	Medion
I. Konstruktvalidität			
I.1 Diskriminanzvalidität			
Fornell-Larcker-Kriterium	Erfüllt	Erfüllt	Erfüllt
I.2 Konvergenzvalidität			
DEV	0,933	0,940	0,943
Konstruktreliabilität	0,977	0,979	0,980
II. Vorhersagevalidität			
Stone-Geissers Q^2	0,786	0,798	0,803
III. Unidimensionalität	Erfüllt	Erfüllt	Erfüllt

Tab. 4.10: Gütekriterien der Operationalisierung der globalen Markeneinstellungen

4.3.3 Dimensionen der Markeneinstellung

4.3.3.1 Funktionaler Nutzen

Um die Vergleichbarkeit zwischen den einzelnen Marken zu wahren, ist bei der Operationalisierung der Markeneinstellungsdimensionen darauf zu achten, für alle Marken das gleiche Messinstrumentarium zu verwenden. Häufig besteht das Vorgehen zur Messung der funktionalen Dimension in der Bewertung kategoriespezifischer Eigenschaften durch den Probanden.[462] Der Funktionale Nutzen der Marken dieser Untersuchung, die ihre Produkte in unterschiedlichen Produktkategorien anbieten, erwächst jedoch aus differierenden Produkteigenschaften. Da für jede Marke verschiedene Attribute entscheidungsrelevant sind, kann keine gemeinsame Messskala gefunden werden und das Messmodell muss auf andere Art spezifiziert werden.

In Kapitel 2.2.2.2 wurde gezeigt, dass der Funktionale Nutzen nach Herrmann (1998) gewissermaßen die funktionale Qualität verkörpert.[463] Dies steht in Einklang mit den Begriffsauffassungen des Deutschen Institutes für Normung (DIN) sowie der Deutschen Gesellschaft für Qualität e.V.[464] Mit Hilfe von Skalen zur Messung der wahrgenommenen Qualität wird es möglich, ein kategorieübergreifendes Messinstrumentarium für den Funktionalen Nutzen zu erhalten. In dieser Studie kommt das fünf Indikatorvariablen umfassende Modell zur Messung der wahrgenommenen Qualität von *Dodds/Monroe/Grewal* (1991) zum Einsatz.[465] Allerdings findet eine leichte Anpassung dieses Instrumentariums statt: aufgrund der großen Ähnlichkeit der beiden Indikatoren ‚Reliable' und ‚Dependable' in der deutschen Übersetzung (entspricht jeweils in etwa dem Wort ‚zuverlässig') erfolgt eine Verdichtung dieser beiden Variablen zu einem Indikator. Damit entspricht das Messmodell der vorliegenden empirischen Studie exakt dem vierteiligen Messinstrumentarium zur Produktbeurteilung von *Chao* (1993).[466]

Es handelt sich hierbei um eine *reflektive* Operationalisierung, da jeder einzelne Indikator das Konstrukt widerspiegelt und die Kausalität eindeutig vom Konstrukt in Richtung Indikatorvariablen verläuft. Verändert sich der Konstruktwert, so hat dies Auswirkungen auf alle Items. Tabelle 4.11 enthält die vier Indikatoren und belegt die deutliche Erfüllung der Anforderungen an Faktorladungen und Signifikanzen aller Indikatoren für die drei Marken.

Die geforderten Werte für die Konstruktvalidität, die Vorhersagevalidität und die Unidimensionalität können für alle drei Marken eingehalten werden (siehe Tabelle 4.12). Somit ergibt sich der Beleg für die Eignung des gewählten Messinstrumentariums zur Operationalisierung des Funktionalen Nutzens.

---

[462] Vgl. z. B. Kressmann/Herrmann/Huber/Magin (2003), S. 408.
[463] Vgl. auch Herrmann (1998), S. 162.
[464] Vgl. Bezold (1996), S. 38.
[465] Vgl. Dodds/Monroe/Grewal (1991), S. 318.
[466] Vgl. Chao (1993), S. 298.

Indikatoren		Faktorladung	t-Wert
Nokia	Ind. 1: Die Produkte von Nokia sind exzellente Wertarbeit.	0,868	27,964
	Ind. 2: Die Produkte von Nokia sind sehr zuverlässig.	0,949	116,114
	Ind. 3: Die Produkte von Nokia sind sehr haltbar.	0,904	51,039
	Ind. 4: Die Produkte von Nokia haben eine hohe Qualität.	0,929	58,001
Puma	Ind. 1: Die Produkte von Puma sind exzellente Wertarbeit.	0,921	49,541
	Ind. 2: Die Produkte von Puma sind sehr zuverlässig.	0,953	82,890
	Ind. 3: Die Produkte von Puma sind sehr haltbar.	0,953	104,746
	Ind. 4: Die Produkte von Puma haben eine hohe Qualität.	0,959	121,896
Medion	Ind. 1: Die Produkte von Medion sind exzellente Wertarbeit	0,910	55,163
	Ind. 2: Die Produkte von Medion sind sehr zuverlässig.	0,949	107,772
	Ind. 3: Die Produkte von Medion sind sehr haltbar.	0,938	95,866
	Ind. 4: Die Produkte von Medion haben eine hohe Qualität.	0,940	96,236

Tab. 4.11: Operationalisierung des Funktionalen Nutzens

Gütekriterien	Nokia	Puma	Medion
I. Konstruktvalidität			
I.1 Diskriminanzvalidität			
Fornell-Larcker-Kriterium	Erfüllt	Erfüllt	Erfüllt
I.2 Konvergenzvalidität			
DEV	0,833	0,896	0,873
Konstruktreliabilität	0,952	0,972	0,965
II. Vorhersagevalidität			
Stone-Geissers Q^2	0,695	0,790	0,754
III. Unidimensionalität	Erfüllt	Erfüllt	Erfüllt

Tab. 4.12: Gütekriterien der Operationalisierung des Funktionalen Nutzens

4.3.3.2 Ästhetik

Um die Gegebenheiten der Untersuchung ausreichend zu berücksichtigen und da in der Literatur kein Messinstrumentarium existiert, das die definitorischen Aspekte des Ästhetik-Konstruktes aus Kapitel 2.2.2.3 exakt widerspiegeln kann, erfolgte die Generierung eines neuen Instrumentariums. Dies geschah mithilfe einer Expertenbefragung vor dem Hintergrund des definitorischen Rahmens des Begriffes Ästhetik.

Die Definition der Ästhetik einer Marke als Summe der ästhetischen Komponenten der angebotenen Leistungen erfolgte in Kapitel 2.2.2.3. Es wurde eine multisensorische Sichtweise vertreten, nach der alle für eine bestimmte Produktart relevanten Reize einen Teil der Markenästhetik darstellen.

Unter einer *Expertenbefragung* versteht man eine qualitative Befragung von Experten; Experten sind Personen, die sich durch *fachliche Autorität* auszeichnen und deren Wissen für eine *Mehrzahl von Fällen* Gültigkeit besitzt.[467] Als Experten wurden *Philipp von Rohden* und *Christina Poth* von der *Zitromat Graphik- und Designagentur* in Berlin ausgewählt. Für die betrachteten Produktkategorien nannten sie *visuelle* und *haptische* Reize als relevante Eindrücke; den visuellen Stimuli wiesen sie dabei die größte Bedeutung zu. Diese Erkenntnis ist konsistent zu der Meinung von *Schmitt/Simonson* (2001), die, unter Bezug auf einen Grundsatz von *Aristoteles* („Jede Wahrnehmung beginnt mit dem Auge"), ebenfalls den optischen Reizen den größten Einfluss zuschreiben.[468] Die Experten identifizierten daraufhin vier verschiedene Dimensionen der Ästhetik der vorliegenden Marken. Diese Dimensionen sind in Tabelle 4.13 dargestellt.

Dimensionen der Markenästhetik	Art des Reizes
1. Formgebung	Visuell
2. Farbgestaltung	Visuell
3. Materialanmutung	Visuell
4. Haptik	Haptisch

Tab. 4.13: Dimensionen der Markenästhetik

Jede Dimension geht bei der Operationalisierung als ein Indikator für die Messung der Ästhetik ein. Demzufolge beeinflussen die einzelnen Indikatoren den Wert des Konstruktes Ästhetik. Ändert sich die Ausprägung einer Indikatorvariablen, so können die übrigen davon unbeeinflusst bleiben; hingegen variiert der Konstruktwert mit jeder Veränderung eines Indikators. Somit liegt ein *formatives* Messmodell zugrunde.

---

[467] Vgl. Baumgarth (2003), S. 101.
[468] Vgl. Schmitt/Simonson (2001), S. 222.

Bei formativen Operationalisierungen interessiert vor allem die Signifikanz der Gewichte der einzelnen Indikatoren. Tabelle 4.14 stellt die entsprechenden Werte im Überblick dar.

	Indikatoren	Gewicht	t-Wert
Nokia	Ind. 1: Die äußere Form der Produkte gefällt mir sehr gut.	0,350	2,695
	Ind. 2: Die Farbgestaltung der Produkte gefällt mir sehr gut.	-0,061	0,437
	Ind. 3: Die verwendeten Materialien sehen hochwertig aus.	0,206	2,036
	Ind. 4: Die Produkte fühlen sich sehr angenehm an.	0,609	5,143
Puma	Ind. 1: Die äußere Form der Produkte gefällt mir sehr gut.	0,473	4,104
	Ind. 2: Die Farbgestaltung der Produkte gefällt mir sehr gut.	-0,074	0,789
	Ind. 3: Die verwendeten Materialien sehen hochwertig aus.	0,203	2,470
	Ind. 4: Die Produkte fühlen sich sehr angenehm an.	0,504	5,430
Medion	Ind. 1: Die äußere Form der Produkte gefällt mir sehr gut.	0,764	3,916
	Ind. 2: Die Farbgestaltung der Produkte gefällt mir sehr gut.	-0,419	2,270
	Ind. 3: Die verwendeten Materialien sehen hochwertig aus.	0,289	1,456
	Ind. 4: Die Produkte fühlen sich sehr angenehm an.	0,425	2,874

Tab. 4.14: Operationalisierung der Ästhetik

Es fällt auf, dass die Farbgestaltung bei den Marken Nokia und Puma sowie die Materialanmutung der Produkte von Medion keinen signifikanten Einfluss auf die wahrgenommene Ästhetik hat. Da es sich um ein formativ spezifiziertes Messmodell handelt und die vier Indikatoren jeweils einen Teil des Konstruktes repräsentieren, verbleiben auch die nichtsignifikanten Indikatoren im Instrumentarium. Bei der Eliminierung eines Indikators würde sich die inhaltliche Bedeutung des Konstruktes verändern. Weiterhin zeigt sich entgegen der Erwartung ein negativer Einfluss der Farbgestaltung der Produkte der Marke Medion auf das ästhetische Empfinden. Eine Erklärung für diesen Sachverhalt könnte darin liegen, dass Medion als eine sehr technische und eher emotionslose Marke gilt. Die Konsumenten erwarten deshalb auch eher eine schlichte, unauffällige Farbgebung der Produkte. Eine äußerst positive Wahrnehmung der Farbgebung passt deshalb nicht in das Bild der Konsumenten und kann negative Bewertungen der Markenästhetik provozieren.

Für formative Messmodelle können die Diskriminanzvalidität und Kenngrößen zur Multikollinearität weiteren Aufschluss über die Güte der gewählten Operationalisierung geben. Im vorliegenden Fall erfüllen diese Prüfkriterien die geforderten Kriterien (siehe Tabelle 4.15).

Gütekriterien	Nokia	Puma	Medion
I. Diskriminanzvalidität Konstruktkorrelationen	Alle < 0,9	Alle < 0,9	Alle < 0,9
II. Multikollinearität Variance Inflation Factor	Alle < 10	Alle < 10	Alle < 10

Tab. 4.15: Gütekriterien der Operationalisierung der Ästhetik

Insgesamt kann das hier erstmals vorgestellte, vier Indikatoren umfassende Messmodell zur Operationalisierung der Ästhetik von Produkten einer Marke als geeignetes Instrumentarium zur Messung des Konstruktes Ästhetik angesehen werden. Die Anforderungen an die Reliabilität und die Validität der gewählten Messung gelten als erfüllt und lassen auf eine sehr gute Eignung des Messmodells schließen.

4.3.3.3 Selbstkongruenz

Die Selbstkongruenz ergibt sich aus der Ähnlichkeit der Persönlichkeit eines Individuums mit der Markenpersönlichkeit; dabei gilt: je stärker die beiden Persönlichkeitskonzepte übereinstimmen, desto größer ist die Selbstkongruenz.[469] Die Operationalisierung des latenten Konstruktes soll deshalb über einen Vergleich der Konsumenten- sowie der Markenpersönlichkeit erfolgen. Dazu müssen die beiden Persönlichkeitskonzepte operationalisiert und daraus ein Wert für die Übereinstimmung errechnet werden. *Aaker* (1997) legt dem Forscher ein Messinstrumentarium zur Erfassung der Markenpersönlichkeit an die Hand.[470] In der vorliegenden Untersuchung findet das Instrumentarium auf Dimensionsebene (Aufrichtigkeit, Erregung/Spannung, Kompetenz, Kultiviertheit und Robustheit[471]) Verwendung. Um die beiden Persönlichkeiten vergleichen zu können, werden die tatsächliche und die ideale Konsumentenpersönlichkeit über die gleichen fünf Indikatoren erhoben. Aus den Werten dieser Abfrage lässt sich die Differenz zwischen den Persönlichkeitskonzepten – also die Selbstkongruenz – berechnen. Der Differenzbetrag wird so umgerechnet, dass der Wert ‚7' einer sehr hohen und

---
[469] Zum Konzept der Selbstkongruenz vgl. Kapitel 2.2.2.4.
[470] Vgl. Aaker (1997), S. 347 ff.; vgl. auch Kapitel 2.2.2.4.
[471] Vgl. Aaker (2001), S. 98.

der Wert ‚1' einer sehr geringen Selbstkongruenz entspricht, und geht als ‚difference score' in die Modellschätzung ein. Das Konstrukt der Selbstkongruenz umfasst folglich fünf Indikatoren für die tatsächlichen Aspekte der Selbstkongruenz und fünf Indikatoren für die idealen Aspekte der Selbstkongruenz.

Die beschriebene Operationalisierung ist *formativer* Art, da die Stärke jeder einzelnen Dimension die Höhe der gesamten Selbstkongruenz determiniert. Verändert sich ein Indikator, hat dies aber nicht zwangsläufig Auswirkungen auf die übrigen Indikatoren.

Bei der Auswertung des Datenmaterials stellte sich heraus, dass nicht alle zehn Indikatoren einen signifikanten Einfluss auf die Selbstkongruenz haben. Diese Tatsache lässt sich folgendermaßen erklären: In neueren Studien entwickelte sich die Erkenntnis, dass die Markenpersönlichkeit nicht in allen Ländern bzw. Kulturkreisen die gleichen Dimensionen aufweist – diese variieren länderspezifisch.[472] *Hieronimus* (2003) führte eine Untersuchung für Deutschland durch und konnte zeigen, dass beispielsweise die Markenpersönlichkeitsdimension ‚Robustheit' für deutsche Konsumenten keine Relevanz besitzt.[473] Dadurch ist auch die Selbstkongruenzdimension, die auf der Robustheit basiert, nicht relevant – die diesbezüglichen Indikatoren sind für alle drei Marken nicht signifikant. Es erscheint somit trotz formativer Operationalisierung aus inhaltlichen Überlegungen gerechtfertigt, solche Indikatoren aus dem Set an Messgrößen zu eliminieren, die für keine der Marken relevant sind, denn sie weisen für den deutschen Kulturkreis keine Relevanz auf. Hingegen verbleiben solche Indikatoren aus Gründen der Vollständigkeit des Konzeptinhaltes im Messinstrumentarium, die nur bei einer oder zwei Marken keinen signifikanten Einfluss besitzen. Tabelle 4.16 listet die Indikatoren, ihre geschätzten Gewichte sowie deren Signifikanzwerte auf.

Es gehen somit zwei Indikatoren aus dem Bereich der Tatsächlichen Selbstkongruenz und vier aus dem Bereich der Idealen Selbstkongruenz in das endgültige Inventar ein. Die Gewichte der ‚idealen' Indikatorvariablen, die bei jeder einzelnen Marke zusammengenommen einen größeren Wert annehmen als jene der ‚tatsächlichen' Kongruenzindikatoren, deuten auf einen deutlich höheren Einfluss der idealen Aspekte auf die Selbstkongruenz hin. Aufgrund der formativen Art des Messmodells impliziert dies bei dem prognostizierten positiven Zusammenhang eine stärkere Auswirkung der idealen im Vergleich zur tatsächlichen Selbstkongruenz auf die Markeneinstellung. Diese Erkenntnis steht im Einklang mit den Ergebnissen

---

[472] Vgl. Aaker/Benet-Martinez/Garolera (2001), S. 492 ff.; Hieronimus (2003).
[473] Vgl. Hieronimus (2003), S. 146 ff.

von *Kressmann/Herrmann/Huber/Magin* (2003), welche einen höheren Einfluss der idealen Selbstkongruenz auf die Kaufabsicht nachweisen konnten.[474]

	Indikatoren	Gewicht	t-Wert
Nokia	Ind. 1: Differenz bei Spannung/Erregung; *tatsächlich*	0,237	2,162
	Ind. 2: Differenz bei Kultiviertheit; *tatsächlich*	0,154	1,088
	Ind. 3: Differenz bei Aufrichtigkeit; *ideal*	0,135	1,428
	Ind. 4: Differenz bei Spannung/Erregung; *ideal*	-0,072	0,675
	Ind. 5: Differenz bei Kompetenz; *ideal*	0,810	6,711
	Ind. 6: Differenz bei Kultiviertheit; *ideal*	-0,087	0,765
Puma	Ind. 1: Differenz bei Spannung/Erregung; *tatsächlich*	0,017	0,175
	Ind. 2: Differenz bei Kultiviertheit; *tatsächlich*	0,294	2,387
	Ind. 3: Differenz bei Aufrichtigkeit; *ideal*	0,051	0,337
	Ind. 4: Differenz bei Spannung/Erregung; *ideal*	0,498	4,114
	Ind. 5: Differenz bei Kompetenz; *ideal*	0,406	2,936
	Ind. 6: Differenz bei Kultiviertheit; *ideal*	0,018	0,101
Medion	Ind. 1: Differenz bei Spannung/Erregung; *tatsächlich*	0,085	0,831
	Ind. 2: Differenz bei Kultiviertheit; *tatsächlich*	0,420	3,666
	Ind. 3: Differenz bei Aufrichtigkeit; *ideal*	0,206	2,423
	Ind. 4: Differenz bei Spannung/Erregung; *ideal*	0,150	1,126
	Ind. 5: Differenz bei Kompetenz; *ideal*	0,644	7,485
	Ind. 6: Differenz bei Kultiviertheit; *ideal*	-0,325	2,634

Tab. 4.16: Operationalisierung der Selbstkongruenz

Die Anforderungen an die Diskriminanzvalidität und die Freiheit von Multikollinearität können für alle Indikatoren und für alle Marken erfüllt werden (vgl. Tabelle 4.17). Die gewählte Form der Operationalisierung bietet demzufolge ein akzeptables Instrument zur Messung der Selbstkongruenz.

---

[474] Vgl. Kressmann/Herrmann/Huber/Magin (2003), S. 411.

Gütekriterien	Nokia	Puma	Medion
I. Diskriminanzvalidität Konstruktkorrelationen	Alle < 0,9	Alle < 0,9	Alle < 0,9
II. Multikollinearität Variance Inflation Factor	Alle < 10	Alle < 10	Alle < 10

Tab. 4.17: Gütekriterien der Operationalisierung der Selbstkongruenz

4.3.3.4 Markenbeziehungsqualität

Die Operationalisierung des Konstruktes Markenbeziehungsqualität orientiert sich an den Inventaren, die in den Studien von *Fournier* (1994 und 2004) zum Einsatz kamen; die Validität und Reliabilität dieser Instrumentarien wurden von *Fournier* und Kollegen empirisch belegt.[475]

Wie in Kapitel 3.1.1.5 erörtert, weisen vier Dimensionen für die vorliegende Co-Branding-Studie Relevanz auf. Mit Berücksichtigung der sich abzeichnenden Länge der Befragung erfolgt hier die Messung jeder Dimension mithilfe *eines* Indikators. Dazu wird aus dem Set der Indikatoren des ursprünglichen Messinstrumentariums jeweils der Indikator ausgewählt, der die höchste Faktorladung aufweist und damit die betreffende Dimension am besten repräsentiert.[476] Der verwendete Indikator für die Dimension Liebe und Leidenschaft stammt aus der Studie von 1994,[477] der Indikator für die Bindung kommt in den Arbeiten von 1994 und 2004 vor[478] und die Indikatorvariablen für die Dimensionen Intimität und Zufriedenheit sind Teil der Untersuchung von 2004.[479]

Eine hohe Qualität der Konsumenten-Marken-Beziehung äußert sich beispielsweise in der Zufriedenheit mit der Beziehung, in der Liebe zum Beziehungspartner oder in einer größeren Bindung an die Marke. Die Höhe des Konstruktes der Markenbeziehungsqualität determiniert somit die Ausprägungen der einzelnen Dimensionen. Die Richtung der Kausalität verläuft also dermaßen, dass eine hohe Beziehungsqualität z. B. eine hohe Zufriedenheit nach sich zieht und nicht dass zuerst eine hohe Zufriedenheit besteht, welche dann die Qualität der Be-

---

[475] Vgl. Fournier (1994), S. 135 ff. ; Aaker/Fournier/Brasel (2004), S. 32.
[476] Da in der Studie von Aaker/Fournier/Brasel (2004) die Faktorladungen nicht explizit angegeben waren, wurde für die Dimensionen Intimität und Zufriedenheit jeweils der Indikator ausgewählt, der nach Auffassung der Autoren der vorliegenden Arbeit, die Dimension am besten widerspiegelt.
[477] Vgl. Fournier (1994), S. 138.
[478] Vgl. Fournier (1994), S. 139 ; Fournier (2004), S. 32.
[479] Vgl. Fournier (2004), S. 32.

ziehung erhöht. Die Dimensionen sind *keine Stellgrößen* der Qualität der Konsumenten-Marken-Beziehung, sondern *austauschbare Repräsentanten* dieser Qualität. Dieser Argumentation folgend ist die gewählte Operationalisierung *reflektiver* Art.

Die Übersicht der verwendeten Indikatoren mit den Schätzwerten ihrer Faktorladungen und Signifikanzwerte aus Tabelle 4.18 verdeutlicht die Eignung des Inventars zur Repräsentation des zugrunde liegenden Konstruktes.

	Indikatoren	Faktorladung	t-Wert
Nokia	Ind. 1: Ich bin Nokia sehr treu. (*Bindung*)	0,861	38,264
	Ind. 2: Nokia versteht meine Wünsche und Vorstellungen, die ich über die Produktkategorie habe. (*Intimität*)	0,883	58,426
	Ind. 3: Ich bin sehr zufrieden mit Nokia. (*Zufriedenheit*)	0,896	59,831
	Ind. 4: Wenn ich in eine andere Stadt ziehen würde, dann würde ich nach der Marke Nokia Ausschau halten. (*Liebe und Leidenschaft*)	0,821	26,124
Puma	Ind. 1: Ich bin Puma sehr treu. (*Bindung*)	0,893	42,189
	Ind. 2: Puma versteht meine Wünsche und Vorstellungen, die ich über die Produktkategorie habe. (*Intimität*)	0,910	49,065
	Ind. 3: Ich bin sehr zufrieden mit Puma. (*Zufriedenheit*)	0,903	59,003
	Ind. 4: Wenn ich in eine andere Stadt ziehen würde, dann würde ich nach der Marke Puma Ausschau halten. (*Liebe und Leidenschaft*)	0,871	31,655
Medion	Ind. 1: Ich bin Medion sehr treu. (*Bindung*)	0,826	30,562
	Ind. 2: Medion versteht meine Wünsche und Vorstellungen, die ich über die Produktkategorie habe. (*Intimität*)	0,817	23,583
	Ind. 3: Ich bin sehr zufrieden mit Medion. (*Zufriedenheit*)	0,879	48,183
	Ind. 4: Wenn ich in eine andere Stadt ziehen würde, dann würde ich nach der Marke Medion Ausschau halten. (*Liebe und Leidenschaft*)	0,817	22,953

Tab. 4.18: Operationalisierung der Markenbeziehungsqualität

Die Überprüfung der Gütekriterien für reflektive Messmodelle stützt die gewählte Form der Operationalisierung. Alle Werte bezüglich der Diskriminanz- und Konvergenzvalidität, der Vorhersagevalidität sowie der Unidimensionalität liegen im unkritischen Bereich und sind in Tabelle 4.19 dokumentiert. Zusammenfassend kann dem vorliegenden Inventar eine sehr gute Eignung zur Messung der Markenbeziehungsqualität unterstellt werden.

Gütekriterien	Nokia	Puma	Medion
I. Konstruktvalidität I.1 Diskriminanzvalidität Fornell-Larcker-Kriterium	Erfüllt	Erfüllt	Erfüllt
I.2 Konvergenzvalidität DEV Konstruktreliabilität	0,749 0,923	0,869 0,930	0,698 0,902
II. Vorhersagevalidität Stone-Geissers Q^2	0,566	0,643	0,488
III. Unidimensionalität	Erfüllt	Erfüllt	Erfüllt

Tab. 4.19: Gütekriterien der Operationalisierung der Markenbeziehungsqualität

4.3.4 Globaler Markenfit

Zur Messung des Globalen Markenfits bei Co-Brandings legten *Simonin/Ruth* (1998) dem Forscher ein zwei Indikatoren umfassendes Inventar an die Hand, welches sie aus einer empirischen Studie von *Aaker/Keller* (1990) im Markentransferbereich ableiten.[480] Die deutsche Übersetzung für die beiden Indikatoren liefert *Baumgarth* (2003).[481] In den oben angeführten Studien wurde ein *reflektiver* Zusammenhang zwischen den Indikatoren und dem Konstrukt unterstellt.[482]

Der erste Indikator („Die Marken ergänzen sich") beschreibt die *Komplementarität*, die zwischen zwei Marken bestehen kann. Der zweite Indikator („Die Marken weisen keine Widersprüche auf") verweist auf die *Konsistenz* der Zusammenarbeit der beteiligten Marken. Die Stärke des Markenfits erwächst dabei aus dem Grad an Komplementarität bzw. Konsistenz zwischen den Marken. Damit verläuft die Richtung der Kausalität von den Indikatoren zum Konstrukt. Zudem kann sich das Ausmaß an Komplementarität ändern und sich damit auf den Fit auswirken, ohne die Konsistenz zu beeinflussen. Komplementarität und Konsistenz müssen nicht zwangsläufig eine hohe Korrelation aufweisen. Es wird deutlich, dass die Indikatoren keine austauschbaren Repräsentanten, sondern steuernde Stellgrößen des Konstruktes sind. Es werden damit alle Merkmale einer formativen Operationalisierung erfüllt; aus diesem Grund ist nach Auffassung der Autoren ein *formatives* Messmodell angebrachter als ein re-

---
[480] Vgl. Simonin/Ruth(1998), S. 35 und Aaker/Keller (1990), S. 31.
[481] Vgl. Baumgarth (2003), S. 355.
[482] Ebenso Lafferty/Goldsmith/Hult (2004), S. 519.

flektives. Die häufig in der Literatur angewandte Art der Messung des Markenfits kann als fehlerhaft angesehen werden. Die Autoren leisten also *nicht* der Literaturmeinung und somit der Vorgehensweise bei *Simonin/Ruth* (1998) Folge, sondern wählen eine formative Operationalisierung, da diese den wahren Zusammenhang zwischen dem Konstrukt und seinen Indikatoren deutlich besser widerspiegelt.

Die Art der Operationalisierung hat wie erinnerlich Auswirkungen auf die Überprüfung der Güte des Messmodells. Demzufolge findet zuerst eine Beurteilung der Signifikanz der Gewichte der einzelnen Indikatorvariablen statt. Tabelle 4.20 enthält die Indikatoren und alle relevanten Werte.

	Indikatoren	*Gewicht*	*t-Wert*
Nokia-Puma	**Ind. 1:** Die Marken ergänzen sich. (Komplementarität)	0,484	3,264
	Ind. 2: Die Marken weisen keine Widersprüche auf. (Konsistenz)	0,557	3,733
Medion-Puma	**Ind. 1:** Die Marken ergänzen sich. (Komplementarität)	0,741	9,168
	Ind. 2: Die Marken weisen keine Widersprüche auf. (Konsistenz)	0,310	3,480
Nokia-Medion	**Ind. 1:** Die Marken ergänzen sich. (Komplementarität)	0,904	7,101
	Ind. 2: Die Marken weisen keine Widersprüche auf. (Konsistenz)	0,113	0,770

Tab. 4.20: Operationalisierung des Globalen Markenfits

Der die Konsistenz widerspiegelnde Markenfit-Indikator des Co-Brandings von Nokia und Medion weist keinen signifikanten Einfluss auf den Markenfit auf (t = 0,770). Da sich der Markenfit aus den beiden Bestandteilen Komplementarität und Konsistenz zusammensetzt und eine formative Operationalisierung unterstellt wurde, wird von einer Eliminierung des betreffenden Indikators abgesehen; dies würde den inhaltlichen Gehalt des Konstruktes beschneiden. Alle weiteren Werte entsprechen den Vorgaben.

Die Konstruktkorrelationen, die zur Kontrolle der Diskriminanzvalidität bei formativen Messmodellen dienen, liegen sämtlich unter dem kritischen Wert von 0,9. Der Varianz-Inflations-Faktor nimmt ebenfalls in keinem der betrachteten Fälle einen Wert im kritischen Bereich an. Tabelle 4.21 fasst die Prüfgrößen zusammen.

Gütekriterien	Nokia-Puma	Medion-Puma	Nokia-Medion
I. Diskriminanzvalidität Konstruktkorrelationen	Alle < 0,9	Alle < 0,9	Alle < 0,9
II. Multikollinearität Variance Inflation Factor	Alle < 10	Alle < 10	Alle < 10

Tab. 4.21: Gütekriterien der Operationalisierung des Globalen Markenfits

Insgesamt belegen die Prüfkriterien die Eignung des Messinventars zur Operationalisierung des Globalen Markenfits und es kann zur Schätzung im Rahmen des Strukturmodells zum Einsatz kommen.

4.3.5 Dimensionen des Markenfits

Wie in Kapitel 3.1.2.2 erörtert, vergleicht der Konsument die beteiligten Marken eines Co-Brands auf Basis der vier Markeneinstellungsdimensionen und fällt daraufhin sein Urteil über den Globalen Markenfit. Als Dimensionen des Markenfits ergeben sich somit der Funktionale Nutzen-Fit, der Ästhetik-Fit, der Selbstkongruenz-Fit und der Markenbeziehungsqualität-Fit. Der Fit wurde in Kapitel 2.3.2 als Resultat eines Vergleichsprozesses zwischen zwei Konstrukten definiert, bei dem der Konsument bewertet, wie gut die Konstrukte aus seiner Sicht zusammenpassen. Demzufolge ergibt sich jede Fit-Dimension aus einem Vergleich der Ausprägungen der zugehörigen Markeneinstellungsdimension beider Marken.

Zur Operationalisierung der latenten Fit-Größen bietet es sich deshalb an, den Konstruktwert der jeweiligen Markeneinstellungsdimension für beide Marken zu berechnen und dann die Differenz aus beiden Werten zu bilden. Eine großer Differenzbetrag deutet auf ein schlechten Fit hin, ein geringer Betrag symbolisiert eine sehr gute Übereinstimmung der Konstrukte – also einen hohen Fit.

Die Berechnung des Konstruktwertes der Markeneinstellungsdimension erfolgt als mit den geschätzten Gewichten bewerteter Durchschnitt der Indikatoren des Konstrukts der betreffenden Markeneinstellungsdimension. Es folgt eine einfache Differenzbildung der zusammengehörigen Werte sowie eine Umrechnung, so dass der Wert ,7' einen sehr hohen und der Wert ,1' einer sehr geringen Fit wiedergibt. Das Ergebnis dieser Berechnung dient als Indikator für die betreffende Markenfit-Dimension. Dieses Vorgehen kann analog für jedes der vier Konstrukte der Markenfit-Dimensionen durchgeführt werden.

Da das Inventar für jede Dimension aus lediglich einem Indikator besteht – dem errechneten Index – liegt die Faktorladung des Items bei Eins. In Tabelle 4.22 werden die Messmodelle für die vier Konstrukte dargestellt.

Indikatoren	Faktorladung
Funktionaler Nutzen-Fit **Indikator:** Index aus Differenz zwischen den Funktionalen Nutzen der beiden Marken	1,000
Ästhetik-Fit **Indikator:** Index aus Differenz zwischen der Ästhetik der beiden Marken	1,000
Selbstkongruenz-Fit **Indikator:** Index aus Differenz zwischen der Selbstkongruenz der beiden Marken	1,000
Markenbeziehungsqualität-Fit **Indikator:** Index aus Differenz zwischen der Markenbeziehungsqualität der beiden Marken	1,000

Tab. 4.22: Operationalisierung der Dimensionen des Markenfits

4.3.6 Produktkategoriefit

Neben dem Markenfit spielt noch ein zweites Fitmaß bei der Beurteilung einer Co-Branding-Leistung eine Rolle – der *Produktkagoriefit*. Bei der Operationalisierung dieser Größe kann auf das gleiche Messinstrumentarium wie beim Markenfit zurückgegriffen werden.[483] Lediglich das Bezugsobjekt des Fits ändert sich – statt auf die Marken bezieht sich der Fit nun auf die Produktkategorien.

Es kommt demzufolge die in Kapitel 4.3.4 abgeleitete Skala zur Anwendung. Auf dem Inventar von *Simonin/Ruth* (1998) basierend, bilden zwei Indikatoren, welche die Komplementarität und die Konsistenz des Konstruktes reflektieren, ein *formatives* Messmodell.

Die Betrachtung der Gewichte der einzelnen Indikatoren und deren Signifikanzen in Tabelle 4.23 zeigt, dass der Konsistenz-Indikator bei zwei Marken-Kombinationen keinen signifikan-

---

[483] Auch in den Studien von Simonin/Ruth (1998), Lafferty/Goldsmith/Hult (2004) und anderen wird das gleiche Inventar für die beiden Fitarten verwendet; vgl. Simonin/Ruth(1998), S. 35; Lafferty/Goldsmith/Hult (2004), S. 519.

ten Einfluss auf den Produktkategoriefit besitzt. Obwohl das Gewicht des Indikators einen hohen Wert annimmt – vor allem im Fall von Medion-Puma mit 0,335 – kann der t-Wert aufgrund der sehr hohen Varianz das geforderte Niveau nicht erreichen. Die Eliminierung des Indikators würde – insbesondere in Anbetracht des hohen Wertes – eine Veränderung des konzeptionellen Inhalts des Konstruktes bewirken. Das Inventar der gewählten formativen Operationalisierung sollte demnach unverändert bleiben und das Konsistenz-Item sollte seinen Platz im Set der Indikatoren behalten.

	Indikatoren	Gewicht	t-Wert
Nokia-Puma	Ind. 1: Die Produktkategorien ergänzen sich. (Komplementarität)	0,564	2,463
	Ind. 2: Die Produktkategorien weisen keine Widersprüche auf. (Konsistenz)	0,483	2,077
Medion-Puma	Ind. 1: Die Produktkategorien ergänzen sich. (Komplementarität)	0,702	3,121
	Ind. 2: Die Produktkategorien weisen keine Widersprüche auf. (Konsistenz)	0,335	1,391
Nokia-Medion	Ind. 1: Die Produktkategorien ergänzen sich. (Komplementarität)	0,843	2,214
	Ind. 2: Die Produktkategorien weisen keine Widersprüche auf. (Konsistenz)	0,182	0,418

Tab. 4.23: Operationalisierung des Produktkategoriefits

Mit Blick auf die Operationalisierung des Marken- wie des Produktkategoriefits, ergibt sich aus dem Vergleich der beiden Fit-Indikatoren folgende Erkenntnis: im Durchschnitt ist das Gewicht des Indikators für die Komplementarität deutlich größer als bei dem Item für die Konsistenz. Daraus lässt sich ableiten, dass die Komplementarität die Fit-Bewertung stärker als die Konsistenz beeinflusst. Der Komplementarität der Marken und Produktkategorien kann somit eine im Vergleich zur Konsistenz erhöhte Bedeutung für die Beurteilung des Co-Brands zugeschrieben werden.

Die weiteren Kenngrößen des formativen Messmodells gelten als erfüllt und sind in Tabelle 4.24 dokumentiert.

Gütekriterien	Nokia-Puma	Medion-Puma	Nokia-Medion
I. Diskriminanzvalidität Konstruktkorrelationen	Alle < 0,9	Alle < 0,9	Alle < 0,9
II. Multikollinearität Variance Inflation Factor	Alle < 10	Alle < 10	Alle < 10

Tab. 4.24: Gütekriterien der Operationalisierung des Produktkategoriefits

Zusammengenommen zeichnen die Gütekriterien das Inventar als adäquates Instrument zur Messung des Produktkategoriefits aus.

4.3.7 Kaufabsicht

In der Marketingforschung wird die Kaufabsicht oftmals über ein einzelnes Item operationalisiert.[484] Wie bereits in Kapitel 4.1.3 erwähnt, empfehlen *Homburg/Dobratz* (1998) jedoch, einer latenten Variablen mehrere Indikatoren zuzuordnen, um potenzielle Verzerrungen zu vermeiden.[485] Deshalb gehen in dieser Untersuchung auch zwei Items in das Inventar zur Messung der Kaufabsicht ein. Der erste Indikator (z. B. „Wenn ich das nächste Mal ein Handy benötige, kaufe ich das Handy von Nokia und Puma") ist dem Messinstrumentarium von *Taylor/Baker* (1994) entnommen.[486] Der zweite Indikator („Ich würde das Produkt sehr wahrscheinlich kaufen") wurde in der Arbeit von *McCarthy/Norris* (1999) zur Messung des Konstruktes der Kaufabsicht angewendet.[487] Die Bewertung der Kaufabsicht durch den Probanden erfolgte ohne Angabe eines Preises, um die Urteilsbildung nicht durch den Preis zu beeinflussen und damit die von der Einstellung zu dem Produkt bewirkte Kaufabsicht zu verzerren.

Die vorliegende Instrumentalisierung des latenten Konstruktes beschreibt einen *reflektiven* Zusammenhang. Die beiden Indikatoren sind als Repräsentanten der Kaufabsicht von ihr abhängig; ändert sich der Wert des Konstruktes, dann variieren zwangläufig die Ausprägungen der beiden Messvariablen.

Die Faktorladungen und die t-Werte der Items genügen den Anforderungen in vollem Umfange (siehe Tabelle 4.25).

---

[484] Vgl. z. B. McCarthy/Norris (1999), S. 267 ff.
[485] Vgl. Homburg/Dobratz (1998), S. 450.
[486] Vgl. Taylor/Baker (1994), S. 174.
[487] Vgl. McCarthy/Norris (1999), S. 267 ff.

Indikatoren		Faktorladung	t-Wert
Nokia-Puma	Ind. 1: Wenn ich das nächste Mal ein Handy benötige, kaufe ich das Handy von Nokia und Puma.	0,935	85,854
	Ind. 2: Ich würde das Produkt sehr wahrscheinlich kaufen.	0,930	54,488
Medion-Puma	Ind. 1: Wenn ich das nächste Mal eine Digitalkamera benötige, kaufe ich die Digitalkamera von Medion und Puma.	0,950	77,934
	Ind. 2: Ich würde das Produkt sehr wahrscheinlich kaufen.	0,961	134,471
Nokia-Medion	Ind. 1: Wenn ich das nächste Mal ein Handy benötige, kaufe ich das Handy von Nokia und Medion.	0,953	91,596
	Ind. 2: Ich würde das Produkt sehr wahrscheinlich kaufen.	0,958	108,201

Tab. 4.25: Operationalisierung der Kaufabsicht

Auch die weiteren Prüfkriterien für reflektive Operationalisierungen können ausnahmslos erfüllt werden (siehe Tabelle 4.26). Das Messmodell stellt sich somit als sehr geeignetes Inventar zur Messung des zugrunde liegenden Konstruktes dar.

Gütekriterien	Nokia-Puma	Medion-Puma	Nokia-Medion
I. Konstruktvalidität			
I.1 Diskriminanzvalidität			
Fornell-Larcker-Kriterium	Erfüllt	Erfüllt	Erfüllt
I.2 Konvergenzvalidität			
DEV	0,869	0,913	0,912
Konstruktreliabilität	0,930	0,955	0,954
II. Vorhersagevalidität			
Stone-Geissers Q^2	0,498	0,586	0,583
III. Unidimensionalität	Erfüllt	Erfüllt	Erfüllt

Tab. 4.26: Gütekriterien der Operationalisierung der Kaufabsicht

4.3.8 Markenwissen

Das Markenwissen geht nicht direkt in das Kausalmodell ein, sondern hat eine moderierende Wirkung auf bestimmte Beziehungen innerhalb des Modells. Zur Operationalisierung des latenten Konstruktes Markenwissen kommt das fünf Items umfassende und als reliabel und valide getestete Inventar von *Roehm/Pullins/Roehm* (2002) zum Einsatz.[488] In der deutschen Übersetzung entsprechen sich drei der fünf Indikatoren weitestgehend, so dass diese drei Items zu einem Indikator verdichtet werden. Das endgültige Inventar besteht damit aus den drei in Tabelle 4.27 angeführten Indikatoren.

Indikatoren	
Indikator 1:	Die Marke ist mir vertraut.
Indikator 2:	Verglichen mit dem Wissen des durchschnittlichen Konsumenten weiß ich viel über die Marke.
Indikator 3:	Ganz allgemein weiß ich viel über die Marke.

Tab. 4.27: Operationalisierung des Markenwissens

Jeder einzelne der austauschbaren Indikatoren repräsentiert das Konstrukt des Markenwissens und wird von diesem beeinflusst. Variiert der Wert des Konstruktes, dann schlägt sich dies in allen Items nieder. Die Operationalisierung entspricht folglich einem *reflektiven* Messmodell.

Die üblichen Faktorladungen respektive deren Signifikanzwerte können bei dem moderierenden Konstrukt nicht angegeben werden, da es nicht in die Modellschätzung eingeht. Es erfolgte allerdings eine Kontrolle der Unidimensionalität der Operationalisierung. Der erste Indikator wurde daraufhin wegen zu hoher Kreuzladungen mit anderen Konstrukten eliminiert. Die beiden verbleibenden Indikatoren weisen für alle drei Marken nur auf das Markenwissen und nicht auf die übrigen Konstrukte eine hohe Ladung auf und lassen sich somit eindeutig und überschneidungsfrei diesem Konstrukt zuordnen. Sie bilden das endgültige Messinstrumentarium für das Markenwissen.

Damit ist das Messmodell dieser Untersuchung komplett beschrieben und die Phase der Operationalisierung abgeschlossen. Alle latenten Konstrukte sind durch eine Operationalisierung messbar gemacht worden; dies ermöglicht es, die Beziehungen zwischen diesen Konstrukten im Rahmen des Strukturmodells zu schätzen. Die Ergebnisse dieser Schätzung für jede der drei erhobenen Markenkombinationen sind Gegenstand des kommenden Kapitels.

---

[488] Vgl. Roehm/Pullins/Roehm (2002), S. 212.

4.4 Darstellung der Ergebnisse der Strukturmodellschätzung

4.4.1 Ergebnisse der Schätzung des Co-Branding-Modells am Beispiel von Nokia und Puma

Die Schätzung der Beziehungen innerhalb des vorliegenden Strukturmodells dient zur Verifizierung der theoretisch abgeleiteten Hypothesen und damit zur Identifizierung der Erfolgsfaktoren von Co-Brandings. Ergebnis dieser Schätzung sind die so genannten Strukturparameter bzw. Pfadkoeffizienten, welche die Stärke des Zusammenhangs der Modellkonstrukte wiedergeben. Als Schätzalgorithmus findet der varianzbasierte *PLS*-Ansatz Verwendung.[489] Zur konkreten Schätzung kam das Softwareprogramm PLS-Graph zur Anwendung. Die Ermittlung der Gütekriterien erfolgte ebenfalls mit PLS-Graph sowie teilweise mit SPSS. Im ersten Schritt besteht diese Überprüfung der Güte aus der Kontrolle der statistischen Signifikanz der Pfadkoeffizienten – berechnet mit der Bootstrapping-Prozedur - und der theoretischen Plausibilität der geschätzten Werte.

Erste Schätzergebnisse weisen eine insgesamt sehr gute Anpassung des zugrunde liegenden Modells an die empirischen Daten aus. Jedoch konnten die Beziehungen zwischen dem Globalen Markenfit und den Dimensionen des Markenfits nicht in Einklang mit den empirischen Daten gebracht werden. Die Strukturparameter waren fast ausnahmslos nicht signifikant oder hatten unplausible und der Theorie widersprechende Vorzeichen. Der durch die Markenfit-Dimensionen erklärte Varianzanteil des Globalen Markenfits lag bei lediglich zehn Prozent. Dieser unzureichende Zusammenhang zwischen dem Markenfit und seinen Dimensionen trat nicht nur im Co-Branding-Modell der Marken Nokia und Puma auf, sondern zeigte sich in allen drei Kausalmodellen (siehe Tabelle 4.28).

Eine Erklärung für diese Abweichung der Empirie von der theoretischen Vorhersage könnte in der Art der Operationalisierung liegen. Wie erinnerlich wurden die vier Fit-Konstrukte durch eine Differenzbildung zwischen den Werten der entsprechenden Markeneinstellungsdimension messbar gemacht.[490] Dieses Vorgehen ist in der Literatur als *Difference Score* bekannt.[491] Die Anwendung im Rahmen der Konsumenten-Forschung ist mit einigen Risiken verbunden. *Peter/Churchill/Brown* (1993) identifizieren vier Gefahren der Anwendung dieses

---

[489] Vgl. Kapitel 4.1.2.
[490] Vgl. Kapitel 3.1.2.2.
[491] Alternativ auch als Discrepancy Score, Distance Score oder Ratio Score; vgl. Sirgy et al. (1997), S. 230.

Verfahrens: *Reliabilitäts-Probleme, Diskriminanzvaliditäts-Probleme, Spurious Correlations* und *Varianz-Restriktions-Probleme.*[492]

Hypothese		Strukturparameter	t-Wert	R^2 des Markenfits
Nokia-Puma	H_{7a}	0,09	0,85	0,10
	H_{7b}	-0,03	0,23	
	H_{7c}	0,25	3,89	
	H_{7d}	0,07	0,43	
Medion-Puma	H_{7a}	-0,18	1,34	0,11
	H_{7b}	0,20	1,59	
	H_{7c}	-0,24	1,14	
	H_{7d}	0,01	0,08	
Nokia-Medion	H_{7a}	0,20	1,81	0,12
	H_{7b}	0,09	0,75	
	H_{7c}	0,19	1,70	
	H_{7d}	-0,28	1,82	

Tab. 4.28: Ergebnisse der Überprüfung der Markenfit-Dimensionen

Die Reliabilitäts-Probleme entstehen dadurch, dass die Reliabilität des neuen Konstruktes abnimmt, wenn die Reliabilität einer der beiden Stammkonstrukte sinkt und wenn die Korrelation zwischen den Stammkonstrukten steigt; die niedrigere Reliabilität verringert die beobachteten Korrelationen mit anderen Konstrukten, so dass oft nur schwächere Beziehungen identifiziert werden.[493] Das Problem der schwachen, nicht signifikanten Beziehungen trat wie erläutert auch in der vorliegenden Studie auf und ist somit unter Umständen auf die Operationalisierung mittels Difference Score zurückzuführen. Weiterhin ist das Difference-Score-Konstrukt oftmals stark mit mindestens einer der involvierten Konstrukte korreliert, was zu problematischen Diskriminanzwerten führt.[494] Als Folge dieser starken Korrelation mit einer der Komponenten des Difference-Score-Indexes, kann es zu Spurious Correlation kommen, d.h. die geschätzten Strukturparameter täuschen einen Zusammenhang vor, der in Wirklichkeit gar nicht besteht. Der geschätzte Zusammenhang eines Konstruktes (z. B. Globaler Mar-

---
[492] Vgl. Peter/Churchill/Brown (1993), S. 655 ff.
[493] Vgl. Peter/Churchill/Brown (1993), S. 655 ff.
[494] Vgl. Sirgy et al. (1997), S. 231.

kenfit) mit dem Difference-Score-Konstrukt (z. B. Selbstkongruenz-Fit) besteht demzufolge eventuell nicht mit dem Difference-Score-Konstrukt selbst, sondern mit der stark korrelierten Komponente des Difference-Score.[495] Die daraus entstehenden, unsinnigen Resultate könnten die Ursache für die teilweise unplausiblen Ergebnisse in Zusammenhang mit den Markenfit-Dimensionen sein. Als viertes Problem kann zudem eine Beschränkung der Varianz auftreten.

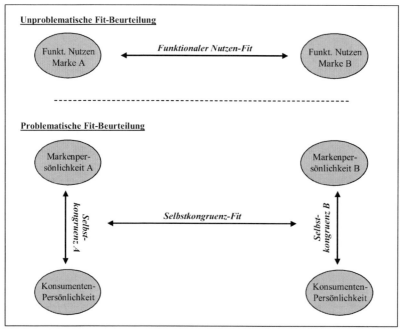

Abb. 4.4: Problematik der Fit-Beurteilung

Trotz der bekannten Gefahren, entschieden sich die Autoren bewusst für die Operationalisierung durch Difference-Score-Indizes. Dies liegt darin begründet, dass die Fit-Beurteilung der markenbezogenen Einstellungsdimensionen (Selbstkongruenz-Fit und Markenbeziehungsqualität-Fit) vom Probanden eine enorme *kognitive Anstrengung* und *Vorstellungskraft* verlangt, die im Rahmen einer einfachen Befragung nicht erbracht werden kann. Der Bewertung dieser beiden Fit-Dimensionen beruht nämlich nicht auf einem Vergleich zwischen zwei Konstrukten, sondern auf einem *Vergleich zweier Beziehungen*, die zwischen jeweils zwei Konstrukten bestehen. In Abbildung 4.4 ist die Problematik einer derartigen Fit-Beurteilungs-Situation

---

[495] Vgl. Peter/Churchill/Brown (1993), S. 660.

beispielhaft für den Selbstkongruenz-Fit sowie als Referenz für den Funktionalen Nutzen-Fit dargestellt.

Die Gefahren der Operationalisierung mit dem Difference-Score-Verfahren wurden akzeptiert, um überhaupt eine durchführbare Messung der Konstrukte vornehmen zu können.

Aufgrund dieser nicht signifikanten bzw. unplausiblen Ergebnisse muss die Annahme einer laientheoretischen Fitbeurteilung in Frage gestellt werden. Die zugrunde liegenden Hypothesen H7a, H7b, H7c und H7d gelten als nicht bestätigt und müssen verworfen werden. Um die Gefahr einer Verzerrung der weiteren Ergebnisse der Evaluierung der Modellzusammenhänge zu vermeiden, erfolgt die Eliminierung der vier Konstrukte der Markenfit-Dimensionen aus dem Kausalmodell und die Neuschätzung der drei Modelle.

Die Evaluierung der Strukturparameter des *Nokia-Puma-Modells* lässt drei Modellbeziehungen erkennen, deren Pfadkoeffizienten nicht signifikant von Null verschieden sind (siehe Abbildung 4.5; in Klammern stehen jeweils die t-Werte). Der Funktionale Nutzen beider Marken wirkt sich nicht signifikant auf die Markenbeziehungsqualität aus. Die Selbstkongruenz des Konsumenten mit der Marke Puma hat keinen signifikanten direkten Einfluss auf die Markeneinstellung. Außerdem ist der Zusammenhang zwischen jener Selbstkongruenz und der Qualität der Markenbeziehung mit Puma auf dem sonst unterstellten fünfprozentigen Signifikanzniveau statistisch nicht gesichert. Legt man jedoch ein α von zehn Prozent zugrunde, so bestätigt sich diese Beziehung empirisch. Um den Aussagewert des Modells nicht zu stark einzuschränken, erscheint die Modifikation des Signifikanzniveaus in diesem Fall gerechtfertigt.

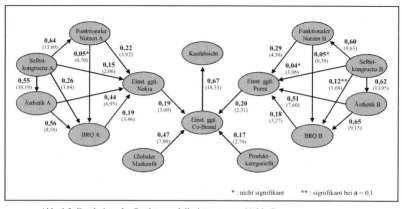

Abb. 4.5: Ergebnisse der Strukturmodellschätzung von Nokia-Puma

Die Vorzeichen der Pfadkoeffizienten entsprechen durchgängig den theoretischen Vorgaben. Somit sind die geschätzten Beziehungen plausibel. Nach der Prüfung der Signifikanzwerte und der Plausibilität der Schätzergebnisse bestätigen sich, bis auf die Hypothesen H_{2b} sowie bei Puma zusätzlich H_{4a}, alle unterstellten Zusammenhänge (siehe Tabelle 4.29).

Hypothese	Strukturparameter	t-Wert	Ergebnis
H_1	Nokia: 0,19 / Puma: 0,20	Nokia: 3,00 / Puma: 2,31	Bestätigt
H_{2a}	Nokia: 0,22 / Puma: 0,29	Nokia: 3,82 / Puma: 4,30	Bestätigt
H_{2b}	Nokia: 0,05 / Puma: 0,05	Nokia: 0,70 / Puma: 0,58	Nicht Bestätigt
H_{3a}	Nokia: 0,44 / Puma: 0,51	Nokia: 6,95 / Puma: 7,60	Bestätigt
H_{3b}	Nokia: 0,56 / Puma: 0,65	Nokia: 8,16 / Puma: 9,15	Bestätigt
H_{4a}	Nokia: 0,15 / Puma: 0,04	Nokia: 2,06 / Puma: 1,06	Bestätigt / Nicht Bestätigt
H_{4b}	Nokia: 0,64 / Puma: 0,60	Nokia: 13,69 / Puma: 9,63	Bestätigt
H_{4c}	Nokia: 0,55 / Puma: 0,62	Nokia: 10,19 / Puma: 13,95	Bestätigt
H_{4d}	Nokia: 0,26 / Puma: 0,12	Nokia: 3,84 / Puma: 1,68	Bestätigt / Best. bei a=0,1
H_5	Nokia: 0,19 / Puma: 0,18	Nokia: 3,46 / Puma: 3,27	Bestätigt
H_6	0,47	7,00	Bestätigt
H_8	0,17	2,76	Bestätigt
H_9	0,67	18,33	Bestätigt

Tab. 4.29: Ergebnisse der Hypothesen-Überprüfung von Nokia-Puma

In Kapitel 4.1.4 wurde ein Instrumentarium zur Beurteilung der Güte der Strukturmodellschätzung etabliert, das neben der Beurteilung der Pfadkoeffizienten und deren Signifikanzwerte die Prüfkriterien *Determinationskoeffizient R^2, Multikollinearitätsmaß VIF* sowie *Stone-Geissers Q^2* zur Vorhersagevalidität endogener reflektiver Konstrukte beinhaltet.[496] Der Determinationskoeffizient gibt an, zu welchem Ausmaß die kausal vorgelagerten Größen die Varianz einer Zielvariablen erklären. Die Berechnung des Determinationskoeffizienten kann für alle endogene Konstrukte erfolgen. Besondere Bedeutung besitzt er für die Zielkonstrukte des Kausalmodells. In der vorliegenden Untersuchung sind dies – für die Ermittlung der Erfolgsfaktoren eines Co-Brandings – die Einstellung zum Co-Brand und die Kaufabsicht sowie – für die Erklärung der Markeneinstellungsbildung – die Markeneinstellung. Der Erklärungs-

---

[496] Vgl. Tabelle 4.5 in Kapitel 4.1.4.

grad der Konstrukte Co-Branding-Einstellung und Kaufabsicht ist sehr gut. Der erklärte Anteil der Markeneinstellungen ist mit 74 bzw. 83 Prozent sogar ausgezeichnet (siehe Tabelle 4.30).

Modellkonstrukt	Determinationskoeffizient R^2	Multikollinearität VIF	Vorhersagevalidität: Q^2
Einstellung ggü. Co-Brand	0,60	Alle < 10	0,49
Markeneinstellung	Nokia: 0,74 Puma: 0,83	Alle < 10	Nokia: 0,67 Puma: 0,76
Funktionaler Nutzen	Nokia: 0,41 Puma: 0,36	–	Nokia: 0,23 Puma: 0,18
Ästhetik	Nokia: 0,31 Puma: 0,38	–	–
Selbstkongruenz	–	–	–
Markenbeziehungsqualität	Nokia: 0,59 Puma: 0,58	Alle < 10	Nokia: 0,39 Puma: 0,41
Globaler Markenfit	–	–	–
Produktkategoriefit	–	–	–
Kaufabsicht	0,45	–	0,30

Tab. 4.30: Gütekriterien der Strukturmodellschätzung von Nokia-Puma

Multikollinearität kann in einem Strukturmodell zwischen den kausal vorgeschalteten Konstrukten einer endogenen Modellvariablen auftreten. Alle endogenen Konstrukte, die von mindestens zwei Größen erklärt werden, sollte man deshalb auf das Vorliegen von Multikollinearität bei ihren Erklärungsgrößen prüfen. In diesem Modell sind dies die Einstellung zum Co-Branding-Produkt, die Markeneinstellung sowie die Markenbeziehungsqualität derartige Konstrukte. Die für diese Konstrukte berechneten Varianz-Inflations-Faktoren liegen alle unter dem kritischen Wert von Zehn. Dementsprechend ist nicht von Multikollinearität in diesem Modell auszugehen. Die dritte Prüfgröße ist das Q^2 von Stone-Geisser, welches ausschließlich für endogene reflektive Konstrukte gebildet werden kann. Für die betreffenden Konstrukte des Co-Branding-Modells ergeben sich positive Werte, so dass sie Vorhersagevalidität besitzen.

Mit Ausnahme der nicht bestätigten Hypothesen zeugen die erörterten Gütekriterien von einer sehr guten Anpassung des theoretischen Modells der Marken Nokia und Puma an die empirischen Daten. Weitere Verletzungen der Prüfkriterien liegen nicht vor. Der Erklärungsgrad der Zielkonstrukte des Modells kann als sehr gut angesehen werden.

Um ein realistisches Abbild des *Wirkungsgeflechtes*, in welches die Modellkonstrukte eingebunden sind, zu erstellen, sollte sich die Betrachtung nicht auf die direkten Effekte beschränken.[497] In dem Wirkungsgefüge können kausal zwischengeschaltete Konstrukte als *Mediator* wirken und den Einfluss eines vorgelagerten auf ein nachgelagertes Konstrukt transportieren.[498] Der gesamte Effekt, der von einem Konstrukt auf das Zielkonstrukt ausgeht, ist aus diesem Grunde oftmals höher als der direkte Effekt – er setzt sich aus den direkten und den indirekten bzw. mittelbaren Einflüssen zusammen und wird als *Totaleffekt* bezeichnet.[499] Der Totaleffekt berechnet sich durch die Bildung der Summe aller indirekten Effekte, die durch die Multiplikation der Einzeleinflüsse quantifiziert werden, und der direkten Effekte. Im Rahmen der vorliegenden Untersuchung besitzen die Modellvariablen ‚Einstellung zum Co-Brand', ‚Kaufabsicht' und ‚Markeneinstellung' Relevanz als Zielkonstrukt. Deshalb erfolgt im Weiteren die Ermittlung der Totaleffekte, welche die übrigen Modellkonstrukte auf diese drei Zielgrößen ausüben. Die Werte sind in Tabelle 4.31 dokumentiert.

Modellkonstrukt	Totaleffekt auf Markeneinstellung	Totaleffekt auf Co-Brand-Einstell.	Totaleffekt auf Kaufabsicht
Funktionaler Nutzen	Nokia: 0,22 Puma: 0,29	Nokia: 0,04 Puma: 0,06	Nokia: 0,03 Puma: 0,04
Ästhetik	Nokia: 0,55 Puma: 0,63	Nokia: 0,11 Puma: 0,13	Nokia: 0,07 Puma: 0,08
Selbstkongruenz	Nokia: 0,64 Puma: 0,58	Nokia: 0,12 Puma: 0,12	Nokia: 0,08 Puma: 0,08
Markenbeziehungsqualität	Nokia: 0,19 Puma: 0,18	Nokia: 0,04 Puma: 0,04	Nokia: 0,02 Puma: 0,02
Markeneinstellung	–	Nokia: 0,19 Puma: 0,20	Nokia: 0,13 Puma: 0,13
Globaler Markenfit	–	0,47	0,32
Produktkategoriefit	–	0,17	0,11
Einstellung ggü. Co-Brand	–	–	0,67

Tab. 4.31: Totaleffekte des Strukturmodells von Nokia-Puma

Steht eine Modellgröße in Bezug auf das Zielkonstrukt nicht in einem Wirkungsverbund mit anderen Konstrukten, dann entspricht der direkte dem totalen Effekt. Ebenfalls identisch sind der unmittelbare und der gesamte Einfluss des Funktionalen Nutzens auf die Markeneinstellung, da die Verbindung zum Konstrukt der Markenbeziehungsqualität, welches als Mediator fungieren könnte, nicht signifikant ist.

---

[497] Vgl. Huber (2004), S. 246.
[498] Vgl. Huber et al. (2007), S. 69 ff.
[499] Vgl. Hildebrandt/Buzzell (1998), S. 230.

Besonders groß fällt die Differenz zwischen diesen beiden Effekten bei der Selbstkongruenz aus. Im Markeneinstellungsmodell von Nokia zeichnet sich die Selbstkongruenz durch den *schwächsten direkten Einfluss* aller vier Dimensionen auf die Markeneinstellung aus (0,15). Im Weltbild der Totaleffekte hingegen gewinnt sie durch ihre vielfältigen Verknüpfungen mit den anderen Dimensionen enorm an Bedeutung und stellt die *wichtigste Einflussgröße* dar (0,64). Den zweiten Platz nimmt hier die Ästhetik mit einem Wert von 0,55 ein. Im Puma-Modell steht einem nicht signifikanten direkten Einfluss der Selbstkongruenz der zweithöchste gesamte Einfluss gegenüber (0,58). Die wichtigste Größe für die Markeneinstellung der Marke Puma ist die Ästhetik der angebotenen Produkte mit einem Wert von 0,63. Solche Verschiebungen in der Stärke des Einflusses machen deutlich, wie wichtig die Beachtung der Totaleffekte bei der Interpretation der Schätzergebnisse ist, um ein fundiertes, wirklichkeitsgetreues Bild von den untersuchten Sachverhalten zu erlangen.

4.4.2 Ergebnisse der Schätzung des Co-Branding-Modells am Beispiel von Medion und Puma

In diesem Abschnitt erfährt das theoretische Kausalmodell anhand der empirischen Daten für das Co-Branding von *Medion* und *Puma* eine Überprüfung. Die erste Stufe der Modellbeurteilung bildet wiederum die Evaluierung der Strukturparameter und deren Signifikanzwerte. Neben den bereits in Kapitel 4.4.1 beschriebenen, nicht signifikanten Pfadkoeffizienten des Markeneinstellungsmodells von Puma, besteht für die Marke Medion kein signifikanter Zusammenhang zwischen den Konstrukten ‚Ästhetik' und ‚Markenbeziehungsqualität' (siehe Abbildung 4.6; in Klammern stehen jeweils die t-Werte). Lediglich ein schwacher Effekt geht von der Markeneinstellung von Puma auf die Beurteilung des Co-Brands von Medion und Puma aus. Jedoch erweist sich bei dem weniger restriktiven zehnprozentigen Signifikanzniveau der Einfluss der Marke Puma auf das Co-Brand als signifikant.

Alle signifikanten Strukturparameter entsprechen den theoretischen Vorgaben und sind vor dem Hintergrund der zugrunde gelegten Theorie als plausibel anzusehen. Nach Auswertung der Signifikanzen und Plausibilitätsüberlegungen können bis auf die Hypothesen H_{3b} für Medion sowie H_{2b} und H_{4a} für Puma alle erwarteten Modellbeziehungen bestätigt werden. Bei den Hypothesen H_1 und H_{4d} für Puma bezieht sich diese Bestätigung auf ein Signifikanzniveau von zehn Prozent (siehe Tabelle 4.32).

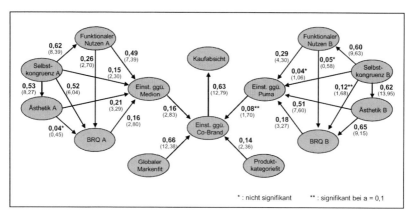

Abb. 4.6: Ergebnisse der Strukturmodellschätzung von Medion-Puma

Hypothese	Strukturparameter	t-Wert	Ergebnis
H_1	Medion: 0,16 / Puma: 0,08	Medion: 2,83 / Puma: 1,70	Bestätigt / Best. bei a=0,1
H_{2a}	Medion: 0,49 / Puma: 0,29	Medion: 7,39 / Puma: 4,30	Bestätigt
H_{2b}	Medion: 0,26 / Puma: 0,05	Medion: 2,70 / Puma: 0,58	Bestätigt / Nicht Bestätigt
H_{3a}	Medion: 0,21 / Puma: 0,51	Medion: 3,29 / Puma: 7,60	Bestätigt
H_{3b}	Medion: 0,04 / Puma: 0,65	Medion: 0,45 / Puma: 9,15	Nicht Bestätigt / Bestätigt
H_{4a}	Medion: 0,15 / Puma: 0,04	Medion: 2,30 / Puma: 1,06	Bestätigt / Nicht Bestätigt
H_{4b}	Medion: 0,62 / Puma: 0,60	Medion: 8,39 / Puma: 9,63	Bestätigt
H_{4c}	Medion: 0,53 / Puma: 0,62	Medion: 8,27 / Puma: 13,95	Bestätigt
H_{4d}	Medion: 0,52 / Puma: 0,12	Medion: 6,04 / Puma: 1,68	Bestätigt / Best. bei a=0,1
H_5	Medion: 0,16 / Puma: 0,18	Medion: 2,80 / Puma: 3,27	Bestätigt
H_6	0,66	12,38	Bestätigt
H_8	0,14	2,36	Bestätigt
H_9	0,63	12,79	Bestätigt

Tab. 4.32: Ergebnisse der Hypothesen-Überprüfung von Medion-Puma

Die zweite Stufe der Modellevaluierung umfasst wiederum die Kenngrößen *Determinationskoeffizient R^2, Multikollinearitätsmaß VIF* sowie *Stone-Geissers Q^2* (Vorhersagevalidität). Die relevanten Zielkonstrukte Co-Branding-Einstellung, Kaufabsicht und Markeneinstellung zeichnen sich abermals durch sehr gute Erklärungsgrade aus. Die Determinationskoeffizienten dieser Größen übersteigen das geforderte Mindestmaß von 0,3 zum Teil sehr deutlich. Die Varianz der Markeneinstellungen wird – bei R^2-Werten von 0,76 bzw. 0,83 – zum überwiegenden Teil durch die vorgeschalteten Konstrukte erklärt. Dass die Ästhetik von Medion nur ein Determinationskoeffizienten von 0,28 aufweist und damit knapp unterhalb des kritischen Wertes liegt, schadet der Güte der Schätzung nicht, da es nicht primäres Ziel der Untersuchung ist, diese Größe möglichst gut zu erklären.

Für die endogenen Konstrukte, die von mehr als einer Modellgröße erklärt werden, wurden die Varianz-Inflations-Faktoren berechnet. Da keiner der Faktoren den kritischen Wert von Zehn überschreitet, muss nicht von Multikollinearität ausgegangen werden. Von allen endogenen Konstrukten reflektiver Natur lässt sich ein Maß zur Bewertung der Vorhersagevalidität – Stone-Geissers Q^2 – ermitteln. Die betreffenden Konstrukte des Untersuchungsmodells liegen mit Q^2-Werten von größer Null im geforderten Bereich. Da die Konstrukte Selbstkongruenz, Globaler Markentransfer und Produktkategoriefit keine endogenen Größen des Modells darstellen, haben die drei erläuterten Gütekriterien für sie keine Relevanz. Alle Prüfwerte sind in Tabelle 4.33 im Überblick dargestellt.

Modellkonstrukt	Determinationskoeffizient R^2	Multikollinearität VIF	Vorhersagevalidität: Q^2
Einstellung ggü. Co-Brand	0,63	Alle < 10	0,54
Markeneinstellung	Medion: 0,76 Puma: 0,83	Alle < 10	Medion: 0,80 Puma: 0,76
Funktionaler Nutzen	Medion: 0,39 Puma: 0,36	–	Medion: 0,75 Puma: 0,18
Ästhetik	Medion: 0,28 Puma: 0,38	–	–
Selbstkongruenz	–	–	–
Markenbeziehungsqualität	Medion: 0,54 Puma: 0,58	Alle < 10	Medion: 0,49 Puma: 0,41
Globaler Markenfit	–	–	–
Produktkategoriefit	–	–	–
Kaufabsicht	0,39	–	0,23

Tab. 4.33: Gütekriterien der Strukturmodellschätzung von Medion-Puma

Aufgrund der weitgehenden Bestätigung der Hypothesen, der Erfüllung der übrigen Gütekriterien sowie dem hohen Erklärungsgrad der Zielkonstrukte kann die Konfrontation des Co-Branding-Modells mit dem empirischen Datenmaterial von Medion und Puma als äußerst zufrieden stellend bezeichnet werden.

Abschließend erfolgt die Darstellung der Totaleffekte der Modellkonstrukte auf die relevanten Zielgrößen des Modells. Analog zur Selbstkongruenz der Marke Nokia, verzeichnet die Selbstkongruenz von Medion den schwächsten direkten Effekt auf die Markeneinstellung (0,15) und gewinnt beim Totaleffekt durch ihre Einbindung in den Wirkungsverbund enorm an Bedeutung, so dass sie mit einem Wert von 0,65 die größte gesamte Wirkung ausübt (siehe Tabelle 4.34). Als zweitwichtigste Größe etabliert sich hier der Funktionale Nutzen (0,53).

Modellkonstrukt	Totaleffekt auf Markeneinstellung	Totaleffekt auf Co-Brand-Einstell.	Totaleffekt auf Kaufabsicht
Funktionaler Nutzen	Medion: 0,53 Puma: 0,29	Medion: 0,09 Puma: 0,02	Medion: 0,05 Puma: 0,02
Ästhetik	Medion: 0,21 Puma: 0,63	Medion: 0,03 Puma: 0,05	Medion: 0,02 Puma: 0,03
Selbstkongruenz	Medion: 0,65 Puma: 0,58	Medion: 0,10 Puma: 0,05	Medion: 0,07 Puma: 0,03
Markenbeziehungsqualität	Medion: 0,16 Puma: 0,18	Medion: 0,03 Puma: 0,01	Medion: 0,02 Puma: 0,01
Markeneinstellung	–	Medion: 0,16 Puma: 0,08	Medion: 0,10 Puma: 0,05
Globaler Markenfit	–	0,66	0,42
Produktkategoriefit	–	0,14	0,09
Einstellung ggü. Co-Brand	–	–	0,63

Tab. 4.34: Totaleffekte des Strukturmodells von Medion-Puma

4.4.3 Ergebnisse der Schätzung des Co-Branding-Modells am Beispiel von Nokia und Medion

Die Datenerhebung wurde für drei Markenkombinationen und deren Co-Brandings durchgeführt. Die dritte Konstellation umfasst die Marken Nokia und Medion. Die Modellschätzung mit den Daten dieser beiden Marken ist Gegenstand dieses Abschnitts.

Die Beurteilung der Strukturparameter und der dazugehörigen Signifikanzwerte in Bezug auf die Markeneinstellungsdimensionen erfolgte für Nokia bereits in Kapitel 4.4.1 und für Medion in Kapitel 4.4.2. Die übrigen Modellbeziehungen sind durch signifikante Pfadkoeffizienten gekennzeichnet. Allerdings wird der Bestätigung des Einflusses des Produktkategoriefits auf die Einstellung zum Co-Brand ein Signifikanzniveau von zehn Prozent unterstellt. In Abbildung 4.7 wird das Strukturmodell mit den Pfadkoeffizienten und – in Klammern – den t-Werten dargestellt.

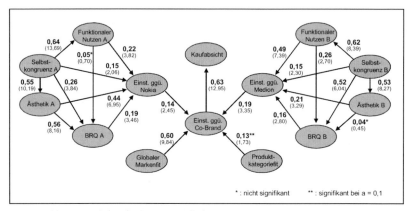

Abb. 4.7: Ergebnisse der Strukturmodellschätzung von Nokia-Medion

Die Vorzeichen aller Strukturparameter entsprechen den prognostizierten Ausprägungen; die Schätzung führt dementsprechend zu plausiblen Ergebnissen. Mit Ausnahme der Hypothesen H_{2b} (Nokia) und H_{3b} (Medion), die sich auf nicht signifikante Zusammenhänge beziehen, können alle Hypothesen validiert werden (Tabelle 4.35).

Hypothese	Strukturparameter	t-Wert	Ergebnis
H_1	Nokia: 0,14 / Medion: 0,19	Nokia: 2,45 / Medion: 3,35	Bestätigt
H_{2a}	Nokia: 0,22 / Medion: 0,49	Nokia: 3,82 / Medion: 7,39	Bestätigt
H_{2b}	Nokia: 0,05 / Medion: 0,26	Nokia: 0,70 / Medion: 2,70	Nicht Bestätigt / Bestätigt
H_{3a}	Nokia: 0,44 / Medion: 0,21	Nokia: 6,95 / Medion: 3,29	Bestätigt
H_{3b}	Nokia: 0,56 / Medion: 0,04	Nokia: 8,16 / Medion: 0,45	Bestätigt / Nicht Bestätigt
H_{4a}	Nokia: 0,15 / Medion: 0,15	Nokia: 2,06 / Medion: 2,30	Bestätigt
H_{4b}	Nokia: 0,64 / Medion: 0,62	Nokia: 13,69 / Medion: 8,39	Bestätigt
H_{4c}	Nokia: 0,55 / Medion: 0,53	Nokia: 10,19 / Medion: 8,27	Bestätigt
H_{4d}	Nokia: 0,26 / Medion: 0,52	Nokia: 3,84 / Medion: 6,04	Bestätigt
H_5	Nokia: 0,19 / Medion: 0,16	Nokia: 3,46 / Medion: 2,80	Bestätigt
H_6	0,60	9,84	Bestätigt
H_8	0,13	1,73	Bestätigt bei a=0,1
H_9	0,63	12,95	Bestätigt

Tab. 4.35: Ergebnisse der Hypothesen-Überprüfung von Nokia-Medion

Das Modell liefert eine sehr gute Erklärung der Varianz des Zielkonstruktes ‚Einstellung zum Co-Branding', welches die kausal vorgeschalteten Größen zu 62 Prozent erklären können. Auch die Kaufabsicht weist mit einem R^2 von 0,4 einen ausreichend hohen Erklärungsgrad auf. Von Multikollinearität muss nicht ausgegangen werden, alle Varianz-Inflations-Faktoren bleiben unter dem kritischen Wert von Zehn. Schließlich kann man allen endogenen, reflektiven Konstrukten Vorhersagevalidität bescheinigen.

Die Überprüfung der Gütekriterien für das Nokia-Medion-Modell ist in Tabelle 4.36 dokumentiert.

Modellkonstrukt	Determinationskoeffizient R^2	Multikollinearität VIF	Vorhersagevalidität: Q^2
Einstellung ggü. Co-Brand	0,62	Alle < 10	0,54
Markeneinstellung	Nokia: 0,74 Medion: 0,76	Alle < 10	Nokia: 0,67 Medion: 0,80
Funktionaler Nutzen	Nokia: 0,41 Medion: 0,39	–	Nokia: 0,23 Medion: 0,75
Ästhetik	Nokia: 0,31 Medion: 0,28	–	–
Selbstkongruenz	–	–	–
Markenbeziehungsqualität	Nokia: 0,59 Medion: 0,54	Alle < 10	Nokia: 0,39 Medion: 0,49
Globaler Markenfit	–	–	–
Produktkategoriefit	–	–	–
Kaufabsicht	0,40	–	0,25

Tab. 4.36: Gütekriterien der Strukturmodellschätzung von Nokia-Medion

Zusammenfassend lässt sich konstatieren, dass das theoretische Modell der Konfrontation mit den empirischen Daten zum Co-Branding von Nokia und Medion standhält und eine sehr gute Anpassung der Theorie an die Empirie bietet.

Zur Interpretation und Ableitung von Implikationen sind neben den direkten Einflüssen vor allem die Totaleffekte relevant. Tabelle 4.37 umfasst diese Größen und stellt sie im Überblick dar.

Modellkonstrukt	Totaleffekt auf Markeneinstellung	Totaleffekt auf Co-Brand-Einstell.	Totaleffekt auf Kaufabsicht
Funktionaler Nutzen	Nokia: 0,22 Medion: 0,53	Nokia: 0,03 Medion: 0,10	Nokia: 0,02 Medion: 0,06
Ästhetik	Nokia: 0,55 Medion: 0,21	Nokia: 0,08 Medion: 0,04	Nokia: 0,05 Medion: 0,03
Selbstkongruenz	Nokia: 0,64 Medion: 0,65	Nokia: 0,09 Medion: 0,12	Nokia: 0,06 Medion: 0,08
Markenbeziehungsqualität	Nokia: 0,19 Medion: 0,16	Nokia: 0,03 Medion: 0,03	Nokia: 0,02 Medion: 0,02
Markeneinstellung	–	Nokia: 0,14 Medion: 0,19	Nokia: 0,09 Medion: 0,12
Globaler Markenfit	–	0,60	0,38
Produktkategoriefit	–	0,13	0,08
Einstellung ggü. Co-Brand	–	–	0,63

Tab. 4.37: Totaleffekte des Strukturmodells von Nokia-Medion

4.4.4 Moderierender Einfluss des Markenwissens

Um den moderierenden Einfluss der Variablen ‚Markenwissen' auf die Beziehung zwischen der Markeneinstellung und der Einstellung zum Co-Brand (H_1) zu überprüfen, stehen dem Forscher zwei unterschiedliche Ansätze zur Verfügung.[500] Das erste Analyseverfahren basiert auf einem *Gruppenvergleich*. Dabei unterteilen sich die Probanden entsprechend der Ausprägung ihres Markenwissens in zwei oder mehrere Gruppen. Für jede der Gruppen erfolgt eine Modellschätzung. Auf diese Weise erhält man für *einen* Strukturparameter zwei verschiedene Ausprägungen (z. B. $\beta_{1a}^{hohes\ Markenwissen}$ und $\beta_{1a}^{geringes\ Markenwissen}$), die verglichen werden können, um signifikante Unterschiede festzustellen. Die zweite Methode findet Anwendung, wenn sich die einzelnen Marken in Bezug auf das Markenwissen unterscheiden, also die Konsumenten zu einer Marke ein signifikant höheres Wissen besitzen als zu einer anderen.[501] Dann kann der Einfluss, der von der Marke A (mit hohem Wissen; β_{1a}) ausgeht, mit dem der Marke B (mit geringem Wissen; β_{1b}) über alle Probanden hinweg verglichen werden. Dieses Verfahren bietet den Vorteil, dass eine Unterteilung der Stichprobe nicht notwendig ist und die Modellschätzung mit *vollem Stichprobenumfang* geschehen kann. Aus diesem Grund wird in der vorliegenden Untersuchung ein solcher *Markenvergleich* zur Überprüfung des moderierenden Einflusses des Markenwissens verwendet. Voraussetzung für jenes Analyseverfahren

---
[500] Vgl. Simonin/Ruth (1998), S. 33.
[501] Vgl. Simonin/Ruth (1998), S. 33.

ist ein unterschiedlich hohes Markenwissen bezüglich der einzelnen Marken. Deshalb werden die Marken Nokia, Puma und Medion zuerst auf signifikante Unterschiede im Markenwissen getestet.

Dazu wird für jede Marke ein *Markenwissen-Index* berechnet, der aus der durchschnittlichen Summe der beiden zur Operationalisierung des Markenwissens erhobenen Indikatoren besteht.[502] Den höchsten Index-Wert erreicht Nokia mit 7,96 Punkten. Puma erzielt einen Wert von 7,50 Punkten. Medion weist mit 5,99 Punkten den geringsten Markenwissen-Index auf. Ein Test muss klären, ob die errechneten Unterschiede statistisch signifikant sind und damit unterschiedliches Markenwissen implizieren. Als Test-Prozedur wird ein t-Test verwendet, den *Chin* (2000) auch zum Vergleich von Strukturparametern im PLS-Modell vorschlägt und der weiter unten zum Vergleich der Strukturparameter bei hohem und bei geringem Markenwissen eingesetzt wird.[503] Die Berechnung des t-Wertes erfolgt dabei über folgende Formel:

$$t = \frac{p_1 - p_2}{S * \sqrt{\frac{1}{n_1} + \frac{1}{n_2}}} \quad \text{mit} \quad S = \sqrt{\frac{n_1 - 1}{n_1 + n_2 - 2} * s_1^2 + \frac{n_2 - 1}{n_1 + n_2 - 2} * s_2^2}$$

p_1 bzw. p_2 = Zu vergleichende Werte (z. B. Strukturparameter)

n_1 bzw. n_2 = Umfang der ersten bzw. zweiten Stichprobe

s_1 bzw. s_2 = Standardfehler des ersten bzw. zweiten Wertes

Der errechnete Wert folgt einer t-Verteilung mit $n_1 + n_2 - 2$ Freiheitsgraden.[504] Der kritische Wert der Prüfgröße liegt bei 1,98.

Für den Vergleich des Markenwissens zwischen Nokia und Puma ergibt sich anhand der Formel ein t-Wert von 1,32. Dieser liegt unterhalb des kritischen Wertes und somit besteht zwischen Nokia und Puma in Bezug auf das Markenwissen kein signifikanter Unterschied. Der Test der Differenz der Markenwissen-Indizes von Nokia und Medion führt zu einem t-Wert von 5,69. Demzufolge besitzen die Konsumenten über Nokia ein signifikant höheres Wissen als über Medion. Ein solcher, signifikant unterschiedlicher Wissensstand besteht auch

---

[502] Die Berechnung erfolgte über folgende Formel: $MWI = \frac{\sum_{j=1}^{n} I_j^1 + I_j^2}{n}$ mit MWI: Markenwissen-Index, I^1: erster Indikator für Markenwissen, I^2: zweiter Indikator für Markenwissen, n: Stichprobenumfang, j: Proband.
[503] Vgl. Chin (2000).
[504] Vgl. Chin (2000).

zwischen Puma und Medion (t = 4,43). Insgesamt zeigt sich, dass das Markenwissen zu Medion im Durchschnitt geringer ist als zu Nokia und Puma, deren Markenwissen sich untereinander nicht signifikant unterscheidet. Damit sind die Voraussetzungen für den angestrebten Markenvergleich gegeben.

Die Hypothese H_{10} beschreibt einen negativen Einfluss des Markenwissens auf die Beziehung zwischen der Markeneinstellung und dem Co-Brand. Um diese Hypothese zu verifizieren, bedarf es eines Modells, in dem die beiden Marken ein unterschiedliches Markenwissen aufweisen. In der vorliegenden Untersuchung trifft dies auf die Modelle Medion-Puma und Nokia-Medion zu. Die Verifizierung der Hypothese geschieht über den statistischen Vergleich[505] der Einflüsse der beiden Marken auf das Co-Brand.[506] Wie die berechneten t-Werte in Tabelle 4.38 belegen, haben Marken mit einem geringen Markenwissen einen signifikant höheren Einfluss auf die Beurteilung des Co-Brandings.

Hypo-these	Strukturparameter		Differenz	t-Wert der Differenz	Ergebnis
	Hohes Wissen	Geringes Wissen			
H_{10}	Puma: 0,08	Medion: 0,16	0,08	13,97	Bestätigt
	Nokia: 0,14	Medion: 0,19	0,05	8,42	
H_{11}	Nokia-Puma: 0,47	Medion-Puma: 0,66	0,19	28,28	Bestätigt
	Nokia-Puma: 0,47	Nokia-Medion: 0,60	0,13	18,21	
H_{12}	Nokia-Puma: 0,17	Medion-Puma: 0,14	0,03	5,11	Bestätigt
	Nokia-Puma: 0,17	Nokia-Medion: 0,13	0,04	5,85	

Tab. 4.38: Ergebnisse der Hypothesen-Überprüfung der moderierenden Variablen

Die Hypothesen H_{11} und H_{12} beziehen sich auf den Marken- respektive den Produktkategoriefit. Diese beiden Größen erwachsen aus einem Vergleichsprozess der beiden beteiligten Marken (bzw. Produktkategorien) und treten jeweils ein Mal pro Modell auf. Es kann somit kein Vergleich der Einflüsse der Marken innerhalb eines Modells durchgeführt werden. Vielmehr muss der Vergleich der Strukturparameter der betroffenen Beziehungen (z. B. $\beta_6^{Modell\ Nokia-Puma}$ und $\beta_6^{Modell\ Medion-Puma}$) zwischen den drei erhobenen Co-Branding Modellen stattfinden. Ein solcher *Modellvergleich* geschieht, der zugrunde liegenden Hypothese entsprechend, zwischen einem Modell, in das mindestens eine mit geringem Wissen assoziierte Marke invol-

---

[505] Der Vergleich erfolgt anhand des in diesem Kapitel beschriebenen t-Tests nach Chin (2000).
[506] Vgl. zu diesem Vorgehen auch Simonin/Ruth (1998), S. 34.

viert ist, und einem Modell mit Marken ausschließlich hohen Markenwissens. In dieser Untersuchung stellen Medion-Puma und Nokia-Medion solche Modelle der ersten Kategorie dar; als Referenzmodell fungiert hier Nokia-Puma.

Die Ergebnisse der t-Tests bezüglich der Differenzen zwischen den Pfadkoeffizienten sind ebenfalls in Tabelle 4.38 dokumentiert und stützen durchgehend die unterstellten Hypothesen. Somit gibt es keinen Grund, die drei Hypothesen zum moderierenden Einfluss des Markenwissens auf die betreffenden Modellbeziehungen zu verwerfen.

4.4.5 Vergleich der Markeneinstellungsdimensionen der Marken Nokia, Puma und Medion

Das besondere Design der Untersuchung, das sich durch die Abfrage der Messskalen für drei Markenkombinationen und die dazugehörigen Marken Nokia, Puma und Medion auszeichnet, ermöglicht es, einen Vergleich zwischen den Markeneinstellungsdimensionen der drei Marken anzustellen. Auf diese Weise kann der Forscher Aufschlüsse über das Zustandekommen und die Zusammensetzung der Markeneinstellung bei verschiedenen Marken, die in unterschiedlichen Produktkategorien präsent sind, erlangen und mögliche Unterschiede identifizieren.

Zur Überprüfung erfolgt ein Test auf signifikante Unterschiede der Beziehungen der Einstellungsdimensionen untereinander und zur Markeneinstellung zwischen den Marken Nokia, Puma und Medion.[507] Neben den Unterschieden zwischen zwei Marken, lässt sich für jede Modellbeziehung eine Rangfolge der Marken bezüglich der Höhe ihrer Strukturparameter ableiten. Die Ergebnisse des Vergleichs sowie die berechneten t-Werte (Werte in Klammern) sind in Tabelle 4.39 dargestellt.

Die Ergebnisse belegen, dass die Struktur des Beziehungsgeflechts der Markeneinstellungsdimensionen nicht für alle Marken identisch ist, sondern von Marke zu Marke differiert.

Um die Wichtigkeit der einzelnen Dimensionen für die Bildung der Markeneinstellung zu zeigen, müssen alle direkten und indirekten Effekte einer Dimension aufsummiert werden. Diese Totaleffekte werden in Tabelle 4.40 für die drei Marken gegenübergestellt. Die Bildung

---

[507] Es findet der gleiche t-Test wie in Kapitel 4.4.4 Verwendung; vgl. auch Chin (2000).

einer Rangfolge zeigt, welche Dimensionen die größte Relevanz für die entsprechende Marke besitzt.

Beziehung	Vergleich Nokia-Puma	Vergleich Medion-Puma	Vergleich Nokia-Medion	Rangfolge
FN auf ME	Nokia < Puma (t = 9,92)	Medion > Puma (t = 29,45)	Nokia < Medion (t = 41,38)	1. Medion 2. Puma 3. Nokia
AE auf ME	Nokia > Puma (t = 10,66)	Medion < Puma (t = 42,16)	Nokia > Medion (t = 32,26)	1. Puma 2. Nokia 3. Medion
SK auf ME	Nokia < Puma (t = 16,57)	Medion > Puma (t = 19,69)	Nokia = Medion (t = 0,14)	1. Nokia & Medion 2. Puma
BRQ auf ME	Nokia > Puma (t = 2,54)	Medion < Puma (t = 2,37)	Nokia > Medion (t = 4,77)	1. Nokia 2. Puma 3. Medion
FN auf BRQ	Nokia = Puma (t = 0,68)	Medion > Puma (t = 21,90)	Nokia < Medion (t = 22,41)	1. Medion 2. Nokia & Puma
AE auf BRQ	Nokia < Puma (t = 10,62)	Medion < Puma (t = 65,97)	Nokia > Medion (t = 63,50)	1. Puma 2. Nokia 3. Medion
SK auf FN	Nokia > Puma (t = 7,38)	Medion > Puma (t = 3,09)	Nokia > Medion (t = 2,63)	1. Nokia 2. Medion 3. Puma
SK auf AE	Nokia < Puma (t = 11,03)	Medion < Puma (t = 13,83)	Nokia > Medion (t = 4,02)	1. Puma 2. Nokia 3. Medion
SK auf BRQ	Nokia > Puma (t = 17,54)	Medion > Puma (t = 49,56)	Nokia < Medion (t = 31,74)	1. Medion 2. Nokia 3. Puma

ME: Markeneinstellung FN: Funktionaler Nutzen AE: Ästhetik SK: Selbstkongruenz BRQ: Markenbeziehungsqualität

Tab. 4.39: Vergleich der Markeneinstellungsdimensionen für Nokia, Puma und Medion

Markeneinstellungs-dimension	Nokia		Puma		Medion	
	Totaleffekt	Rang	Totaleffekt	Rang	Totaleffekt	Rang
Funktionaler Nutzen	0,22	3	0,29	3	0,53	2
Ästhetik	0,55	2	0,63	1	0,21	3
Selbstkongruenz	0,64	1	0,58	2	0,65	1
Markenbeziehungs-qualität	0,19	4	0,18	4	0,16	4

Tab. 4.40: Vergleich der Totaleffekte der Markeneinstellungsdimensionen auf die Markeneinstellung von Nokia, Puma und Medion

Durch die Übersicht wird deutlich gemacht, dass die Einstellungsdimensionen nicht bei allen Marken das gleiche Gewicht für Einstellungsbildung aufweisen. Während die Wichtigkeit der Selbstkongruenz (Totaleffekte zwischen 0,58 und 0,65) und der Markenbeziehungsqualität (Totaleffekte zwischen 0,16 und 0,19) annähernd stabil ist, unterscheiden sich die Einflüsse des Funktionalen Nutzens (Totaleffekte zwischen 0,22 und 0,53) und der Ästhetik (Totaleffekte zwischen 0,21 und 0,63) bei den einzelnen Marken zum Teil erheblich. Dabei sind Nokia und Puma durch eine große Relevanz der Ästhetik und ein geringes Gewicht des Funktionalen Nutzens gekennzeichnet. Medion verzeichnet einen genau entgegengesetzten Effekt – hier ist der funktionale Aspekt wesentlich wichtiger als der ästhetische.

Die Zusammenführung und Interpretation der Schätzergebnisse der drei Untersuchungsmodelle stellt den nächsten Schritt der Analyse dar.

4.5 Interpretation der Ergebnisse

4.5.1 Interpretation des Co-Branding-Modells

Der erste Schritt der Interpretation besteht darin, aus den Ergebnissen der drei einzelnen Untersuchungsmodelle eine allgemeine Verifizierung der Hypothesen abzuleiten. Dabei liegen folgende Entscheidungsregeln zugrunde: die Bestätigung der prognostizierten Zusammenhänge in allen drei Untersuchungsmodellen ergibt eine *Bestätigung* der Gesamt-Hypothese, die Bestätigung der Hypothese in ein oder zwei Modellen führt zu einer *Teil-Bestätigung* der Gesamt-Hypothese und die Verwerfung der Hypothese in allen drei Teil-Modellen hat eine *Nicht-Bestätigung* der Gesamt-Hypothese zur Folge. Tabelle 4.41 umfasst das Ergebnis dieser Beurteilungsprozedur.

Bis auf den Hypothesenkomplex um die Markenfit-Dimensionen (H_7) konnten sämtliche Hypothesen bestätigt oder zumindest teilweise bestätigt werden. Da jede Bestätigung einer Hypothese in drei Modellen bzw. für drei verschiedene Marken erbracht wurde, zeichnen sich die Resultate durch die hohe Aussagekraft aus. Zudem weisen die Zielkonstrukte der Untersuchung – vor allem die Einstellung gegenüber dem Co-Brand sowie die Markeneinstellung – einen hohen Erklärungsgrad auf. Zusammengenommen deutet das auf eine sehr gute Anpassung des theoretischen Modells an die empirischen Daten hin.

Hypothese	Angenommener Zusammenhang	Ergebnis
H_1	Je positiver die Markeneinstellung gegenüber den Ausgangsmarken, desto positiver ist die Einstellung gegenüber der Co-Branding-Leistung.	Bestätigt
H_{2a}	Je größer der Funktionale Nutzen der Leistungen für den Konsumenten, desto positiver ist die Markeneinstellung.	Bestätigt
H_{2b}	Je größer der Funktionale Nutzen der Leistungen für den Konsumenten, desto höher ist die Markenbeziehungsqualität.	Teilweise Bestätigt
H_{3a}	Je vorteilhafter die Ästhetik der Leistungen, desto positiver ist die Markeneinstellung.	Bestätigt
H_{3b}	Je vorteilhafter die Ästhetik der Leistungen, desto höher ist die Markenbeziehungsqualität.	Teilweise Bestätigt
H_{4a}	Je höher die Selbstkongruenz des Individuums bzgl. der Marke, desto positiver ist die Markeneinstellung.	Teilweise Bestätigt
H_{4b}	Je höher die Selbstkongruenz des Individuums bzgl. der Marke, desto größer ist der Funktionale Nutzen der Leistungen für den Konsumenten.	Bestätigt
H_{4c}	Je höher die Selbstkongruenz des Individuums bzgl. der Marke, desto vorteilhafter wird die Ästhetik der Leistungen wahrgenommen.	Bestätigt
H_{4d}	Je höher die Selbstkongruenz des Individuums bzgl. der Marke, desto höher ist die Markenbeziehungsqualität.	Bestätigt
H_5	Je höher die Markenbeziehungsqualität, desto positiver ist die Markeneinstellung.	Bestätigt
H_6	Je höher der globale Markenfit, desto positiver ist die Einstellung gegenüber der Co-Branding-Leistung.	Bestätigt
H_{7a}	Je höher der Funktionaler Nutzen-Fit, desto höher ist der globale Markenfit.	Nicht Bestätigt
H_{7b}	Je höher der Ästhetik-Fit, desto höher ist der globale Markenfit.	Nicht Bestätigt
H_{7c}	Je höher der Selbstkongruenz-Fit, desto höher ist der globale Markenfit.	Nicht Bestätigt
H_{7d}	Je höher der Markenbeziehungsqualität-Fit, desto höher ist der globale Markenfit.	Nicht Bestätigt
H_8	Je höher der Produktkategoriefit, desto positiver ist die Einstellung gegenüber der Co-Branding-Leistung.	Bestätigt
H_9	Je positiver die Einstellung gegenüber der Co-Branding-Leistung, desto größer ist die Kaufabsicht gegenüber der Co-Branding-Leistung.	Bestätigt
H_{10}	Je höher das Markenwissen, desto schwächer beeinflusst die Einstellung gegenüber der betreffenden Marke die Einstellung gegenüber der Co-Branding-Leistung.	Bestätigt
H_{11}	Je geringer das Markenwissen zu mindestens einer der beteiligten Marken, desto stärker beeinflusst der globale Markenfit die Einstellung gegenüber der Co-Branding-Leistung.	Bestätigt
H_{12}	Je geringer das Markenwissen zu mindestens einer der beteiligten Marken, desto schwächer beeinflusst der Produktkategoriefit die Einstellung gegenüber der Co-Branding-Leistung.	Bestätigt

Tab. 4.41: Die Verifizierung der Hypothesen im Überblick

Im zweiten Schritt erfolgt die Interpretation der wichtigsten Resultate dieser Gesamtbetrachtung der Untersuchung. In allen drei Teilmodellen konnten die Einstellungen gegenüber den *Ausgangsmarken*, der *globale Markenfit* und der *Produktkategoriefit* als direkte, positiv wirkende Einflussgrößen der Beurteilung eines Co-Branding-Produktes identifiziert werden. Eine herausragende Stellung unter ihnen nimmt der *Markenfit* ein (mit einem Pfadkoeffizienten von bis zu 0,66). Demnach ist es für einen Konsumenten bei der Bewertung eines Co-Brands von entscheidender Bedeutung, ob es ihm gelingt, eine evtl. bestehende Inkongruenz zwischen den involvierten Marken erfolgreich zu lösen. Kann er eine solche Inkongruenz auflösen bzw. liegt gar keine Inkongruenz vor, dann wird das Urteil über das Co-Brand zumeist positiv ausfallen, da die übrigen Faktoren zusammengenommen bei niedrigem Markenwissen[508] über eine geringere Wirkung auf die Co-Branding-Einstellung verfügen als der Markenfit alleine. Diese Erkenntnis steht im Einklang mit bisherigen empirischen Studien zum Co-Branding, die ebenfalls den Markenfit als bedeutendste Einflussgröße der Co-Brand-Bewertung identifizieren konnten.[509] Die Beurteilung des Markenfits beruht auf der Evaluierung der Komplementarität sowie der Konsistenz der beteiligten Marken, wobei die Abnehmer der Komplementarität größere Relevanz beimessen.[510] Eine solche Einschätzung der Marken als sich ergänzende Partner geht mit einem Faktor von beispielsweise 0,54 (Modell Nokia-Medion) bzw. 0,49 (Modell Medion-Puma) in die Einstellung zum Co-Branding ein und weist damit große Relevanz für den Erfolg eines Co-Brands auf. Dieser Befund ist konsistent mit dem Ergebnis der empirischen Studie von *Park/Jun/Shocker* (1996), die der Komplementarität größere Relevanz als beispielsweise den Einstellungen zu den Ausgangsmarken zuschreiben.[511]

Im Rahmen der laientheoretischen Kategorisierungstheorie wurde die Annahme postuliert, dass sich der globale Markenfit in vier Dimensionen untergliedert – und zwar in die Fit-Beurteilungen der vier Markeneinstellungsdimensionen. Das empirische Datenmaterial vermochte diese These jedoch nicht zu stützen. Vorbehaltlich der Unzulänglichkeiten bei der Operationalisierung dieser Konstrukte[512] muss man davon ausgehen, dass die Konsumenten zur Beurteilung des Markenfits eines Co-Brandings keine Fit-Bewertung der einzelnen Markeneinstellungsdimensionen zu Rate ziehen. Vielmehr liegt es dann nahe, dass der Markenfit

---

[508] Vgl. zur Interpretation der unterschiedlichen Markenwissenniveaus Kapitel 4.5.1.
[509] Vgl. z. B. Lafferty/Goldsmith/Hult (2004), S. 522; Simonin/Ruth (1998), S. 36.
[510] Vgl. dazu auch Kapitel 4.3.4.
[511] Vgl. Park/Jun/Shocker (1996), S. 453.
[512] Vgl. Kapitel 4.4.1.

eine holistische Größe ist, die nicht aus dem Vergleich einzelner Teile der Markeneinstellung (z. B. Vergleich der Ästhetik beider Marken) resultiert.

Die zweite Fitgröße, die einen positiven Einfluss auf die Co-Brand-Bewertung ausübt, ist der *Produktkategoriefit*. Für den Erfolg eines Co-Brandings ist somit nicht nur die Passung der Marken, sondern auch der Produktkategorien, in denen die Produkte der Ausgangsmarken präsent sind, relevant. Die Konsumenten machen ihre Einstellung zum Co-Brand jedoch bei weitem stärker von dem Fit der Marken als von dem Fit der Produktkategorien abhängig.

Neben den beiden Fit-Einschätzungen wirkt sich auch die *Einstellung zu den Individualmarken* – in ungefähr gleichem Ausmaß wie der Produktkategoriefit – in positiver Form auf die Co-Brand-Evaluierung aus. Die neu gebildete Einstellung bei Kontakt mit dem Co-Branding-Produkt schließt immer auch Teile der bestehenden Einstellung zu den Ausgangsmarken mit ein. Ein Konsument attestiert dem Co-Brand schon durch dessen Markierung mit den Markennamen der kooperierenden Marken eine Ähnlichkeit zu diesen Marken. Eine solche wahrgenommene Ähnlichkeit provoziert eine Anpassung der Co-Branding-Einstellung an die Einstellung zu den Individualmarken. Je vorteilhafter also die Abnehmer die *eingehenden Marken* sehen, desto wahrscheinlicher wird der Erfolg des *Co-Brandings* – gemessen an der durch eine positivere Co-Brand-Einstellung hervorgerufenen höheren Kaufabsicht.

Die globale Markeneinstellung besitzt neben ihrer direkten Wirkung auf die Beurteilung des Co-Brandings noch eine weitere Aufgabe: sie fungiert als *Mediator für den Einfluss der Markeneinstellungsdimensionen auf die Einstellung zum Co-Brand*. Den Hypothesen entsprechend konnte ein positiver Effekt aller Einstellungsdimensionen auf die Markeneinstellung und damit auf den Co-Branding-Erfolg nachgewiesen werden.[513] Die beiden produktbezogenen Dimensionen ‚Funktionaler Nutzen' und ‚Ästhetik' besitzen zusammengenommen ungefähr die gleiche Bedeutung für die Co-Brand-Einstellung wie die beiden markenbezogenen Dimensionen ‚Selbstkongruenz' und ‚Markenbeziehungsqualität'.

Die jeweilige Wirkung des Funktionalen Nutzens sowie der Ästhetik auf das Co-Brand ist in hohem Maße von der Positionierung der jeweiligen Marke abhängig – je nach Marke dominiert entweder der funktionale oder der ästhetische Aspekt der Produkte.[514] Hingegen wirken

---

[513] Der direkte Einfluss der Selbstkongruenz weist bei einer der drei Marken (Puma) keinen signifikanten Wert auf.
[514] Die ausführliche Erörterung der Unterschiede in den Markeneinstellungsdimensionen der verschiedenen Marken findet in Kapitel 4.5.3. statt.

sich die Selbstkongruenz und die Markenbeziehungsqualität weitestgehend unabhängig von der Art der Marke auf das Co-Branding aus. Der positive Einfluss der Selbstkongruenz belegt, dass den Konsumenten durch den Kauf und die Verwendung von Produkten, welche durch eine große Nähe der Markenpersönlichkeit zu ihrem tatsächlichen oder idealen Selbstkonzept geprägt sind, die Erfüllung ihrer Selbstwertmotive gelingt. Außerdem ermöglichen es mit Persönlichkeitsmerkmalen aufgeladene Marken dem Konsumenten, die Marke als einen Beziehungspartner anzusehen, der soziale Bedürfnisse befriedigen und somit einen Zusatznutzen stiften kann. Die Totaleffekte der beiden Größen deuten darauf hin, dass die Konsumenten die Selbstkongruenz als wesentlich wichtigere Stellgröße der Markeneinstellung und somit auch der Co-Branding-Einstellung werten. Diese Erkenntnis steht im Gegensatz zu *Kressmann/Herrmann/Huber/Magin* (2003), die der Markenbeziehungsqualität (0,28) und der tatsächlichen sowie idealen Selbstkongruenz (zusammengenommen 0,30) eine ähnlich hohe Bedeutung hinsichtlich der Kaufabsicht zugesprochen haben.[515] Eine Besonderheit der Selbstkongruenz ist darin zu sehen, dass sie nur über einen schwachen direkten Effekt verfügt, jedoch aufgrund ihrer vielfältigen Auswirkungen auf die anderen Markeneinstellungsdimensionen einen sehr hohen totalen Effekt erzielt. Insgesamt erklärt das gewählte Modell die Markeneinstellung zu einem sehr hohen Grad. Je nach Marke lassen sich zwischen 74 und 83 Prozent der Varianz auf die vier Markeneinstellungsdimensionen zurückführen. Damit ist eine wesentlich bessere Varianzerklärung gegeben als beispielsweise bei *Kressmann/Herrmann/Huber/Magin* (2003), die mit lediglich drei Markeneinstellungsdimensionen und ohne explizite Berücksichtigung der Ästhetik eine Erklärung der Kaufabsicht (als Maß für den individuellen Markenwert) zu 32 Prozent erreichen.[516] Somit ist die Betrachtung der Ästhetik als eigenständige Einstellungsdimension zu präferieren.

Die Beziehungen der Einstellungsdimensionen untereinander lassen weitere Erkenntnisse über das Zustandekommen der Markeneinstellung zu. Die Verbindungen der Selbstkongruenz mit dem Funktionalen Nutzen und der Ästhetik belegen eine *sehr starke Verzerrung* der Wahrnehmung der funktionalen und ästhetischen Komponenten eines Produktes in Richtung der zeitlich vorgelagerten Verarbeitung der selbstbezogenen Informationen hinsichtlich der Marke. Von der Funktion der Selbstkongruenz als selbstbestätigende Größe, die sich positiv auf die Qualität der Markenbeziehung auswirkt, kann aufgrund der Bestätigung der betreffenden Hypothese ausgegangen werden. Die Selbstkongruenz drückt demzufolge die Selbstkon-

---

[515] Vgl. Kressmann/Herrmann/Huber/Magin (2003), S. 412.
[516] Vgl. Kressmann/Herrmann/Huber/Magin (2003), S. 411.

sistenz- und Selbsterweiterungsmotive aus, welche die Nachfrager durch das Eingehen und Aufrechterhalten einer Konsumenten-Marken-Beziehung verfolgen. Die Wirkung des Funktionalen Nutzens und der Ästhetik auf die Markenbeziehungsqualität fällt in Abhängigkeit von der Marke unterschiedlich aus und ist Gegenstand einer ausführlichen Erläuterung in Kapitel 4.5.3.

Empirische Bestätigung erfährt auch der angenommene positive Einfluss der Co-Brand-Einstellung auf die Kaufabsicht, welche als Maß für den Markterfolg eines Co-Brandings fungieren kann. Somit resultieren aus den identifizierten direkten und indirekten Erfolgsfaktoren des Co-Brands die Erfolgsaussichten der Markteinführung eines Co-Brandings.

4.5.2 Interpretation des moderierenden Einflusses des Markenwissens

Die Unterschiede der vier direkten Einflussgrößen der Co-Branding-Beurteilung, die zwischen den drei untersuchten Markenkombinationen auftreten, konnten auf unterschiedliches *Markenwissen* zurückgeführt werden. Das Wissen des Konsumenten über eine Marke übt somit eine moderierende Wirkung auf die Beziehungen des Co-Branding-Modells aus.

Der unterstellte Einfluss des Markenwissens auf die Stärke der Beziehung zwischen der Markeneinstellung und der Co-Brand-Einstellung erweist sich als signifikant. Die Marke Medion, zu der ein geringes Wissen besteht, wird vom Konsumenten im Vergleich zu Nokia und Puma eher als die *kritische Marke* angesehen. Fällt sein Urteil zu dieser Marke positiv aus, dann ist die Grundlage für eine gute Co-Branding-Beurteilung gelegt. Ist das Urteil über Medion hingegen negativ, dann wird eine nachteilige Bewertung wahrscheinlicher.

Die theoretisch abgeleitete, moderierende Wirkung des Markenwissens auf die Wichtigkeit des Marken- und des Produktkategoriefits zur Co-Branding-Evaluierung geht in die erwartete Richtung. Beide Hypothesen zu diesem Sachverhalt bestätigten sich bei der Auswertung der empirischen Daten. Es ist demnach davon auszugehen, dass Konsumenten mit geringem Wissen über mindestens eine der beiden Marken des Co-Brands eine durch das fehlende Wissen eingeschränkte Fähigkeit zur Bewertung des Produktkategoriefits besitzen. Ihr Urteil zu dieser Fitgröße stützt sich auf weniger Wissen und wird dadurch unsicherer, so dass sie sich bei der Co-Brand-Evaluierung weniger darauf verlassen – der Einfluss wird mit abnehmendem Wissen geringer. Zugleich implizieren die empirischen Ergebnisse, dass die Informationsverarbeitung bei geringem Markenwissen eher auf der peripheren Route erfolgt. In einem solchen Fall werden die peripheren, oberflächlichen Reize der Markenimages wichtiger. Die Kompatibilität der Markenimages, die im Globalen Markenfit Ausdruck findet, gewinnt an Relevanz.

Ein Konsument, der lediglich über ein schwach ausgeprägtes Wissen hinsichtlich einer der beteiligten Marken verfügt, macht seine Einstellung gegenüber dem Co-Brand zum größten Teil vom Fit der Marken abhängig. Dieser Erfolgsfaktor ist für ihn wichtiger als die beiden Markeneinstellungen und der Produktkategoriefit zusammengenommen.

4.5.3 Interpretation der Unterschiede in den Markeneinstellungsdimensionen von Nokia, Puma und Medion

Die Ergebnisse der empirischen Studie führen zu der Erkenntnis, dass die Bedeutung der einzelnen Markeneinstellungsdimensionen für die globale Markeneinstellung nicht bei allen Marken gleich hoch ist, sondern in Abhängigkeit von der jeweiligen Marke differiert. Die Unterschiede, die zwischen den drei untersuchten Marken existieren, werden in diesem Abschnitt interpretiert.

Die Wirkung der beiden *leistungsbezogenen* Einstellungsdimensionen ‚Funktionaler Nutzen' und ‚Ästhetik' auf die Markeneinstellung ist in hohem Maße von der jeweiligen Marke abhängig. Die *markenbezogenen* Aspekte ‚Selbstkongruenz' und ‚Markenbeziehungsqualität' wirken sich hingegen weitestgehend unabhängig von der Art der Marke aus.

Die Marken Nokia und Puma zeichnen sich durch eine hohe Wichtigkeit der Ästhetik und eine viel geringere Bedeutung des Funktionalen Nutzens ihrer Produkte aus. Anhand dieser Ergebnisse lässt sich die *stark emotionale Positionierung* dieser Marken erkennen. Die *wesentlich funktionalere Positionierung* von Medion spiegelt sich in einem hohen Einfluss der funktionalen Bestandteile und deutlich geringerer Relevanz der ästhetischen Komponenten wider. Das beobachtete Phänomen bezieht sich sowohl auf die direkten wie auch die totalen Effekte der leistungsbezogenen Einstellungsdimensionen.

Die leistungsbezogenen Dimensionen wirken nicht nur auf die Markeneinstellung, sondern auch auf die Markenbeziehungsqualität. Diese Beziehung unterliegt ebenfalls markenspezifischen Einflüssen. Der Funktionale Nutzen der Marken Nokia und Puma verzeichnet keine signifikante Wirkung auf die Qualität der Markenbeziehung; die Ästhetik dieser Marken wirkt sich jedoch sehr stark auf die Beziehungsqualität aus. Am Beispiel dieser Marken wird deutlich, dass eine ansprechende Ästhetik der Produkte eine Liebe zur Marke entfachen kann, die in einer Steigerung der Markenbeziehungsqualität mündet. Von der Ästhetik der Marke Puma gehen die größten Auswirkungen der drei untersuchten Marken auf die Markeneinstellung und die Markenbeziehungsqualität aus – Puma hat sie im Vergleich zu Nokia und Medion am emotionalsten positioniert. Ein entgegengesetztes Bild offenbart sich bei Medion: der Funktionale Nutzen beeinflusst die Konsumenten-Marken-Beziehung stark, während die Ästhetik keinen signifikanten Einfluss ausübt. Hier spielt die funktionale Leistung des Produktes eine Rolle bei der Interaktion zwischen Konsument und Marke und bestimmt dadurch auch die Qualität der Beziehung. Die Ästhetik der Produkte von Medion vermag beim Konsumenten keine Gefühle wie Liebe hervorzurufen und steigert die Beziehungsqualität nicht.

Der starke Einfluss der Ästhetik auf die Markenbeziehungsqualität, der bei den Marken Nokia und Puma vorliegt, findet in den Arbeiten von *Fournier* keinerlei Erwähnung.[517] Sie spricht davon, dass qualitativ hochwertige Beziehungen unter anderem auf einem hohen wahrgenommenen Funktionalen Nutzen der Produkte basieren.[518] Einen solchen Zusammenhang mit der Ästhetik zieht sie in ihren Arbeiten jedoch zu keinem Zeitpunkt in Erwägung. Aufgrund der für zwei Marken hochgradig evidenten Ergebnisse muss das Konstrukt der Beziehungsqualität von Fournier dahingehend erweitert werden, dass auch ästhetische Aspekte der Produkte zu einer gesteigerten Qualität der Beziehung führen können.

Kressmann/Herrmann/Huber/Magin (2003) prognostizieren in ihrer Studie für Produktkategorien, in denen eine hohe soziale Auffälligkeit der Gebrauchssituation und hohes kognitives Engagement bei der Kaufentscheidung zu erwarten sind, einen positiven Einfluss des Funktionalen Nutzens auf die Markenbeziehungsqualität.[519] Für die hier untersuchten Produktkategorien ‚Mobiltelefon' und ‚Sport- und Lifestylemode' der Marken Nokia und Puma ist zumindest das Kriterium der sozialen Auffälligkeit der Gebrauchssituation in hohem Maße erfüllt. Dennoch erweist sich die vorhergesagte Beziehung bei diesen Marken als nicht signifikant. Der Grund ist in dem *undifferenzierten Vorgehen* von *Kressmann/Herrmann/Huber/Magin* zu sehen: In der hier vorliegenden Co-Branding-Untersuchung besteht immer ein signifikanter Einfluss der leistungsbezogenen Einstellungsdimensionen – entweder durch den Funktionalen Nutzen (bei der Marke Medion) oder die Ästhetik (bei den

---

[517] Vgl. Fournier (1994); Fournier (1998); Aaker/Fournier/Brasel (2004).
[518] Vgl. Fournier (1998), S. 365.
[519] Vgl. Kressmann/Herrmann/Huber/Magin (2003), S. 412 ff.

Marken Puma und Nokia). *Kressmann/Herrmann/ Huber/Magin* führen keine Aufteilung dieser leistungsbezogenen Dimensionen durch und subsumieren funktionale und ästhetische Aspekte unter dem Begriff ‚Funktionale Kongruenz', der dann ebenfalls eine signifikante Wirkung besitzt.[520] Bei den Marken Nokia und Puma ist die Wirkung jedoch nicht auf den Funktionalen Nutzen, sondern auf die Ästhetik zurückzuführen. Die undifferenzierte Vorgehensweise führt dazu, dass der Einfluss dem funktionalen Nutzen zugeschrieben wird, obwohl er in Wirklichkeit in der Ästhetik begründet liegt. Darin ist ein weiterer Beleg für die Forderung zu sehen, die Ästhetik als eigenständige Markeneinstellungsdimension zu etablieren.

Die Erkenntnisse dieser Untersuchung können für konkrete Handlungsempfehlungen an die Führer einer Marke genutzt werden und finden sich in den Implikationen des folgenden Kapitels wieder. Auch Hinweise für die Forschung sind Bestandteil dieses Abschnitts.

4.6 Implikationen für Praxis und Wissenschaft

Das Eingehen einer Kooperation mit einer anderen Marke zur Einführung eines gemeinsamen Produktes ist, wie in Kapitel 2.1.3.2 verdeutlicht wurde, mit zahlreichen *Risiken* verbunden. Zugleich ist eine derartige Kooperation mit *Unsicherheiten* über den Erfolg des Co-Brandings sowie das Verhalten der Partnermarke behaftet. Besonders gravierend kann ein Misserfolg des neuen Produktes sein, da Forscher in früheren Studien *Spill-Over-Effekte* auf die Ausgangsmarke nachgewiesen haben[521] – die Marke als das „wichtigste Kapital des Unternehmens"[522] ist dann gefährdet. Aus diesem Grund sollten die Manager einer Marke der Wahl einer geeigneten Partnermarke große Aufmerksamkeit widmen. Um die Unsicherheiten einer solchen Wahl zu verringern, ist die Kenntnis der Faktoren, die den Erfolg des Co-Brands beeinflussen, unerlässlich. Im folgenden Abschnitt erhält der Markenführer aus den Ergebnissen dieser Untersuchung abgeleitete Empfehlungen für die Konzeption eines Co-Brandings. Abschließend werden die für die *Marketingforschung* neuen Erkenntnisse zusammengefasst und Hinweise auf weiteren Forschungsbedarf formuliert.

Als direkte Einflussgrößen der Beurteilung eines Co-Brandings konnten die Einstellungen zu den Ausgangsmarken, der Markenfit sowie der Produktkategoriefit identifiziert werden. Bis

---

[520] Vgl. Kressmann/Herrmann/Huber/Magin (2003), S. 413.
[521] Vgl. z. B. Simonin/Ruth (1998), S. 39; Lafferty/Goldsmith/Hult (2004), S. 522.
[522] Vgl. Kapferer (1992), S. 9.

auf die Markeneinstellung der Konsumenten zur eigenen Marke sind sämtliche Größen durch die Wahl der Partnermarken beeinflussbar. Die größte Beachtung bei der Entscheidung für einen Kooperationspartner sollten die Entscheider der Kompatibilität der Marken – also dem *Markenfit* – schenken. Von dem Urteil der Abnehmer darüber, wie gut die beiden Marken aus ihrer Sicht zusammenpassen, ist die Akzeptanz für das neue Produkt am stärksten abhängig. Im Zweifelsfalle ist deshalb eine Marke, die einen guten Fit aufweist, aber nur mittelmäßige Einstellungswerte erzielt, einer anderen Marke vorzuziehen, welche aus Konsumentensicht nicht zur eigenen Marke passt, selbst wenn sie über hervorragende Kundeneinstellungen verfügt. Zieht der Markenführer die Zusammenarbeit mit einer relativ unbekannten Marke in Erwägung, zu der die Konsumenten nur ein geringes Wissen besitzen, dann gewinnt ein guter Markenfit weiter an Bedeutung.

Es ist in besonderem Maße auf die Komplementarität der beiden Marken zu achten, da sich der Abnehmer bei der Fit-Bewertung mehr darauf als auf die Konsistenz zweier Marken stützt. Die Prognose des Markenfits sollte hingegen nicht durch die Evaluierung des Fits der einzelnen Markeneinstellungsdimensionen beider Marken – beispielsweise des Ästhetik-Fits oder des Selbstkongruenz-Fits – geschehen. Die Konsumenten bilden ihr Fit-Urteil nicht auf der Grundlage dieser einzelnen Fitbasen.

Neben den Marken sollten sich möglichst auch die Produktkategorien ergänzen. Jedoch ist diesem Fit weniger Bedeutung als dem Markenfit beizumessen, da er eine geringere Wirkung auf die Beurteilung des Co-Brands hat.

Als letzter Erfolgsfaktor eines Co-Brandings wurde die *Einstellung zu den Ausgangsmarken* identifiziert. Aus diesem Grund erscheint ein Marke umso geeigneter für eine Kooperation, je besser sie die Konsumenten bewerten. Die Markeneinstellung erfüllt jedoch noch eine weitere wichtige Aufgabe: sie fungiert als Mediator zwischen den Einstellungsdimensionen und der Co-Brand-Einstellung. Die einzelnen Markeneinstellungsdimensionen weisen wie erinnerlich zwar keine Relevanz bei der Markenfit-Beurteilung auf, beeinflussen die Bildung einer Einstellung zum Co-Branding über die Markeneinstellung jedoch sehr wohl. Deshalb sollte die Wahl eines geeigneten Kooperationspartners nicht losgelöst von der Betrachtung seiner Markeneinstellungsdimensionen erfolgen.

Um potenzielle Partnermarken hinsichtlich ihrer Eignung für ein gemeinsames Co-Branding zu bewerten, ist es hilfreich, die Ausprägungen ihrer Einstellungsdimensionen in Relation zur

Wichtigkeit der einzelnen Dimensionen für die Einstellung zum Co-Brand zu setzen. Eine solche Aufgabe vermag die *Importance-Performance-Matrix* zu erfüllen.[523] Sie vereint in einer zweidimensionalen Matrix für jede Dimension einen Gewichtungsfaktor in Form des Totaleffektes der Dimension auf das Co-Brand und ein Ausprägungsniveau, das sich aus der Bewertung durch die Probanden im Rahmen der Datenerhebung ergibt. Abbildung 4.8 stellt exemplarisch die Importance-Performance-Matrix der Markeneinstellungsdimensionen für die Einstellung zum Co-Brand am Beispiel der Marken Nokia und Puma dar.

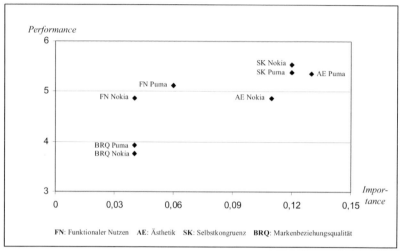

Abb. 4.8: Importance-Performance-Matrix am Beispiel von Nokia und Puma

Anhand dieser Matrix kann ein Unternehmen die Bewertung der Eignung potenzieller Partnermarken, durch deren – über die Markeneinstellung mediierten – Einstellungsdimensionen positiv zur Kunden-Evaluierung des gemeinsamen Produktes beizutragen, vornehmen. Dabei ist darauf zu achten, dass vor allem die Dimensionen, die mit einem hohen Gewichtungsfaktor in die Co-Brand-Einstellung eingehen, bei der zu bewertenden Marke über hohe wahrgenommene Ausprägungen verfügen. Die Gewichtungsfaktoren sind jedoch nicht bei allen Marken gleich stark ausgeprägt. Insbesondere die Bedeutung des Funktionalen Nutzens und der Ästhetik variiert von Marke zu Marke. Eine endgültige Entscheidung für einen Kooperationspartner sollte neben den Markeneinstellungsdimensionen allerdings, wie bereits erwähnt, in besonderem Maße vor dem Hintergrund des sich einstellenden Markenfits getroffen werden.

---

[523] Vgl. Huber/Herrmann/Peter (2003), S. 351.

Über die Funktion als Bewertungstool potenzieller Partnermarken hinaus, eignet sich die Importance-Performance-Matrix auch zur Ableitung von Handlungsempfehlungen für den effektiven Einsatz von Marketingaktivitäten zur Steigerung der Einstellung des Konsumenten zur eigenen Marke. Dimensionen, die nur eine geringe Wichtigkeit und eine relativ schwache Ausprägung aufweisen, sollte das markeninhabende Unternehmen weniger stark fördern; falls sie ein hohes Ausprägungsniveau erreichen, sollte eine Reallokation der Ressourcen in Erwägung gezogen werden.[524] Besitzen die Dimensionen ein hohes Gewicht bei der Einstellungsbildung und wird ihre Ausprägung als stark eingeschätzt, so sollte das hohe Niveau gehalten werden; Dimensionen mit lediglich geringem Ausprägungsniveau sind in besonderem Maße förderungswürdig.[525] Die beispielhaft zitierten Marken Nokia und Puma zeichnen sich bereits durch die relative Stärke der als besonders wichtig eingestuften Dimensionen ‚Ästhetik' und ‚Selbstkongruenz' aus.

Wird die Steigerung der Performance der Selbstkongruenz oder der Markenbeziehungsqualität angestrebt, so stellt sich das Problem, dass beide Konstrukte auf den Persönlichkeitsstrukturen der Konsumenten basieren. Diese Persönlichkeitsstrukturen unterliegen großen Schwankungen zwischen den einzelnen Konsumenten, so dass keine für alle Konsumenten passenden Handlungsempfehlungen gegeben werden können. Eine *auf den Persönlichkeitsstrukturen basierende Marktsegmentierung* wäre die Voraussetzung dafür, die Marke persönlichkeitsgerecht zu positionieren und die psychologischen Bedürfnisse der einzelnen Zielgruppen gezielt anzusprechen.[526] Marketingaktivitäten zur Verbesserung der Selbstkongruenz sollten unter dem Wissen getroffen werden, dass die ideale Selbstkongruenz für die Markeneinstellung eine größere Relevanz besitzt als die tatsächliche Selbstkongruenz.

Neben den Implikationen für die Marketingpraxis soll dieses Kapitel auch eine Zusammenfassung der für die Forschung neuen Erkenntnisse, Vorschläge zur Revidierung bzw. Veränderung früherer Forschungsmeinungen sowie Verweise auf weiterhin bestehenden Forschungsbedarf einschließen.

Entgegen den theoretischen Erwartungen gelang der Nachweis nicht, dass die Konsumenten ihr Urteil über den Markenfit aus den Vergleichen der einzelnen Markeneinstellungsdimensionen beider Marken zusammensetzen (in Form des Funktionalen Nutzen-Fits, des Ästhetik-Fits, des Selbstkongruenz-Fits und des Markenbeziehungsqualität-Fits). Aufgrund der be-

---

[524] Vgl. Huber/Herrmann/Peter (2003), S. 351.
[525] Vgl. Huber/Herrmann/Peter (2003), S. 351.
[526] Vgl. Bauer/Mäder/Huber (2002), S. 705.

schriebenen Unzulänglichkeiten der Operationalisierung dieser Konstrukte sollten weitere Studien die theoretisch plausible Unterteilung in die vier Fitbasen mit einem verbesserten Messinstrumentarium erneut überprüfen. Der Erforschung des Markenfits als zentrale Stellgröße der Co-Brand-Beurteilung kommt eine hohe Bedeutung zu – der Markenfit darf nicht weiter als *Blackbox* angesehen werden.

In Bezug auf den Marken- und den Produktkategoriefit konnten die Autoren Fehler bei der Operationalisierung in bestehenden empirischen Studien aufdecken. Bei der Messung der Fitgrößen über die Indikatoren Komplementarität und Konsistenz ist eine formative Operationalisierung der vielfach verwendeten reflektiven Operationalisierung vorzuziehen.[527]

Die gewählte vierdimensionale Sichtweise der Markeneinstellung liefert eine hervorragende Erklärung des Markeneinstellungskonstruktes mit bis zu 83 Prozent Varianzaufklärung und ist damit vorhergehenden Unterteilungen – wie beispielsweise dem Vorschlag von Kressmann/Herrmann/Huber/Magin (2003), die mit lediglich drei Markeneinstellungsdimensionen und ohne explizite Berücksichtigung der Ästhetik eine Erklärung der Kaufabsicht (als Maß für den individuellen Markenwert) zu 32 Prozent erreichen[528] – zu präferieren. Dabei konnte die *Ästhetik* als eigenständige Einstellungsdimension etabliert werden. Es wurde auf der Basis einer Expertenbefragung ein komplett neues Messinstrumentarium für die Ästhetik der betroffenen Produkte erstellt. Die Ästhetik sollte in Zukunft als eigenständige Dimension betrachtet und weiter erforscht werden.

Eine weitere Erkenntnis betrifft die Relevanz der einzelnen Einstellungsdimensionen für die Bildung der Markeneinstellung. Es stellte sich die Erkenntnis ein, dass die *markenbezogenen* Einstellungsdimensionen für verschiedene Arten von Marken ein relativ stabiles Niveau besitzen, die *leistungsbezogenen* Dimensionen hingegen großen markenspezifischen Variationen unterworfen sind. Besonderer Forschungsbedarf besteht bei der Frage, in welchen Fällen der Funktionale Nutzen respektive die Ästhetik eine vorherrschende Stellung einnehmen.

Das von *Kressmann/Herrmann/Huber/Magin* (2003) aufgestellte Postulat, dass die Wahrnehmung des Funktionalen Nutzens in Richtung der Selbstkongruenz verzerrt wird,[529] erfährt

---

[527] Eine reflektive Operationalisierung anhand der Indikatoren Komplementarität und Konsistenz verwenden beispielsweise: Simonin/Ruth (1998), S. 35; Baumgarth (2003), S. 355; Lafferty/Goldsmith/Hult (2004), S. 519.
[528] Vgl. Kressmann/Herrmann/Huber/Magin (2003), S. 411.
[529] Vgl. Kressmann/Herrmann/Huber/Magin (2003), S. 414.

in dieser Untersuchung eine Unterstützung. Zusätzlich wurde dieser Effekt der Selbstkongruenz auch für die Konsumentenbewertung der Ästhetik belegt.

Fournier (1998) erwartet, dass qualitativ hochwertige Beziehungen unter anderem auf einem hohen wahrgenommen Funktionalen Nutzen der Produkte basieren.[530] Einen Einfluss der Ästhetik auf die Markenbeziehungsqualität zieht sie jedoch nicht in Erwägung.[531] Aufgrund der hochgradig evidenten Ergebnisse der vorliegenden Untersuchung, kann die Forderung erhoben werden, das Konstrukt der Beziehungsqualität von Fournier dahingehend zu erweitern, dass auch ästhetische Aspekte der Produkte zu einer gesteigerten Qualität der Beziehung führen können.

Die Identifikation des Markenwissens als relevante moderierende Variable im Zusammenhang mit der Bewertung von Co-Brands gelang im Rahmen dieser Studie. Der moderierende Einfluss erstreckt sich auf die Beziehungen zwischen der Co-Brand-Einstellung einerseits und der Markeneinstellung, dem Marken- sowie dem Produktkategoriefit andererseits.

Einige weitere offene Forschungsfragen und Ansatzpunkte für weiterführende Forschungsarbeiten auf dem Gebiet des Co-Brandings und der Markeneinstellungsdimensionen betreffen die folgenden Themen. In dieser Studie erfolgte eine *Zeitpunktbetrachtung* für den Zusammenhang der Markeneinstellungsdimensionen mit dem Co-Branding; weitere Studien könnten im Rahmen einer *Zeitraumbetrachtung* auf mögliche dynamische Spill-Over-Effekte vom Co-Brand auf die Markeneinstellungsdimensionen aufmerksam machen. Auch bestehen noch keine Untersuchungen über die langfristigen Auswirkungen eines Co-Brandings auf die Ausgangsmarken. Die Frage, wie sich so genannte Multi-Co-Brands, also die Konzeption einer Vielzahl von Co-Brands mit verschiedenen Partnermarken, auf ein Marke auswirken ist von hohem Interesse – insbesondere die Verwässerung des Markenimages sollte dabei eine Überprüfung erfahren. Weitere moderierende Personenvariablen, wie beispielsweise das Variety-Seeking-Behavior,[532] können Aufnahme in zukünftige Untersuchungen finden.

Die Übertragbarkeit der hier für den Gebrauchsgüterbereich gefundenen Erkenntnisse sollte in weiteren Forschungsstudien für Konsumgüter und Dienstleistungen belegt werden. Schließlich könnte für die Marketingpraxis ein Kriterienkatalog, anhand dessen Markenführer die

---

[530] Vgl. Fournier (1998), S. 365.
[531] Vgl. Fournier (1994); Fournier (1998); Aaker/Fournier/Brasel (2004).
[532] Vgl. z. B. Van Trijp/Hoyer/Inman (1996), S. 281 ff.

Entscheidung treffen, ob eine herkömmliche Markentransfer- oder eine Co-Branding-Strategie erfolgsversprechender ist, von großer Bedeutung sein.

5 Ergebnisse im Überblick und Co-Branding in der Zukunft

Immer mehr Unternehmen bedienen sich der Strategie des Co-Brandings zur Neuprodukteinführung und Markenanreicherung. Aufgrund der möglichen negativen Auswirkungen auf die Stammmarke kommt der Ermittlung der Erfolgsfaktoren dieser Strategie große Bedeutung zu. Dabei stellt die Berücksichtigung der Markeneinstellungsdimensionen die bisher nicht genutzte Möglichkeit einer detaillierten Betrachtung dar, bei welcher das Zustandekommen der direkten Einflussgrößen des Co-Brandings erklärt wird. Die zentrale Frage nach der Wirkung der Einstellungsdimensionen auf die Beurteilung des Co-Brands und des Markenfits bildete den Ausgangspunkt der vorliegenden Untersuchung. Vor diesem Hintergrund entwickelten die Autoren ein Modell zur Erklärung der Einstellung zum Co-Branding und überprüften es anhand von empirischen Daten. Da die Verifizierung der postulierten Hypothesen für drei verschiedene Co-Brandings bzw. drei Marken erfolgte, kann von einer hohen Aussagekraft der Resultate ausgegangen werden.

Als direkte Einflussgrößen der Co-Branding-Beurteilung identifizierten die Autoren die Einstellung zu den Ausgangsmarken, den Globalen Markenfit sowie den Produktkategoriefit. Der Markenfit und insbesondere die *Komplementarität* der Markenimages sind die wichtigste Stellgröße des Konsumentenurteils über das Co-Brand.

Die Wirkung der Einstellungsdimensionen auf die Co-Brand-Bewertung wird vollständig von der globalen Markeneinstellung mediiert. Die leistungsbezogenen und die markenbezogenen Dimensionen entwickeln einen ungefähr gleich starken Einfluss auf das Co-Brand. Die Bedeutung der einzelnen leistungsbezogenen Dimensionen ist in hohem Maße von der betreffenden Marke abhängig – je nach Art der Marke stellen der Funktionale Nutzen oder die Ästhetik die zentrale Einflussgröße dar. Die Relevanz der beiden markenbezogenen Einstellungsdimensionen bleibt hingegen weitestgehend stabil. Die Selbstkongruenz verzeichnet bei allen Marken ein hohes Einflussniveau – vor allem der idealen Selbstkongruenz kommt dabei eine große Bedeutung zu – während die Markenbeziehungsqualität nur relativ geringe Auswirkungen hat.

Innerhalb der Markeneinstellungsdimensionen gelang der Nachweis einer starken Verzerrung der funktionalen und ästhetischen Aspekte in Richtung der Selbstkongruenz aufgrund der zeitlich vorgelagerten Verarbeitung von selbstbezogenen Informationen hinsichtlich der Marke. Neben dem Funktionalen Nutzen und der Selbstkongruenz determiniert auch die wahrgenommene Ästhetik die Markenbeziehungsqualität.

Entgegen den theoretischen Erwartungen konnte empirisch nicht gezeigt werden, dass die Konsumenten ihr Markenfit-Urteil aus den Vergleichen der einzelnen Markeneinstellungsdimensionen (z. B. Ästhetik-Fit) zusammensetzen. Somit beschränkt sich der Beitrag der vorliegenden Studie zur Erforschung des Zustandekommens des Markenfits auf die Erkenntnis, dass die Einstellungsdimensionen nicht als Fitbasen fungieren.

Die Höhe des Wissens der Konsumenten über die Marke übt einen moderierenden Einfluss auf die Beziehungen zwischen der Co-Branding-Einstellung und den direkten Einflussgrößen aus. Bei geringem Markenwissen fällt die Bedeutung der Markeneinstellung und damit der vier Einstellungsdimensionen höher aus. Ein solches Wissen impliziert zudem einen Anstieg der Wichtigkeit des Markenfits und einen abnehmenden Einfluss des Produktkategoriefits.

Für die zukünftige Co-Branding-Forschung – insbesondere in Zusammenhang mit den Markeneinstellungsdimensionen – ergeben sich einige Ansatzpunkte. Ganz zentrale Bedeutung sollte der Auflösung der *Blackbox Markenfit* und der Identifikation der relevanten Einflussgrößen dieses Konstruktes, welches die bedeutendste Stellgröße der Co-Branding-Beurteilung darstellt, zukommen. Weiterhin sollte die Erforschung der Auswirkungen auf die Stammmarken vorangetrieben werden; aufgrund des hohen Wertes der Marke für das Unternehmen sind die – positiven wie negativen – Rückwirkungen des Co-Brandings in diesem Bereich von besonderer Wichtigkeit. Die *Spill-Over-Effekte* auf die einzelnen Markeneinstellungsdimensionen stellen einen konkreten Ansatzpunkt zur Forschung in diesem Zusammenhang dar. Schließlich besitzt die Entwicklung eines *Kriterienkataloges*, mit dem Markenführer die Entscheidung zwischen einer herkömmlichen Markentransfer- oder einer Co-Branding-Strategie treffen können, für die Marketingpraxis große Bedeutung.

LITERATURVERZEICHNIS

Aaker, D. A. (1996): Building Strong Brands, New York 1996.

Aaker, D. A./Keller, K. L. (1990): Consumer Evaluations of Brand Extensions, in: Journal of Marketing, Vol. 54, No. 1, S. 27-41.

Aaker, J. L. (1997): Dimensions of Brand Personality, in: Journal of Marketing Research, Vol. 34, August, S. 347-356.

Aaker, J. L. (2001): Dimensionen der Markenpersönlichkeit, in: Esch, F.-R. (Hrsg.): Moderne Markenführung, 3. Aufl., Wiesbaden 2001, S. 91-102.

Aaker, J. L./Benet-Martinez, V./Garolera, J. (2001): Consumption Symbols as Carriers of Culture: A Study of Japanese and Spanish Brand Personality Constructs, in: Journal of Personality and Social Psychology, Vol. 81, No. 3, S. 492-508.

Aaker, J. L./Fournier, S. M./Brasel, S. A. (2004): When Good Brands Do Bad, in: Journal of Consumer Research, Vol. 31, No. 1, S. 1-16.

Alba, J. W./Hutchinson, J. W. (1987): Dimensions of Consumer Expertise, in: Journal of Consumer Research, Vol. 13, No. 4, S. 411-454.

Ajzen, I. (2001): Nature and Operation of Attitudes, in: Annual Review of Psychology, Vol. 52, S. 27-58.

Ajzen, I./Fishbein, M. (1975): Beliefs, Attitude, Intention, and Behavior: An Introduction to Theory and Research, Reading 1975.

Altmeyer, M. (1997): Gestaltung von Produktkooperationen, Frankfurt 1997.

Anderson, N. H. (1981): Information Integration Theory, New York 1981.

Arnett, D. B./Laverie, D. A. /Meiers, A. (2003): Developing Parsimonious Retailer Equity Indexes Using Partial Least Squares Analysis: A Method and Applications, in: Journal of Retailing, Vol. 79, S. 161-170.

Aron, A./Aron, E. N. (1996): Self and Self-expansion in Relationships, in: Fletcher, G. J. O./Fitness, J. (Hrsg.): Knowledge Structures in Close Relationships: A Social Psychological Approach, Mahwah, NJ 1996, S. 325-344.

Asendorpf, J. B. (1999): Psychologie der Persönlichkeit, 2. Aufl., Berlin, Heidelberg, New York 1999.

Asendorpf, J. B./Banse, R. (2000): Psychologie der Beziehung, Bern u.a. 2000.

Backhaus, K./Erichson, B./Plinke, W./Weiber, R. (2000): Multivariate Analysemethoden – Eine anwendungsorientierte Einführung, 9. Auflage, Berlin/Heidelberg/New York 2000.

Backhaus, K./Erichson, B./Plinke, W./Weiber, R. (2003): Multivariate Analysemethoden – Eine anwendungsorientierte Einführung, 10. Auflage, Berlin/Heidelberg/New York 2003.

Bagozzi, R. P. (1980): Causal Models in Marketing, New York 1980.

Bagozzi, R. P. (1982): Introduction to Special Issue on Causal Modeling, in: Journal of Marketing Research, Vol. 19, S. 403.

Bagozzi, R. P. (1994): Measurement in Marketing Research. Basic Principles of Questionnaire Design, in: Bagozzi, R. P. (Hrsg.): Principles of Marketing Research, Cambridge (MA)/Oxford 1994, S. 1-49.

Baldwin, M. W. (1992): Relational Schemas and the Processing of Social Information, in: Psychological Bulletin, Vol. 112, No. 3, S. 461-484.

Batinic, B. (2001): Datenqualität bei internetbasierten Befragungen, in: Theobald, A./Dreyer, M./Starsetzki, T. (Hrsg.): Online-Marktforschung, Wiesbaden 2001, S. 115-132.

Bauer, H. H./Huber, F. (1998): Warum die Markenpolitik auch über 2000 hinaus wirkt (1. Teil), in: Markenartikel, 60. Jg., S. 36-41.

Bauer, H. H./Mäder, R./Huber, F. (2002): Markenpersönlichkeit als Determinante von Markenloyalität, in: Zeitschrift für Betriebswirtschaftliche Forschung, 54. Jg., Dezember, S. 687-709.

Baumeister, R. F./Leary, M. R. (1995): The Need to Belong: Desire for Interpersonal Attachments as a Fundamental Human Motivation, in: Psychological Bulletin, Vol. 117, No. 3, S. 497-529.

Baumgarth, C. (2001): Co-Branding: Stars, Erfolgreiche, Flops und Katastrophen, in: transfer – Werbeforschung & Praxis, 46. Jg., Nr. 1, S. 24-30.

Baumgarth, C. (2003): Wirkungen des Co-Brandings – Erkenntnisse durch Mastertechnikpluralismus, Habil., Wiesbaden 2003.

Berekoven, L. (1978): Zum Verständnis und Selbstverständnis des Markenwesens, in: o. Hrsg., Markenartikel heute, Wiesbaden 1978, S. 35-48.

Bidlingmaier, J. (1967): Begriff und Formen der Kooperation im Handel, in: Bidlingmaier, J. u.a. (Hrsg.): Absatzpolitik und Distribution, Wiesbaden 1967, S. 353-395.

Binsack, M. (2003): Akzeptanz neuer Produkte – Vorwissen als Determinante des Innovationserfolgs, Wiesbaden 2003.

Bitner, M. J. (1992): Servicescapes: The Impact of Physical Surroundings on Customers and Employees, in: Journal of Marketing, Vol. 56, No. 2, S. 57-71.

Blackett, T./Russel, N. (1999): What is Co-Branding?, in: Blackett, T./Boad, B. (Hrsg.): Co-Branding – The Science of Alliance, Houndmills 1999, S. 1-21.

Bleicker, U. (1983): Produktbeurteilung der Konsumenten, Würzburg, Wien 1983.

Bloch, P. H. (1995): Seeking the Ideal Form: Product Design and Consumer Response, in: Journal of Marketing, Vol. 59, No. 3, S. 16-29.

Bloch, P. H./Brunel, F. F./Arnold, T. J. (2003): Individual Differences in the Centrality of Visual Product Aesthetics: Concept and Measurement, in: Journal of Consumer Research, Vol. 29, No. 4, S. 551-565.

Boad, B. (1999a): Co-Branding Opportunities and Benefits, in: Blackett, T./Boad, B. (Hrsg.): Co-Branding – The Science of Alliance, Houndmills 1999, S. 22-37.

Boad, B. (1999b): The Risks and Pitfalls of Co-Branding, in: Blackett, T./Boad, B. (Hrsg.): Co-Branding – The Science of Alliance, Houndmills 1999, S. 38-46.

Bollen, K. A. (1996): A Limited-Information Estimator for LISREL Models with or without Heteroscedastic Errors, in: Marcoulides, G. A./Schumacher, R. E. (Hrsg.): Advanced Structural Equation Modeling. Issues and Techniques, Mahwah (NJ) 1996, S. 227-241.

Bottomley, P. A./Doyle, J. R. (1996): The Formation of Attitudes Toward Brand Extensions, in: International Journal of Research in Marketing, Vol. 13, No. 4, S. 365-377.

Bottomley, P. A./Holden, S. J. S.. (2001): Do We Really Know How Consumers Evaluate Brand Extensions?, in: Journal of Marketing Research, Vol. 38, No. 4, S. 494-500.

Bruce, M./Whitehead, M. (1988): Putting Design into the Picture: The Role of Product Design in Consumer Purchase Behavior, in: Journal of Market Research Society, Vol. 30, No. 2, S. 147-162.

Bruhn, M. (1994): Begriffsabgrenzungen und Erscheinungsformen von Marken, in: Bruhn, M. (Hrsg.): Handbuch Markenartikel, Bd. 1, Stuttgart 1994, S. 2-41.

Bruhn, M. (2001): Relationship Marketing, Stuttgart 2001.

Bucklin, L. P./Sengupta, S. (1993): Organizing Successful Co-Marketing Alliances, in: Journal of Marketing, Vol. 57, No. 2, S. 32-46.

Cannon, J. P./Homburg, C. (2001): Buyer-Supplier Relationships and Customer Firm Costs, in: Journal of Marketing, Vol. 65, No. 1, S. 29-43.

Carnap, R. (1966): An Introduction to the Philosophy of Science, New York 1966.

Chao, P. (1993): Partitioning Country of Origin Effects: Consumer Evaluations of a Hybrid Product, in: Journal of International Business Studies, Vol. 24, No. 2, S. 291-306.

Chin, W. W. (2000): Frequently Asked Questions – PLS and PLS Graph, http://disc-nt.cba.uh.edu/chin/plsfaq.htm.

Cegarra, J.-J./Michel, G. (2000): Co-Branding: clarification du concept et proposition d'un modèle d'évaluation, http://gregoriae.univ-paris1.fr/pdf/2000-02.pdf.

Cegarra, J.-J./Michel, G. (2001): Co-Branding: clarification du concept, in: Recherche et Applications en Marketing, Vol. 16, No. 4, S. 57-69.

Cegarra, J.-J./Michel, G. (2003): Co-Branding: Evaluation du produit co-marqué, http://gregoriae.univ-paris1.fr/pdf/2003-03.pdf.

Claiborne, C. B./Sirgy, M. J. (1990): Self-Congruity as a Model of Attitude Formation and Change: Conceptual Review and Guide for Future Research, in: Dunlap, B. J. (Hrsg.): Developments in Marketing Science, Vol. 13, S. 1-7.

Cohen, J. B./Basu, K. (1987): Alternative Models of Categorization: Toward a Contingent Processing Framework, in: Journal of Consumer Research, Vol. 13, No. 4, S. 455-472.

Cooper, R. G./Kleinschmidt, E. (1987): New Products: What Separates Winners from Loosers?, in: Journal of Product Innovation Management, Vol. 4, S. 169-184.

Cronbach, L./Meehl, P. (1955): Construct Validity in Psychological Tests, in: Psychological Bulletin, Vol. 52, S. 281-302.

Decker, R./Schlifter, J. M. (2001): Dynamische Allianzen, in: Markenartikel, 63. Jg., Nr. 2, S. 38-45.

Decker, R./Schlifter, J. M. (2003): Markenallianzen als strategisches Instrument zur erfolgreichen Marktbearbeitung, Arbeitspapier, http:// www.scicon.de/ documentpool/Markenallianzen.pdf.

Desai, K. K./Keller, K. L. (2002): The Effects of Ingredient Branding on Strategies on Host Brand Extendibility, in: Journal of Marketing, Vol. 66, No. 1, S. 73-93.

Dichtl, E./Hardock, P./Ohlwein, M./Schellhase, R. (1997): Die Zufriedenheit des Lebensmittelhandels als Anliegen von Markenartikelunternehmen, in: Die Betriebswirtschaft, 57. Jg., S. 490-505.

Dodds, W. B./Monroe, K. B./Grewal, D. (1991): Effects of Price, Brand, and Store Information on Buyers' Product Evaluations, in: Journal of Marketing Research, Vol. 28, No. 3, S. 307-319.

Domizlaff, H. (1951): Die Gewinnung des öffentlichen Vertrauens: ein Lehrbuch der Markentechnik, 2. Aufl., Hamburg 1951.

Eggert, A./Fassott, G. (2003): Zur Verwendung formativer und reflektiver Indikatoren in Strukturgleichungsmodellen, in: Kaiserslauterer Schriftenreihe Marketing, Nr. 20, S. 1-24.

Esch, F.-R. (2001): Wirkung integrierter Kommunikation, 3. Aufl., Wiesbaden 2001.

Esch, F.-R. (2002): Markenprofilierung und Markentransfer, in: Albers, S./Herrmann, A. (Hrsg.): Handbuch Produktmanagement, 2. Aufl., Wiesbaden 2002, S. 189-218.

Esch, F.-R. (2004): Strategie und Technik der Markenführung, 2. Auflage, München: Vahlen.

Esch, F.-R./Redler, J. (2004a): Markenallianzen, in: Wirtschaftswissenschaftliches Studium, 33. Jg., Nr. 3, S. 171-173.

Esch, F.-R., Redler, J. (2004b): Markenallianzen gestalten, in: Esch, F.-R., Tomczak, T., Kernstock, J., Langner, T. (Hrsg.): Corporate Brand Management – Marken als Anker strategischer Führung von Unternehmen, Wiesbaden 2004, S. 174-194.

Esch, F.-R., Redler, J. (2005): Anchoringeffekte bei der Urteilsbildung gegenüber Markenallianzen – Die Bedeutung von Markenbekanntheit, Markenimage und Produktkategoriefit, in: Marketing ZFP, 27. Jg., H. 2, S. 79-97.

Esch, F.-R., Redler, J., Winter, K. (2005): Management von Markenallianzen, in: Esch, F.-R. (Hrsg.): Moderne Markenführung, 4. Auflage, Wiesbaden 2005, S. 481-501.

Falk, F. R./Miller, N. B. (1992): A Primer for Soft Modeling, Akron, Ohio.

Fishbein, M. (1966): The Relationship between Beliefs, Attitudes, and Behavior, in: Feldmann, S. (Hrsg.): Cognitive Consistency, NY, London, Sydney 1966, S. 199-223.

Fontanari, M. (1996): Kooperationsgestaltungsprozesse in Theorie und Praxis, Berlin 1996.

Fornell, C./Cha, J. (1994): Partial Least Squares, in Bagozzi, R. P. (Hrsg.): Advanced Methods of Marketing Research, Cambridge (MA) 1994, S. 52-78.

Förster, F./Fritz, W./Silberer, G./Raffée, H. (1984): Der LISREL-Ansatz der Kausalanalyse und seine Bedeutung für die Marketing-Forschung, in: Zeitschrift für Betriebswirtschaft, 54. Jg., S. 346-365.

Fournier, S. M. (1994): A Consumer-Brand Relationship Framework for Strategic Brand Management, Ann Arbor, MI 1994.

Fournier, S. M. (1998): Consumers and Their Brands : Developing Relationship Theory in Marketing, in: Journal of Consumer Research, Vol. 24, No. 3, S. 343-373.

Fournier, S. M. (2001): Markenbeziehungen – Konsumenten und ihre Marken, in: Esch, F.-R. (Hrsg.): Moderne Markenführung, 3. Aufl., Wiesbaden 2001, S. 135-163.

Freter, H./Baumgarth, C. (2001): Ingredient Branding, in: Esch, F.-R. (Hrsg.): Moderne Markenführung, 3. Aufl., Wiesbaden 2001, S. 315-343.

Frey, U. D. (1996): VKF Trends Deutschland 1996, Düsseldorf 1996.

Gerken, G. (1994): Die fraktale Marke. Eine neue Intelligenz in der Werbung, Düsseldorf 1994.

Gilmore, G. W. (1919): Animism.

Gujarati, D. N. (2003): Basic Econometrics, 4th ed., Burr Ridge (IL) 2003.

Hahn, C. (2002): Segmentspezifische Kundenzufriedenheitsanalyse, Wiesbaden 2002.

Hadjicharalambous, C. (2001): Show me your friends and I will tell you who you are, Ann Arbor 2001.

Hasher, L./Zacks, R. T. (1984): Automatic Processing of Fundamental Information, in: American Psychologist, Vol. 39, No. 6, S. 1372-1388.

Hempel, C. (1973): The Meaning of Theoretical Terms. A Critique of the Standard Empiristic Construal, in: Suppes, P./Henkin, L./ Joja, A./Moisil, G. (Hrsg.): Logic, Methodology, and Philosophy of Science, Vol. 4, Amsterdam 1973, S. 367-378.

Herrmann, A. (1998): Produktmanagement, München 1998.

Herrmann, A./Huber, F./Kressmann, F. (2006): Varianz- und kovarianzbasierte Strukturgleichungsmodelle – Ein Leitfaden zu deren Spezifikation, Schätzung und Beurteilung, in: Zeitschrift für betriebswirtschaftliche Forschung, 58. Jg., Februar, S. 24-66.

Hieronimus, F. (2003): Persönlichkeitsorientiertes Markenmanagement : eine empirische Untersuchung zur Messung, Wahrnehmung und Wirkung der Markenpersönlichkeit, Frankfurt 2003.

Hildebrandt, L. (1984): Kausalanalytische Validierung in der Marketingforschung, in: Marketing ZFP, 6. Jg., S. 41-51.

Hildebrandt, L. (1998): Kausalanalytische Validierung in der Marketingforschung, in: Hildebrandt, L./Homburg, C. (Hrsg.): Die Kausalanalyse: Ein Instrument der empirischen betriebswirtschaftlichen Forschung, Stuttgart 1998, S. 85-110.

Hildebrandt, L./Buzzell, R. (1998): Ein Kausalmodell zu den Bestimmungsgründen der Profitabilität, in: Hildebrandt, L./Homburg, C. (Hrsg.): Die Kausalanalyse: Ein Instrument der empirischen betriebswirtschaftlichen Forschung, Stuttgart 1998, S. 209-236.

Hillyer, C./Tikoo, S. (1995): Effect of Cobranding on Consumer Product Evaluations, in: Advances in Consumer Research, Vol. 22, S. 123-127.

Hirschman, E. C./Holbrook, M. B. (1982): Hedonic Consumption: Emerging Concepts, Methods and Propositions, in: Journal of Marketing, Vol. 46, Summer, S. 132-140.

Holbrook, M. B./Hirschman, E. C. (1982): The Experiential Aspects of Consumption: Consumer Fantasies, Feelings, and Fun, in: Journal of Consumer Research, Vol. 9, September, S. 132-140.

Homburg, C./Pflesser, C. (2000): Strukturgleichungsmodelle mit latenten Variablen: Kausalanalyse, in: Herrmann, A./Homburg, C. (Hrsg.): Marktforschung, 2. Auflage, Wiesbaden 2000, S. 633-660.

Homburg, C./Dobratz, A. (1998): Iterative Modellselektion in der Kausalanalyse, in: Hildebrandt, L./Homburg, C. (Hrsg.): Die Kausalanalyse: Ein Instrument der empirischen betriebswirtschaftlichen Forschung, Stuttgart 1998, S. 447-474.

Homburg, C./Giering, A. (1998): Konzeptualisierung und Operationalisierung komplexer Konstrukte – Ein Leitfaden für die Marketingforschung, in: Hildebrandt, L./Homburg, C. (Hrsg.): Die Kausalanalyse: Ein Instrument der empirischen betriebswirtschaftlichen Forschung, Stuttgart 1998, S. 111-146.

Huber, F. (2004): Erfolgsfaktoren von Markenallianzen – Analyse aus der Sicht des strategischen Markenmanagements, Habil., Wiesbaden 2004.

Huber, F./Herrmann, A./Kressmann, F./Vollhardt, K. (2005): Zur Eignung von kovarianz- und varianzbasierten Verfahren zur Schätzung komplexer Strukturgleichungsmodelle, Arbeitspapier, 2005.

Huber, F./Herrmann, A./Meyer, F./Vogel, J./Vollhardt, K. (2007): Kausalmodellierung mit Partial Least Squares – Eine anwendungsorientierte Einführung, Wiesbaden 2007.

Huber, F./Herrmann, A./Peter, S. (2003): Ein Ansatz zur Steuerung der Markenstärke, in: Zeitschrift für Betriebswirtschaft, Vol. 73, Nr. 4, S. 345-370.

Huber, J. A. (2005): Co-Branding als Strategieoption in der Markenpolitik, Wiesbaden 2005.

Jackson, G. B. (1980): Methods for Integrative Reviews, in: Review of Educational Research, Vol. 50, No. 3, S. 438-460.

Janiszewski, C./Van Osselaer, S. M. J. (2000): A connection model of brand-quality associations, in: Journal of Marketing Research, Vol. 37, No. 3, S. 331-350.

Jarvis, C. B./MacKenzie, S. B./Podsakoff, P. M. (2003): A Critical Review of Construct Indicators and Measurement Model Misspecification in Marketing and Consumer Research, in: Journal of Consumer Research, Vol. 30, September, S. 199-218.

Ji, M. F. (2002): Children's Relationships with Brands: "True Love" or "One-Night" Stand?, in: Psychology & Marketing, Vol. 19, No. 4, S. 369-387.

Jöreskog, K. G./Sörbom, D. (1978): LISREL IV: Analysis of Linear Structural Relationships by the Method of Maximum Likelihood, Chicago 1978.

Jöreskog, K. G./Sörbom, D. (1981): LISREL V: Analysis of Linear Structural Relationships by the Method of Maximum Likelihood, Chicago 1981.

Jöreskog, K. G./Sörbom, D. (1993): LISREL 8. Structural Equation Modeling with the SIMPLIS Command Language, Chicago 1993.

Kapferer, J. N. (1992): Die Marke – Kapital des Unternehmens, Landsberg/Lech 1992.

Kardes, F. R./Kalyanaram, G. (1992): Order-of-Entry Effects on Consumer Memory and Judgement: An Information Integration Perspective, in: Journal of Marketing Research, Vol. 29, No. 3, S. 343-357.

Katz, D. (1960): The Functional Approach to the Study of Attitudes, in: The Public Opinion Quarterly, Vol. 24, No. 2, Special Issue: Attitude Change, S. 163-204.

Keller, K. L. (1998): Strategic Brand Management, Upper Saddle River 1998.

Keller, K. L. (2003): Brand Synthesis: The Multidimensionality of Brand Knowledge, in: Journal of Consumer Research, Vol. 29, No. 4, S. 595-600.

Kerby, J. K. (1967): Semantic Generalization in the Formation of Consumer Attitudes, in: Journal of Marketing Research, Vol. 4, No. 3, S. 314-317.

Kilian, K. (2004): Qualität von Markenbeziehungen – Gender-übergreifende oder Genderspezifische Markenbeziehungsqualität?, Arbeitspapier, http://markenlexikon.com.

Kressmann, F./Herrmann, A./Huber, F./Magin, S. (2003): Dimensionen der Markeneinstellung und ihre Wirkung auf die Kaufabsicht, in: Die Betriebswirtschaft, 63. Jg., Nr. 4, S. 401-418.

Kroeber-Riel, W./Weinberg, P. (1999): Konsumentenverhalten, 7. Auflage, München 1999.

Kroeber-Riel, W./Weinberg, P. (2003): Konsumentenverhalten, 8. Auflage, München 2003.

Lafferty, B. A./Goldsmith, R. E./Hult, G. T. M. (2004): The Impact of the Alliance on the Partners: A Look at Cause-Brand Alliances, in: Psychology & Marketing, Vol. 21, No. 7, S. 509-531.

Leuthesser, L./Kohli, C./Suri, R. (2003): 2+2=5? A framework for using co-branding to leverage a brand, in: Journal of Brand Management, Vol. 11, No. 1, S. 35-47.

Levin, A./Davis, J./Levin, I. (1996): Theoretical and Empirical Linkages Between Consumers' Responses to Different Branding Strategies, in: Advances in Consumer Research, Vol. 23, S. 296-300.

Levy, S. J. (1959): Symbols for Sale, in: Harvard Business Review, Vol. 37, July-August, S. 117-124.

Leyens, J.-P./Dardenne, B. (1997): Soziale Kognition: Ansätze und Grundbegriffe, in : Stroebe, W./Hewstone, M./Stephenson, G. (Hrsg.): Sozialpsychologie – Eine Einführung, Berlin 1997, S. 115-142.

Lindemann, J. (1999): Creating Economic Value Through Co-Brnading, in: Blackett, T./Boad, B. (Hrsg.): Co-Branding – The Science of Alliance, Houndmills 1999, S. 97-112.

Linn, N. (1989): Die Implementierung vertikaler Kooperationen, Frankfurt 1989.

Magne, S. (2004): Essai de Mesure de l'Attitude Esthétique du Consommateur Face au Packaging du Produit, in: Revue Française du Marketing, Vol. 196, No. 1/5, S. 33-50.

Mandler, G. (1982): The Structure of Value : Accounting for Taste, in : Clark, M. S./Fiske, S.T. (Hrsg.): Affect and Cognition, Hillsdale 1982, S. 3-36.

Mano, H./Davis, S. M. (1990): The Effects of Familiarity on Cognitive Maps, in: Advances in Consumer Research, Vol. 17, S. 275-282.

Maoz, E. (1995): Similarity and the Moderating Role of Involvement in the Evaluation of Brand Extensions, Evanston 1995.

Markus, H./Sentis, K. (1982): The Self in Social Information Processing, in: Suls, J. (Hrsg.): Psychological Perspectives on the Self, Vol. 1, Hillsdale 1982, S. 41-70.

McCarthy, M. S./Norris, D. G. (1999): Improving competitive position using branded ingredients, in: The Journal of Product and Brand Management, Vol. 8, No. 4, S. 267-280.

Medin, D. L. (1989): Concepts and Conceptual Structure, in: American Psychologist, Vol. 44, No. 6, S. 1469-1481.

Meffert, H./Burmann, C. (1996a): Identitätsorientierte Markenführung, in: Markenartikel, 58. Jg., S. 373-380.

Meffert, H./Burmann, C. (1996b): Identitätsorientierte Markenführung – Grundlagen für das Management von Markenportfolios, Arbeitspapier Wissenschaftliche Gesellschaft für Marketing und Unternehmensführung e.V., Nr. 100, Münster 1996.

Meffert, H./Burmann, C. (2002): Markenbildung und Markenstrategien, in: Albers, S./Herrmann, A. (Hrsg.): Handbuch Produktmanagement, 2. Aufl., Wiesbaden 2002, S. 167-187.

Mellerowicz, K. (1963): Markenartikel, 2. Aufl., München, Berlin 1963.

Meyers-Levy, J./Tybout, A. (1989): Schema Congruity as a Basis for Product Evaluation, in: Journal of Consumer Research, Vol. 16, No. 1, S. 39-54.

Mittal, B./Ratchford, B./Prabhakar, P. (1990): Functional and Expressive Attributes as Determinants of Brand-Attitude, in: Research in Marketing, Vol. 10, S. 135-155.

Nieschlag, R./Dichtl, E./Hörschgen, H. (2002): Marketing, 19. Auflage, Berlin 2002.

Nijssen, E./Uijl, R./Bucklin, P. (1995): The Effect of Involvement on Brand Extensions, in: Proceedings of the 24th Annual EMAC Conference, Paris 1995, S. 867-870.

Ohlwein, M. (1999): Märkte für gebrauchte Güter, Wiesbaden 1999.

Ohlwein, M./Schiele, T. P. (1994): Co-Branding, in: Wirtschaftswissenschaftliches Studium, 23. Jg., Nr. 11, S. 577-578.

Osgood, C. E./Suci, G. J./Tannenbaum, P. H. (1978): The Measurement of Meaning, 4. Auflage, Urbania, Chicago, London 1978.

Park, C. W./Jun, S. Y./Shocker, A. D. (1996): Composite Branding Alliances, in: Journal of Marketing Research, Vol. 33, No. 4, S. 453-466.

Peter, J. P./Churchill, G. A., Jr./Brown, T. J. (1993): Caution in the Use of Difference Scores in Consumer Research, in: Journal of Consumer Research, Vol. 19, No. 4, S. 655-662.

Peter, S. I. (1997): Kundenbindung als Marketingziel: Eine theoretische und empirische Analyse, Mainz 1997.

Peters, T. (1995): Design Is..., in: Design Management Journal, Winter 1995, S. 29-33.

Petty, R. E./Cacioppo, J. T. (1986): Communication and Persuasion – Central and Peripheral Routes to Attitude Change, New York 1986.

Priemer, V. (1999): Bundling im Marketing, Frankfurt 1999.

Rao, A. R. (1997): Strategic Brand Alliances, in: The Journal of Brand Management, Vol. 5, No. 2, S. 111-119.

Rao, A. R./Rueckert, R. W. (1994): Brand Alliances as Signals of Product Quality, in: Sloan Management Review, Vol. 36, No. 3, S. 87-97.

Rao, A. R./Qu, L./Rueckert, R. W. (1999): Signaling Unobservable Product Quality Through a Brand Ally, in: Journal of Marketing Research, Vol. 36, No. 2, S. 258-268.

Roehm, M. L./Pullins, E. B./Roehm Jr., H. A. (2002): Designing Loyalty-Building Programs for Packaged Goods Brands, in: Journal of Marketing Research, Vol. 39, No. 2, S. 202-213.

Rosenberg, M. (1979): Conceiving the Self, New York 1979.

Rossiter, J. (2002): The C-OAR-SE Procedure for Scale Development in Marketing, in: International Journal of Research in Marketing, Vol. 19, S. 305-335.

Sander, M. (1994): Die Bestimmung und Steuerung des Wertes von Marken, Diss., Heidelberg 1994.

Schmitt, B./Simonson, A. (1998): Marketing-Ästhetik, München, Düsseldorf 1998.

Schmitt, B./Simonson, A. (2001): Marketing-Ästhetik für Marken, in: Esch, F.-R. (Hrsg.): Moderne Markenführung, 3. Aufl., Wiesbaden 2001, S. 209-232.

Schneider, D. J. G. (1973): Unternehmensziele und Unternehmenskooperationen, Wiesbaden 1973.

Schulze, P. M. (2000): Strukturgleichungsmodelle mit beobachteten Variablen, in: Hermann, A./Homburg, C. (Hrsg.): Marktforschung, 2. Auflage, Wiesbaden 2000, S. 607-632.

Seel, N. M. (2003): Psychologie des Lernens, 2. Auflage, München, Basel 2003.

Sen, S./Bhattacharya, C. B. (2001): Does Doing Good Always Lead to Doing Better? Consumer Reactions to Corporate Social Responsibility, in: Journal of Marketing Research, Vol. 38, No. 2, S. 225-243.

Sheinin, D. A./Schmitt, B. H. (1994): Extending Brands with New Product Concepts, in: Journal of Business Research, Vol. 31, No. 1, S. 1-10.

Sheth, J. N./Parvatiyar, A. (1992): Towards a Theory of Business Alliance Formation, in: Scandinavian International Business Review, Vol. 3, S. 71-87.

Simonin, B. L./Ruth, J. A. (1998): Is a Company Known by the Company It Keeps?, in: Journal of Marketing Research, Vol. 35, No. 1, S. 30-42.

Sirgy, M. J. (1982): Self-Concept in Consumer Behavior: A Critical Review, in: Journal of Consumer Research, Vol. 9, S. 287-300.

Sirgy, M. J. (1986): Self-Congruity: Toward a Theory of Personality and Cybernetics.

Sirgy, M. J. (1991): Self-Congruity Versus Functional Congruity: Predictors of Consumer Behavior, in: Journal of Academy of Marketing Science, Vol. 19, No. 4, S. 363-375.

Sirgy, M. J./Grewal, D./Mangleburg, T. F./Park, J./Chon, K.-S./Claiborne, C. B./Johar, J. S./Berkman, H. (1997): Assessing the Predictive Validity of Two Methods of Measuring Self-Image Congruence, in: Journal of the Academy of Marketing Science, Vol. 25, No. 3, S. 229-241.

Smit, M. (1999): Ingredient Branding, in: Blackett, T./Boad, B. (Hrsg.): Co-Branding – The Science of Alliance, Houndmills 1999, S. 66-83.

Sujan, M. (1985): Consumer Knowledge: Effects on Evaluation Strategies Mediating Consumer Judgements, in: Journal of Consumer Research, Vol. 12, No. 1, S. 31-46.

Sujan, M./Bettmann, J. R. (1989): The Effects of Brand Positioning Strategies on Consumers' Brand and Category Perceptions: Some Insights from Schema Research, in: Journal of Marketing Research, Vol. 26, S. 454-467.

Starsetzki, T. (2001): Rekrutierungsformen und ihre Einsatzbereiche, in: Theobald, A./Dreyer, M./Starsetzki, T. (Hrsg.): Online-Marktforschung, Wiesbaden 2001, S. 41-53.

Swaminathan, V./Reddy, S. K. (2000): Affinity Partnering – Conceptualization and Issues, in: Sheth, J. N./Parvatiyar, A. (Hrsg.): Handbook of Relationship Marketing, Thousand Oaks/London/New Delhi 2000, S. 381-405.

Taylor, S. A./Baker, T. L. (1994): An Assessment of the Relationship Between Service Quality and Customer Satisfaction in the Formation of Consumers' Purchase Intentions, in: Journal of Retailing, Vol. 70, No. 2, S. 163-178.

Taylor, S. A./Peplau, L. A./Sears, D. O. (2000): Social Psychology, Upper Saddle River, NJ 2000.

Thorbjornsen, H./ Supphellen, M./Nysveen, H./Pederson, P. E. (2002): Building Brand Relationships Online: A Comparison of two Interactive Applications, in: Journal of Interactive Marketing, Vol. 16, No. 3, S. 17-34.

Trommsdorff, V. (1975): Die Messung von Produktimages für das Marketing, Köln, Berlin, Bonn, München 1975.

Trommsdorff, V. (2002): Konsumentenverhalten, 4. Auflage, Stuttgart, Berlin, Köln 2002.

Trommsdorff, V./Bleicker, U./Hildebrandt, L. (1980): Nutzen und Einstellung, in: Wirtschaftswissenschaftliches Studium, S. 269-276.

Troutman, C. M./Shanteau, J. (1976): Do Consumers Evaluate Products by Adding or Averaging Attribute Information?, in: Journal of Consumer Research, Vol. 3, No. 2, S. 101-106.

Turner, J. C./Onorato, R. S. (1999): Social Identity, Personality, and the Self-Concept: A Self-Categorization Perspective, in: Tyler, T. R./Kramer, R. M./John, O. P. (Hrsg.): The Psychology of the Social Self, Mahwah, NJ 1999, S. 11-46.

Vaidyanathan, R./ Aggarwal, P. (2000): Strategic Brand Alliances, in: The Journal of Product and Brand Management, Vol. 4, S. 214-226.

Van Osselaer, S. M. J./Janiszewski, C. (2001): Two Ways of Learning Brand Associations, in: Journal of Consumer Research, Vol. 28, No. 2, S. 202-223.

Van Trijp, H. C. M./Hoyer, W. D./Inman, J. J. (1996): Why Switch? Product Category-Level Explanations for True Variety-Seeking Behavior, in: Journal of Marketing Research, Vol. 33, No. 3, S. 281-292.

Venkatesh, R./Mahajan, V./Muller, E. (2000): Dynamic co-marketing alliances: When and why do they succeed or fail?, in: International Journal of Research in Marketing, Vol. 17, S. 3-31.

Vershofen, W. (1959): Die Marktentnahme als Kernstück der Wirtschaftsforschung, Berlin 1959.

Voss, K. E./Tansuhaj, P. (1999): A Consumer Perspective on Foreign Market Entry, in: Journal of International Consumer Marketing, Vol. 11, No. 2, S. 39-58.

Walchi, S. B. (1996): The Effects of Between Partner Congruity on Consumer Evaluation of Co-Branded Products, Evanston 1996.

Washburn, J. H./Till, B. D./Priluck, R. (2000): Co-Branding: Brand Equity and Trial Effects, in: Journal of Consumer Marketing, Vol. 17, No. 7, S. 591-604.

Washburn, J. H./Till, B. D./Priluck, R. (2004): Brand Alliance and Customer-Based Brand-Equity Effects, in: Psychology & Marketing, Vol. 21, No. 7, S. 487-508.

Wilkie, W. L./Pessemier, E. A. (1973): Issues in Marketing's Use of Multi-Attribute Attitude Models, in: Journal of Marketing Research, Vol. 10, No. 4, S. 428-441.

Wold, H. (1966): Estimation of Principal Components and Related Models by Iterative Least Squares, in: Krishnaiah, P. R. (Hrsg.): Multivariate Analysis: Proceedings of an International Symposium Held in Dayton, Ohio, New York: Academic Press, S. 391-420.

Young, R. F./Greyser, S. A. (1983): Managing Cooperative Advertising, Lexington 1983.

Zajonic, R. B. (1968): Attitudinal Effects of Mere Exposure, in: Journal of Personality and Social Psychology, Vol. 9, No. 2, S. 1-27.

Zatloukal, G. (1999): Erfolgsfaktoren von Markentransfers, Jena 1999.

Zeithaml, V. A. (1988): Consumer Perceptions of Price, Quality, and Value: A Means-End Model and Synthesis of Evidence, in: Journal of Marketing, Vol. 52, No. 3, S. 2-22.

Zerr, K. (2001): Online-Marktforschung, in: Theobald, A./Dreyer, M./Starsetzki, T. (Hrsg.): Online-Marktforschung, Wiesbaden 2001, S. 7-26.

Zimbardo, P. G./Gerrig, R. J. (1999): Psychologie, 7. Auflage, Berlin, Heidelberg, New York 1999.

Zimbardo, P. G./Gerrig, R. J. -(2004): Psychologie, 16. Auflage, München, Boston, San Francisco 2004.

2hm & Associates GmbH
Research. Consulting. Implementation.

Unser Ziel als erfolgreiche Strategie- und Managementberatung ist Wettbewerbsvorteile für unsere Kunden zu schaffen.

Dabei setzen wir auf unseren 360°-Beratungsansatz:

- ▶ hochwertige Marktforschung,
- ▶ belastbare Beratungsansätze und
- ▶ prozessorientierte Umsetzung.

Diese Qualität belegen wir durch einen hohen Stamm loyaler Kunden, preisgekrönte Methodeninnovationen, zahlreiche Veröffentlichungen und Beratungsprojekte auf allen 5 Kontinenten.

Unsere Referenzen (Auszug)

2hm & Associates GmbH
Breidenbacherstraße 8-10
D- 55116 Mainz

Fon: +49 6131-3716-60
Fax: +49 6131-3716-50

info@2hm.com
www.2hm.com

AUSGEWÄHLTE VERÖFFENTLICHUNGEN

EUL VERLAG

MARKETING
Herausgegeben von Prof. Dr. Heribert Gierl, Augsburg, Prof. Dr. Roland Helm, Jena, Prof. Dr. Frank Huber, Mainz, und Prof. Dr. Henrik Sattler, Hamburg

Band 1
Roland Helm
Internationale Markteintrittsstrategien – Einflußfaktoren auf die Wahl der optimalen Form des Markteintritts in Exportmärkte
Lohmar – Köln 1997 ♦ 276 S. ♦ € 37,- (D) ♦ ISBN 3-89012-552-2

Band 3
Tanja Marlen Schulz
Klassifikation und Typologisierung von Fernsehwerbespots – Theoretisch fundierte Modellbildung und empirische Anwendung
Lohmar – Köln 1998 ♦ 340 S. ♦ € 43,- (D) ♦ ISBN 3-89012-592-1

Band 5
Andreas Böhme
Die Ausgestaltung von Abnehmer-Zulieferer-Beziehungen – Eine theoretische und empirische Untersuchung unter besonderer Berücksichtigung der Opportunismusneigung des Abnehmers
Lohmar – Köln 1999 ♦ 228 S. ♦ € 38,- (D) ♦ ISBN 3-89012-661-8

Band 6
Achim Jaßmeier
Marketingstrategien für deutsche Investitionsgüter in den Schwellenländern Ost- und Südostasiens
Lohmar – Köln 1999 ♦ 416 S. ♦ € 49,- (D) ♦ ISBN 3-89012-671-5

Band 7
Markus Groß-Engelmann
Kundenzufriedenheit als psychologisches Konstrukt – Bestandsaufnahme und emotionstheoretische Erweiterung bestehender Erklärungs- und Meßmodelle
Lohmar – Köln 1999 ♦ 356 S. ♦ € 48,- (D) ♦ ISBN 3-89012-675-8

Band 8
Andreas Erdmann
Verminderung des Produkteinführungsrisikos durch Virtual Reality-unterstützte Konzepttests
Lohmar – Köln 1999 ♦ 188 S. ♦ € 38,- (D) ♦ ISBN 3-89012-682-0

Band 9
Myriam Roth
Die Analyse der Markenentwicklung auf der Grundlage der Systemtheorie
Lohmar – Köln 1999 • 344 S. • € 45,- (D) • ISBN 3-89012-686-3

Band 10
Heribert Gierl
Übungsaufgaben Marketing
3., überarbeitete Auflage
Lohmar – Köln 2002 • 386 S. • € 19,- (D) • ISBN 3-89936-040-0

Band 11
Daniel Hoch
Dynamische Einstellungsmessung – Eine methodenorientierte Analyse von Einstellungsänderungen mit empirischer Anwendung
Lohmar – Köln 2000 • 276 S. • € 42,- (D) • ISBN 3-89012-738-X

Band 12
Anne Christin Kemper
Strategische Markenpolitik im Investitionsgüterbereich
Lohmar – Köln 2000 • 496 S. • € 54,- (D) • ISBN 3-89012-793-2

Band 13
Stefan Stumpp
Ersatzkaufverhalten bei langlebigen Konsumgütern – Eine verhaltenswissenschaftliche Erklärung der Entstehung und anbieterbezogene Möglichkeiten zur Beeinflussung der Ersatzkaufabsicht
Lohmar – Köln 2000 • 272 S. • € 42,- (D) • ISBN 3-89012-802-5

Band 14
Marcus Meyer
Emerging Markets – Markteintrittsstrategien für den Mittelstand – Das Beispiel Lateinamerika
Lohmar – Köln 2000 • 516 S. • € 53,- (D) • ISBN 3-89012-808-4

Band 15
Sabine Winkler
Der Aufbau von Qualitätssignalen durch Werbung – Eine empirische Studie am Beispiel eines neuen Gütezeichens
Lohmar – Köln 2000 • 280 S. • € 43,- (D) • ISBN 3-89012-819-X

Band 16
Stefan Schwanenberg
Neuronale Netze als Segmentierungsverfahren für die Marktforschung – Ein Vergleich mit traditionellen Segmentierungsansätzen auf der Basis von Daten aus Monte-Carlo-Simulationen
Lohmar – Köln 2001 • 204 S. • € 39,- (D) • ISBN 3-89012-838-6

Band 17
Michael Liebert
Methodische Entscheidungsunterstützung in der strategischen Marketingplanung – Ein systemdynamischer Ansatz am Beispiel der Automobilindustrie
Lohmar – Köln 2001 • 256 S. • € 42,- (D) • ISBN 3-89012-877-7

Band 18
Michaela Satzinger
Aktivierung von Normen durch Werbeappelle – Möglichkeiten der Aufwertung von Fast-Moving-Consumergoods durch die Kommunikation sozialer Zusatznutzen
Lohmar – Köln 2001 ♦ 382 S. ♦ € 49,- (D) ♦ ISBN 3-89012-892-0

Band 19
Boris Bartikowski
Kundenzufriedenheit – Verfahren zur Messung der Indifferenzzone
Lohmar – Köln 2002 ♦ 206 S. ♦ € 39,- (D) ♦ ISBN 3-89012-942-0

Band 20
Claudia Bornemeyer
Erfolgskontrolle im Stadtmarketing
Lohmar – Köln 2002 ♦ 292 S. ♦ € 44,- (D) ♦ ISBN 3-89012-964-1

Band 21
Thorsten Temme
Integrierte Entscheidungsfindung in der Marketingforschung – Ein Multi-Methoden-Ansatz zur Analyse a priori definierter Gruppen
Lohmar – Köln 2002 ♦ 338 S. ♦ € 46,- (D) ♦ ISBN 3-89012-968-4

Band 22
Beatrix Esser
Smart Shopping – Eine theoretische und empirische Analyse des preisleistungsorientierten Einkaufsverhaltens von Konsumenten
Lohmar – Köln 2002 ♦ 314 S. ♦ € 48,- (D) ♦ ISBN 3-89936-030-3

Band 23
Christian Kleikamp
Performance Contracting auf Industriegütermärkten: Eine Analyse der Eintrittsentscheidung und des Vermarktungsprozesses
Lohmar – Köln 2002 ♦ 258 S. ♦ € 45,- (D) ♦ ISBN 3-89936-035-4

Band 24
Tim Bolte
CRM und Call Center – Beziehungsorientiertes Controlling auf Basis medialer Interaktion
Lohmar – Köln 2002 ♦ 298 S. ♦ € 47,- (D) ♦ ISBN 3-89936-037-0

Band 25
Johanna M. Janowski
Kundenbindung durch kundenindividuelle Logistik im Konsumgüterbereich
Lohmar – Köln 2003 ♦ 262 S. ♦ € 47,- (D) ♦ ISBN 3-89936-161-X

Band 26
Claudia Verstraete
Virtuelle Marken-Communities – Newsgroups und Chats als Instrumente der Markenbindung
Lohmar – Köln 2004 ♦ 406 S. ♦ € 56,- (D) ♦ ISBN 3-89936-193-8

Band 27
Joachim Henseler
Basisdüfte und Lebensstile – Eine empirische Studie
Lohmar – Köln 2005 ♦ 320 S. ♦ € 52,- (D) ♦ ISBN 3-89936-356-6

Band 28
Michael Gehrer
Erster Eindruck und Vertrauen im Kaufentscheidungsprozess – Eine empirische Analyse
Lohmar – Köln 2005 ♦ 352 S. ♦ € 54,- (D) ♦ ISBN 3-89936-358-2

Band 29
Michael Deutschendorf
Erfolgreiches Marketing mit Marketingcontrolling – Eine empirische Untersuchung
Lohmar – Köln 2006 ♦ 270 S. ♦ € 48,- (D) ♦ ISBN 3-89936-446-5

Band 30
Jochen Panzer
Dynamische Kundenbewertung zur Steuerung von Kundenbeziehungen – Das Beispiel Kapitalanlagegesellschaft
Lohmar – Köln 2006 ♦ 324 S. ♦ € 52,- (D)
ISBN-13: 978-3-89936-498-9 ♦ ISBN-10: 3-89936-498-8

Band 31
Jens Tathoff
Markenführung im Spannungsfeld von Stabilität und Anpassung
Lohmar – Köln 2006 ♦ 366 S. ♦ € 54,- (D)
ISBN-13: 978-3-89936-536-8 ♦ ISBN-10: 3-89936-536-4

Band 32
Frank Kressmann
Consumer Subjective Well-Being as a Core Concept in Marketing – Theoretical Basis and Application to the Automotive Sector
Lohmar – Köln 2007 ♦ 428 S. ♦ € 57,- (D) ♦ ISBN 978-3-89936-581-8

Band 33
Michaela Ludl
Warenprobenwirkung – Verhaltenswissenschaftliche Erklärung unter Berücksichtigung einer Käufertypologisierung
Lohmar – Köln 2007 ♦ 236 S. ♦ € 46,- (D) ♦ ISBN 978-3-89936-597-9

Band 34
Johannes Vogel und Frank Huber
Co-Branding – Markenstrategie der Zukunft – Eine empirische Studie der Markeneffekte beim Co-Branding
Lohmar – Köln 2007 ♦ 192 S. ♦ € 44,- (D) ♦ ISBN 978-3-89936-634-1

MARKETING, HANDEL UND MANAGEMENT
Herausgegeben von Prof. Dr. Rainer Olbrich, Hagen

Band 5
Carl-Christian Buhr
Verbundorientierte Warenkorbanalyse mit POS-Daten
Lohmar – Köln 2006 ♦ 428 S. ♦ € 57,- (D) ♦ ISBN 3-89936-432-5

Band 6
Thomas Windbergs
Markentreue, Einkaufsstättentreue und Erfolg im Konsumgüterhandel – Dargestellt am Beispiel einer Premiumhandelsmarke im Lebensmitteleinzelhandel
Lohmar – Köln 2007 ♦ 276 S. ♦ € 48,- (D) ♦ ISBN 978-3-89936-552-8

Weitere Schriftenreihen:

UNIVERSITÄTS-SCHRIFTENREIHEN

- **Reihe: Steuer, Wirtschaft und Recht**
  Herausgegeben von vBP StB Prof. Dr. Johannes Georg Bischoff, Wuppertal, Dr. Alfred Kellermann, Vorsitzender Richter (a. D.) am BGH, Karlsruhe, Prof. (em.) Dr. Günter Sieben, Köln, und WP StB Prof. Dr. Norbert Herzig, Köln

- **Reihe: Rechnungslegung und Wirtschaftsprüfung**
  Herausgegeben von Prof. (em.) Dr. Dr. h. c. Jörg Baetge, Münster, Prof. Dr. Hans-Jürgen Kirsch, Münster, und Prof. Dr. Stefan Thiele, Wuppertal

- **Reihe: Informationsmanagement und Unternehmensführung – Schriften des IMU, Universität Osnabrück**
  Herausgegeben von Prof. Dr. Uwe Hoppe, Prof. Dr. Bodo Rieger, Jun.-Prof. Dr. Frank Teuteberg und Prof. Dr. Thomas Witte

- **Reihe: Controlling**
  Herausgegeben von Prof. Dr. Volker Lingnau, Kaiserslautern, und Prof. Dr. Albrecht Becker, Innsbruck

- **Reihe: Planung, Organisation und Unternehmungsführung**
  Herausgegeben von Prof. Dr. Dr. h. c. Norbert Szyperski, Köln, Prof. Dr. Winfried Matthes, Wuppertal, Prof. Dr. Udo Winand, Kassel, Prof. (em.) Dr. Joachim Griese, Bern, Prof. Dr. Harald von Kortzfleisch, Koblenz, Prof. Dr. Ludwig Theuvsen, Göttingen, und Prof. Dr. Andreas Al-Laham, Kaiserslautern

- **Reihe: Wirtschaftsinformatik**
  Herausgegeben von Prof. Dr. Dietrich Seibt, Köln, Prof. Dr. Hans-Georg Kemper, Stuttgart, Prof. Dr. Georg Herzwurm, Stuttgart, Prof. Dr. Dirk Stelzer, Ilmenau, und Prof. Dr. Detlef Schoder, Köln

- **Reihe: Schriften zu Kooperations- und Mediensystemen**
  Herausgegeben von Prof. Dr. Volker Wulf, Siegen, Prof. Dr. Jörg Haake, Hagen, Prof. Dr. Thomas Herrmann, Bochum, Prof. Dr. Helmut Krcmar, München, Prof. Dr. Johann Schlichter, München, Prof. Dr. Gerhard Schwabe, Zürich, und Prof. Dr.-Ing. Jürgen Ziegler, Duisburg

- **Reihe: Telekommunikation @ Medienwirtschaft**
  Herausgegeben von Prof. Dr. Dr. h. c. Norbert Szyperski, Köln, Prof. Dr. Udo Winand, Kassel, Prof. Dr. Dietrich Seibt, Köln, Prof. Dr. Rainer Kuhlen, Konstanz, Dr. Rudolf Pospischil, Bonn, Prof. Dr. Claudia Löbbecke, Köln, und Prof. Dr. Christoph Zacharias, Köln

- **Reihe: Electronic Commerce**
  Herausgegeben von Prof. Dr. Dr. h. c. Norbert Szyperski, Köln, Prof. Dr. Beat F. Schmid, St. Gallen, Prof. Dr. Dr. h. c. August-Wilhelm Scheer, Saarbrücken, Prof. Dr. Günther Pernul, Regensburg, Prof. Dr. Stefan Klein, Münster, Prof. Dr. Detlef Schoder, Köln, und Prof. Dr. Tobias Kollmann, Essen

- **Reihe: E-Learning**
  Herausgegeben von Prof. Dr. Dietrich Seibt, Köln, Prof. Dr. Freimut Bodendorf, Nürnberg, Prof. Dr. Dieter Euler, St. Gallen, und Prof. Dr. Udo Winand, Kassel

- **Reihe: InterScience Reports**
  Herausgegeben von Prof. Dr. Dr. h. c. Norbert Szyperski, Köln, Prof. Dr. Harald F. O. von Kortzfleisch, Koblenz, und Prof. Dr. Dietrich Seibt, Köln

- **Reihe: FGF Entrepreneurship-Research Monographien**
  Herausgegeben von Prof. Dr. Heinz Klandt, Oestrich-Winkel, Prof. Dr. Dr. h. c. Norbert Szyperski, Köln, Prof. Dr. Michael Frese, Gießen, Prof. Dr. Josef Brüderl, Mannheim, Prof. Dr. Rolf Sternberg, Hannover, Prof. Dr. Ulrich Braukmann, Wuppertal, und Prof. Dr. Lambert T. Koch, Wuppertal

- **Reihe: Venture Capital und Investment Banking,** Neue Folge
  Herausgegeben von Prof. Dr. Klaus Nathusius

- **Reihe: Technologiemanagement, Innovation und Beratung**
  Herausgegeben von Prof. Dr. Dr. h. c. Norbert Szyperski, Köln, vBP StB Prof. Dr. Johannes Georg Bischoff, Wuppertal, und Prof. Dr. Heinz Klandt, Oestrich-Winkel

- **Reihe: Kleine und mittlere Unternehmen**
  Herausgegeben von Prof. Dr. Jörn-Axel Meyer, Flensburg

- **Reihe: Wissenschafts- und Hochschulmanagement**
  Herausgegeben von Prof. Dr. Detlef Müller-Böling, Gütersloh, und Prof. Dr. Reinhard Schulte, Lüneburg

- **Reihe: Personal, Organisation und Arbeitsbeziehungen**
  Herausgegeben von Prof. Dr. Fred G. Becker, Bielefeld, und Prof. Dr. Walter A. Oechsler, Mannheim

- **Reihe: Forum Finanzwissenschaft und Public Management**
  Herausgegeben von Prof. Dr. Kurt Reding, Kassel, und PD Dr. Walter Müller, Kassel

- **Reihe: Finanzierung, Kapitalmarkt und Banken**
  Herausgegeben von Prof. Dr. Hermann Locarek-Junge, Dresden, Prof. Dr. Klaus Röder, Regensburg, und Prof. Dr. Mark Wahrenburg, Frankfurt

- **Reihe: Marketing**
  Herausgegeben von Prof. Dr. Heribert Gierl, Augsburg, Prof. Dr. Roland Helm, Jena, Prof. Dr. Frank Huber, Mainz, und Prof. Dr. Henrik Sattler, Hamburg

- **Reihe: Marketing, Handel und Management**
  Herausgegeben von Prof. Dr. Rainer Olbrich, Hagen

- **Reihe: Kundenorientierte Unternehmensführung**
  Herausgegeben von Prof. Dr. Hendrik Schröder, Essen

- **Reihe: Agrarökonomie**
  Herausgegeben von Prof. Dr. Achim Spiller, Göttingen, und Prof. Dr. Ludwig Theuvsen, Göttingen

- **Reihe: Produktionswirtschaft und Industriebetriebslehre**
  Herausgegeben von Prof. Dr. Jörg Schlüchtermann, Bayreuth

- **Reihe: Europäische Wirtschaft**
  Herausgegeben von Prof. Dr. Winfried Matthes, Wuppertal

- **Reihe: Katallaktik – Quantitative Modellierung menschlicher Interaktionen auf Märkten**
  Herausgegeben von Prof. Dr. Otto Loistl, Wien, und Prof. Dr. Markus Rudolf, Koblenz

- **Reihe: Quantitative Ökonomie**
  Herausgegeben von Prof. Dr. Eckart Bomsdorf, Köln, Prof. Dr. Wim Kösters, Bochum, und Prof. Dr. Winfried Matthes, Wuppertal

- **Reihe: Internationale Wirtschaft**
  Herausgegeben von Prof. Dr. Manfred Borchert, Münster, Prof. Dr. Gustav Dieckheuer, Münster, und Prof. Dr. Paul J. J. Welfens, Wuppertal

- **Schriftenreihe des Europäischen Instituts für Internationale Wirtschaftsbeziehungen**
  Herausgegeben von Prof. Dr. Wilfried Fuhrmann, Potsdam, und Prof. Dr. Paul J. J. Welfens, Wuppertal

- **Reihe: Industrieökonomik**
  Herausgegeben von Prof. Dr. Frank C. Englmann, Stuttgart, Prof. Dr. Mathias Erlei, Clausthal, Prof. Dr. Ulrich Schwalbe, Hohenheim, und Prof. Dr. Bernd Woeckener, Stuttgart

- **Reihe: Studien zur Dynamik der Wirtschaftsstruktur**
  Herausgegeben von Prof. Dr. Heinz Grossekettler, Münster

- **Reihe: Versicherungswirtschaft**
  Herausgegeben von Prof. (em.) Dr. Dieter Farny, Köln, und Prof. Dr. Heinrich R. Schradin, Köln

- **Reihe: Wirtschaftsgeographie und Wirtschaftsgeschichte**
  Herausgegeben von Prof. Dr. Ewald Gläßer, Köln, Prof. Dr. Josef Nipper, Köln, Dr. Martin W. Schmied, Köln, und Prof. Dr. Günther Schulz, Bonn

- **Reihe: Wirtschafts- und Sozialordnung: FRANZ-BÖHM-KOLLEG – Vorträge und Essays**
  Herausgegeben von Prof. Dr. Bodo B. Gemper, Siegen
- **Reihe: WISO-Studientexte**
  Herausgegeben von Prof. Dr. Eckart Bomsdorf, Köln, und Prof. (em.) Dr. Dr. h. c. Dr. h. c. Josef Kloock, Köln
- **Reihe: Europäisches Wirtschaftsrecht – Jean-Monnet-Schriftenreihe**
  Herausgegeben von Prof. Dr. Dieter Krimphove, Paderborn
- **Reihe: Rechtswissenschaft**

FACHHOCHSCHUL-SCHRIFTENREIHEN
- **Reihe: Institut für betriebliche Datenverarbeitung (IBD) e. V. im Forschungsschwerpunkt Informationsmanagement für KMU**
  Herausgegeben von Prof. Dr. Felicitas Albers, Düsseldorf
- **Reihe: FH-Schriften zu Marketing und IT**
  Herausgegeben von Prof. Dr. Doris Kortus-Schultes, Mönchengladbach, und Prof. Dr. Frank Victor, Gummersbach
- **Reihe: Marketing-Praxis – Schriften des Instituts für kreatives Marketing**
  Herausgegeben von Prof. Dr. Jochem Müller, FH Ansbach
- **Reihe: Medienmanagement**
  Herausgegeben von Prof. Dr. Thomas Breyer-Mayländer, Offenburg
- **Reihe: FuturE-Business**
  Herausgegeben von Prof. Dr. Michael Müßig, Würzburg-Schweinfurt
- **Reihe: Controlling-Forum – Wege zum Erfolg**
  Herausgegeben von Prof. Dr. Jochem Müller, Ansbach
- **Reihe: Unternehmensführung und Controlling in der Praxis**
  Herausgegeben von Prof. Dr. Thomas Rautenstrauch, Bielefeld
- **Reihe: Economy and Labour**
  Herausgegeben von EUR ING Prof. Dr.-Ing. Hans-Georg Nollau MBCS, Regensburg
- **Reihe: Institut für Regionale Innovationsforschung (IRI)**
  Herausgegeben von Prof. Dr. Rainer Voß, Wildau
- **Reihe: Interkulturelles Medienmanagement**
  Herausgegeben von Prof. Dr. Edda Pulst, Gelsenkirchen

PRAKTIKER-SCHRIFTENREIHEN
- **Reihe: Transparenz im Versicherungsmarkt**
  Herausgegeben von *ASSEKURATA* GmbH, Köln
- **Reihe: Betriebliche Praxis**
  Herausgegeben von vBP StB Prof. Dr. Johannes Georg Bischoff, Wuppertal
- **Reihe: Regulierungsrecht und Regulierungsökonomie**
  Herausgegeben von Juconomy Consulting AG, Düsseldorf